1 fr. 25 le volume

ŒUVRES COMPLÈTES D'HECTOR MALOT

# LES ENFANTS

PARIS
LIBRAIRIE MARPON & FLAMMARION
E. FLAMMARION, SUCC^r
26, RUE RACINE, PRÈS L'ODÉON

# LES ENFANTS

## OUVRAGES DE HECTOR MALOT

### COLLECTION GRAND IN-18 JÉSUS

LES VICTIMES D'AMOUR : LES AMANTS, LES ÉPOUX, LES ENFANTS........ 3 vol.
LES AMOURS DE JACQUES. 1 —
ROMAIN KALBRIS....... 1 —
UN BEAU-FRÈRE........ 1 —
MADAME OBERNIN....... 1 —
UNE BONNE AFFAIRE.... 1 —
UN CURÉ DE PROVINCE... 1 —
UN MIRACLE........... 1 —
SOUVENIRS D'UN BLESSÉ : SUZANNE........... 1 —
SOUVENIRS D'UN BLESSÉ : MISS CLIFTON........ 1 —
LA BELLE MADAME DONIS. 1 —
CLOTILDE MARTORY..... 1 —
UNE BELLE-MÈRE....... 1 —
LE MARI DE CHARLOTTE.. 1 —
L'HÉRITAGE D'ARTHUR... 1 —
L'AUBERGE DU MONDE : LE COLONEL CHAMBERLAIN, LA MARQUISE DE LUCIL-LIÈRE.............. 2 —
L'AUBERGE DU MONDE : IDA ET CARMELITA, THÉRÈSE 2 —
MADAME PRÉTAVOINE.... 2 —
CARA................ 1 —
SANS FAMILLE......... 2 vol
LE DOCTEUR CLAUDE.... 1 —
LA BOHÈME TAPAGEUSE.. 3 —
UNE FEMME D'ARGENT... 1 —
POMPON.............. 1 —
SÉDUCTION............ 1 —
LES MILLIONS HONTEUX.. 1 —
LA PETITE SŒUR....... 2 —
PAULETTE............. 1 —
LES BESOIGNEUX....... 2 —
MARICHETTE........... 2 —
MICHELINE............ 1 —
LE SANG BLEU......... 1 —
LE LIEUTENANT BONNET. 1 —
BACCARA.............. 1 —
ZYTE................. 1 —
VICES FRANÇAIS....... 1 —
GHISLAINE............ 1 —
CONSCIENCE........... 1 —
JUSTICE.............. 1 —
MARIAGE RICHE........ 1 —
MONDAINE............. 1 —
MÈRE................. 1 —
ANIE................. 1 —
COMPLICES............ 1 —
EN FAMILLE........... 2 —

### M^me HECTOR MALOT

FOLIE D'AMOUR......... 1 vol.
LE PRINCE............. 1 vol.

ÉMILE COLIN — IMPRIMERIE DE LAGNY

LES

# ENFANTS

PAR

HECTOR MALOT

PARIS

ERNEST FLAMMARION, ÉDITEUR

26, RUE RACINE, PRÈS L'ODÉON

# LES ENFANTS[1]

## CHAPITRE PREMIER

### NOUVELLE AURORE

### I

Le Plessis est un petit village bâti au milieu d'une de ces plaines de grande culture, qui sont la richesse plutôt que la beauté de l'Ile-de-France.

Il y a quelques années, il était continuellement plein de mouvement et de fracas : c'était la deuxième poste qu'on rencontrait en sortant de Paris.

Sur la route, entre deux rangées de vieux ormes tortueux, les voitures se suivaient dans un éternel défilé : malles-postes, diligences, chariots de roulage, berlines aux panneaux armoriés, fourgons de mareyeurs, charrettes de paysans, fardiers, tombereaux, baraques de saltimbanques, cabriolets de commis-voyageurs ; ni le jour ni la nuit, ni l'été ni l'hiver, ni jamais, le mouvement ne s'arrêtait ; et les unes après les autres les voitures passaient ; toujours des voitures. Parfois le

(1) L'Épisode qui précède a pour titre : *Les Époux*.

fracas augmentait. Pendant des jours entiers, des semaines entières, on entendait des clairons, des tambours, des marches guerrières, des cliquetis de sabres, des roulements de canons.

Aux armes, citoyens!
Formez vos bataillons.
Allons, marchons!

Les armées couraient à la frontière. Il y avait des anciens du pays qui se rappelaient avoir vu passer les grenadiers de la garde impériale; d'autres qui avaient vu les volontaires de la République. Avant ceux-là il y en avait eu d'autres qui avaient vu les troupes de Vendôme, de Turenne, de Condé; puis, reculant toujours, d'autres encore qui avaient vu d'autres armées. Combien, parmi ceux qui avaient passé au Plessis, ne l'avaient traversé qu'une fois!

Un petit ruisseau qui ne charrie de l'eau que dans les jours d'orage, coupe le village en deux moitiés à peu près égales; il faut descendre une côte pour y arriver, comme il faut en monter une pour en sortir: courtes toutes les deux mais assez rapides. Le genre à la mode chez les postillons de la poste était de descendre la côte à toute volée et de s'arrêter net au ruisseau; les postillons des relayeurs descendaient aussi la côte du même train, et de plus ils montaient l'autre sans ralentir leur élan. Quand deux ou trois grandes diligences arrivaient en même temps, ce qui était l'ordinaire, les maisons étaient secouées comme par un tremblement de terre; dans les cuisines des auberges, les casseroles de cuivre pendues à leurs clous faisaient un orchestre; les vitres étaient tellement ébranlées qu'il fallait les remastiquer tous les ans. Personne ne s'en plaignait; la population se composant uniquement de postillons, de palefreniers, de charrons, de maréchaux, d'aubergistes. La nuit les diligences disaient l'heure; le jour elles étaient une distraction; qui tenait la tête? Il y avait les rivalités du maître de poste et des relayeurs, il y avait aussi celles des femmes et des enfants des postillons. Ceux-ci étaient les rois du pays : ils gagnaient de l'argent, vivaient largement, et faisaient vivre tout le monde.

Le jour où les chemins de fer s'ouvrirent, la vie s'éteignit dans le Plessis comme s'éteint la flamme d'une bougie sur laquelle on souffle, tout d'un coup et complètement.

Aujourd'hui, sur la grande route rétrécie de moitié par des trottoirs gazonnés, l'herbe pousse entre les pavés qu'elle déchausse; — plus de diligences, plus de roulage; seulement le matin des charrettes chargées de fourrages que des chevaux de labour traînent en se dandinant vers Paris, le soir les mêmes qui reviennent chargés de fumiers; et le mercredi les cabriolets des fermiers des environs qui s'en vont à la Halle au blé.

Dans le village, sur trois maisons, deux tombent en ruine; la poste, brûlée quelques mois après l'ouverture du chemin de fer, par accident, disent les uns, autrement, disent les autres, n'a point été rebâtie : les écuries des relayeurs ont été démolies pour faire des jardins ; le salpêtre accumulé pendant de longues années produit de superbes récoltes. De huit ou dix auberges, une seule reste, encore n'a-t-elle que l'enseigne de celle d'autrefois, plus de longues tables chargées de volailles et de fricandeaux, plus de fourneaux lançant des étincelles; au lieu d'un bel aubergiste bien entripaillé et gras de son importance, rouge comme sa braise, suant comme les rôtis qui tournent étagés devant son feu, un pauvre diable de paysan maigre et chagrin, heureux quand il voit entrer des charretiers qui viennent manger un bout de boudin cru et boire une bouteille de vin bouché. Les postillons ont disparu sans qu'on puisse dire ce qu'ils sont devenus. Les mendiants qui s'étaient enrichis à montrer des moignons hideux ou des jambes en bandoulière, s'en sont allés vivre de leurs rentes; ceux qui n'ayant point d'infirmité n'avaient rien amassé, sont morts de faim. La population a diminué de plus des trois quarts; les femmes font de la broderie pour des entrepreneurs de Paris; les hommes travaillent à la terre, et c'est à peine s'ils sont assez nombreux pour fournir les dix citoyens qui doivent former le conseil municipal.

Une seule maison dans ce village abandonné et ruiné a bonne apparence; encore n'est-elle pas à proprement parler dans le village, mais à une petite distance, sur un chemin charroi qui, partant de la grande route, s'en va à travers les terres. Autrefois c'était un prieuré, aujourd'hui c'est une ferme. Lorsqu'elle cessa d'être bien de clergé, cette maison devint la propriété du maître de poste, qui ne l'habita point, mais qui utilisa ses vastes dépendances pour engranger les fourrages. Elle fut mise en vente lorsque la poste se trouva supprimée; et pendant longtemps, malgré le bas prix qu'on en demandait, il ne se présenta point d'acquéreur. Il en fut d'elle comme de toutes les maisons du Plessis : la mousse verdit son toit, ses volets tombèrent en pourriture, les orties poussèrent en liberté dans sa cour.

Un jour enfin on fut tout surpris d'apprendre qu'elle était vendue; et le lendemain plus surpris encore de voir arriver des ouvriers. Les bâtiments d'exploitation furent remis en état; la maison, qui datait de Henri IV et qui avait assez grand air, fut réparée à l'extérieur et à l'intérieur dans le style même de sa construction.

Le nouveau propriétaire se nommait M. Martel, au dire du notaire de Villeneuve devant lequel avait été passé l'acte de vente : c'était un artiste, un peintre, qui voulait s'amuser à faire de l'agriculture.

Cette nouvelle, malgré celui qui l'avait donnée, parut tout d'abord invraisemblable; elle était parfaitement exacte; M. Martel loua toutes les bonnes terres qu'il put trouver, et les réparations de la maison à peu près achevées, il vint s'établir au Prieuré avec sa femme et ses enfants.

On aime peu à la campagne les nouveaux-venus, cependant les fortes têtes du pays furent contentes de cette arrivée : le Parisien ferait de la culture en amateur, il y aurait pas mal à gagner sur lui et avec lui. Il fallut bientôt en rabattre. Trois ans après son installation au Plessis, sa ferme passait pour la mieux tenue des environs, ses charrues nouvelles, ses machines perfectionnées ne l'avaient pas ruiné; ses terres étaient bien aménagées, ses récoltes bonnes; son maître charretier ne le menait point, c'était lui-même qui menait tout le monde; il payait bien, mais il ne se laissait pas voler; chez lui les gens trouvaient bonnes paroles et bonne nourriture; le bourgeois était bien un peu vif, mais juste et droit; la bourgeoise bonne comme le pain.

## II

La seule chose peut-être que le Plessis eût conservée du temps de sa splendeur, c'était l'habitude de vivre sur les portes. Rien ne se passait plus sur cette route qui, autrefois, offrait un éternel spectacle, cependant personne ne la quittait des yeux; il semblait que chacun s'attendait à voir arriver les diligences en retard de vingt ans. L'hiver, les femmes travaillaient à leurs fenêtres; l'été sur la grande route à l'ombre des maisons, c'est-à-dire à l'est le matin, à l'ouest le soir. Là, tout en poussant l'aiguille et surveillant les enfants, se faisait le journal du pays : la mairie donnait la partie politique; les petits accidents de chaque jour fournissaient les faits divers, les histoires amoureuses ou scandaleuses un feuilleton fortement réaliste; les questions de travail et de salaire la matière économique.

Une après-midi du mois d'août, les groupes étaient formés comme à l'ordinaire, et le journal se faisait dans une active collaboration, douloureuse ce jour-là, car les entrepreneurs de Paris venaient encore de réduire de deux sous le travail déjà bien peu payé, lorsque tout à coup les yeux se levèrent et les aiguilles restèrent suspendues : un homme vêtu d'une soutane et coiffé d'un tricorne venait de paraître sur le seuil d'une maison qui joignait immédiatement l'église.

— Tiens! voilà le curé Blavier, dit une des femmes.

— Où va-t-il? dit une autre

— Je gage qu'il va à la ferme.

— Tu as peut-être raison, il vient de notre côté.

En effet, il s'avançait, marchant de ce pas court et glissé qui est commun à beaucoup de prêtres. C'était un homme de trente ans à peine, qui, bien que fortement bâti et plutôt gras que maigre, était extrêmement pâle. Arrivé devant le groupe des femmes, il les salua légèrement sans tourner les yeux vers elles et hâta un peu le pas.

Lorsqu'il fut passé, les conversations reprirent.

— As-tu vu qu'il a forcé sa marche; il a toujours peur d'entendre ce qu'on dit.

— Oui, il ne vous écoute pas en face, mais ça n'empêche pas qu'il est toujours derrière ses rideaux et la fenêtre ouverte.

— La prochaine fois qu'il passera, je veux faire monter la couleur sur sa figure pâle.

— Vois-tu que j'avais raison? qu'il va chez M. Martel.

— Pourquoi qu'il n'irait pas?

— Pourquoi qu'il irait? Ils ne sont pas dévots, et il est toujours fourré chez eux.

— Crois-tu pas que c'est pour eux?

— C'est peut-être pour madame Martel?

— Vas-tu te taire.

— Qu'est-ce qu'il t'a donc fait? ce monde-là, tu les défends.

— Hé bien! et toi? Si le feu prenait à leurs meules, j'y porterais de l'eau pour l'éteindre; voilà tout.

— Laisse donc madame Martel, ce n'est ni pour elle, ni pour les enfants, ni pour M. Martel qu'il y va. Il y a un mois, j'ai été au presbytère pour le baptême de ma petite; le curé était en train de dîner, il mangeait du melon et des petits haricots. D'où cela venait-il? Du jardin de la ferme. C'était pour lui aider à faire maigre. Ils aiment à donner, ces gens, et le curé aime à recevoir, ça s'arrange.

La conversation eût pu rouler longtemps sur le compte du curé, qui n'était point aimé, mais elle changea brusquement.

Au haut de la côte de Paris venait d'apparaître une petite voiture basse en osier traînée par deux chevaux qui descendaient au grand trot. Ils étaient conduits par un petit homme extrêmement blond, à l'attitude pleine d'aisance et de noblesse. Derrière était un domestique en petite livrée. Le poney-chaise vigoureusement enlevé passa rapidement devant les femmes.

— Tiens, c'est le prince de Coye?

— Celui de Villiers?

— En connais-tu un autre?

— Est-ce qu'il va aussi à la ferme?

— Acheter du foin, peut-être.

— Pourquoi qu'il n'irait pas voir M. Martel?

— Ton Martel est-il un prince pour que les princes aillent lui faire visite?

La voiture rejoignit le curé qui, ne craignant plus les propos gouailleurs, montait doucement la côte.

— Le prince va-t-il saluer le curé?

— Pardi! le curé a été vicaire à Villiers.

— Ah! tant pis; ça aurait fait rager le curé qui salue toujours.

Non seulement M. de Coye salua l'abbé Blavier, mais encore il arrêta ses chevaux lorsqu'il arriva près de lui.

— Parbleu, monsieur le curé, dit-il en se penchant un peu hors de la voiture, je suis bien aise de vous rencontrer, pour vous d'abord, et puis vous aller me tirer d'embarras; où donc demeure M. Martel? On m'avait dit à la sortie du Plessis; je ne vois plus de maisons.

— Ce n'est pas sur la route; c'est cet amas de bâtiments que nous apercevons là dans la plaine. Il faut tourner au premier chemin à gauche. Moi-même j'y vais.

— Eh bien, montez; nous irons ensemble; vous me conduirez et vous m'introduirez. Je connais le talent de M. Martel, mais je ne le connais pas lui-même.

Le curé se fit un peu prier; il irait bien à pied, il allait emplir la voiture de poussière; cependant son humilité céda.

— C'est un grand peintre, dit-il d'un ton qui faisait de ses paroles une interrogation aussi bien qu'une affirmation.

— Il rend tous les jours votre pays célèbre en le prenant pour sujet de ses études.

— Une idée originale, de se faire cultivateur quand on est artiste.

— Une idée excellente, monsieur le curé, pour qui a besoin d'être en communication intime et continuelle avec la nature et le paysan. D'ailleurs, vous ne croyez pas, assurément, que la culture soit un métier maudit, comme disent nos fermiers?

Assurément le curé ne le croyait pas. Seulement, fils de paysan, c'était pour ne pas piocher la terre qu'il avait pioché le latin du séminaire. Pas maudit, un métier où l'on travaille tant, où l'on mange si mal? mais il ne lui convenait pas de contredire un homme qui avait une immense fortune, qui était prince, qui obtenait ce qu'il voulait du préfet et qui recevait chez lui monseigneur.

— C'est toujours une idée qui a été bonne pour le pays : il donne du travail aux ouvriers, Madame fait du bien aux malheureux, et dans notre village ruiné, il y en a beaucoup.

— Y a-t-il longtemps qu'il est marié?

— Ils ont un petit garçon de trois ans; de son premier mariage, Madame avait déjà une petite fille.

— Elle était veuve?

— D'un musicien, un M. Berthauld, qui s'est noyé en Italie; les journaux ont rapporté l'accident, il y a environ quatre ou cinq ans.

On approchait, mais lentement, car M. de Coye maintenait ses chevaux au pas. Tout en causant, il regardait à droite et à gauche dans les champs : on finissait de rentrer les blés et l'on commençait à couper les avoines qui s'égrenaient déjà sous le souffle d'un vent tiède.

Au milieu de la plaine, la ferme commençait à se dessiner dans son ensemble qui formait un grand carré de murs blancs et de toits rouges; par-dessus la cime des grands arbres on apercevait les combles de la maison couronnés par de hautes cheminées.

— Pour une exploitation agricole, dit M. de Coye, cet emplacement est bien choisi : la surveillance est facile, et il y a économie de temps et de dépense pour les transports.

— C'était un bien d'abbaye, et le clergé savait choisir; ça n'a pas empêché qu'on nous ait dépouillés.

— Eh! mon cher curé, dit M. de Coye en souriant doucement, c'est peut-être précisément parce que vous aviez généralement trop bien choisi qu'on vous a dépouillés.

Encore une opinion qui dans la bouche de tout autre eût été vertement relevée par l'abbé, mais qui cette fois passa sans contestation.

Si l'emplacement était heureux pour une ferme, il l'était moins pour une maison d'habitation, car tout autour s'étalait une plaine plate et monotone qui s'en allait fuyant confusément jusqu'à des collines noyées dans un lointain bleuâtre. Son seul agrément était un grand et beau jardin à la française où les arbres, autrefois taillés au cordeau mais depuis longtemps libres, avaient pris un magnifique développement. De place en place dans les vieux murs chaperonnés de lierres, on avait, en ces dernières années, formé des sauts-de-loup qui ouvraient pour la maison des perspectives sur toute la campagne. Par ces ouvertures, ceux qui passaient dans le chemin pouvaient voir que le jardin avait aussi été un peu modifié; les vieux arbres, les ifs centenaires, les tilleuls creusés et moisis par l'âge, les charmilles avaient été conservés, mais sur les carrés symétriques ensemencés maintenant d'une herbe fine soigneusement tondue et roulée, s'étalaient de belles corbeilles de fleurs exotiques inconnues au temps où les prieurs régnaient ; des rhododendrons à la tête arrondie, des géraniums rouges, et toute la tribu des balisiers de l'Inde; çà et là se dressait, fièrement isolée, une de ces plantes au feuillage énorme qui font voyager l'esprit dans les contrées lointaines, un bambou, un palmier, une touffe de l'herbe gigantesque des pampas. Dans les plates-bandes on n'avait point arraché les vieilles roses à cent feuilles, mais on y avait ajouté toutes ces belles roses que cinquante années de travail et de choix ont créées. Des glycines et des jasmins égayaient en les rajeunissant les murailles sombres de la maison qui émergeait ainsi d'une cascade de verdure.

Après avoir longé les murs de ce jardin, la voiture arriva devant une grande porte charretière. Elle ouvrait sur une cour intérieure. Les bâtiments d'exploitation formaient trois côtés de cette cour, la maison formait le quatrième.

— Nous pouvons entrer, dit le curé.

Mais M. de Coye ne se rendit pas à cet avis. Il arrêta devant la porte, et, pendant que le domestique tenait les chevaux, il fit descendre le curé et descendit lui-même.

Ils entrèrent dans la cour qui était silencieuse; car le soleil tombant d'aplomb dans ce carré de muraille, produisait une chaleur suffocante qui avait forcé les volailles à chercher un peu d'ombre au pied des murs où elles dormaient tranquillement. Au bruit des pas du prince et du curé, les oies s'éveillèrent et, poussant leurs cris nasillards, elles accoururent en soufflant. Presque aussitôt sur le seuil de la cuisine, parut une fille de service.

— M. Martel est-il chez lui? demanda l'abbé Blavier.

Avant de répondre la fille prit un fouet suspendu à un clou, en cingla un grand coup à un jars qui soufflait plus fort que les autres; ce fut seulement quand elle eut accompli ce devoir hospitalier qu'elle revint et ouvrit une porte.

Ils se trouvèrent dans un atelier très simplement meublé, mais vaste, haut de plafond et admirablement éclairé. Aux murailles étaient suspendues deux grandes copies, une du Titien, le *Jupiter satyre*, l'autre du Corrège, la *Nuit*, et quelques études originales. Sur un chevalet était une toile en train et presque achevée.

M. de Coye marcha droit au chevalet et se mit à examiner le tableau : au milieu d'une prairie un faucheur, assis sur l'andain d'herbe qu'il venait de couper, était en train de rebattre sa faux; relevant la tête et s'interrompant dans son mouvement, il restait, le marteau suspendu, à regarder venir dans le sentier, qui du village coupait à travers les prairies, sa vieille femme misérablement voûtée lui apportant la soupe de midi.

— Je vous ai dit que M. Martel était un artiste de grand talent, voici qui le prouve, fit M. de Coye en se tournant vers le curé; on ne peut rien inventer de plus simple que ce tableau; mais cette simplicité de la vie des champs, relevée par une poésie robuste dans le paysage et par un style d'une vérité poignante dans l'interprétation du paysan, vous pénètre d'une émotion douloureuse et charmante. Et comme c'est peint!

— Nous voyons ça tous les jours, dit le curé.

— Précisément, fit M. de Coye en se retournant vivement, c'est là son grand mérite.

Mais il n'eut pas le temps de relever l'observation du curé; en ce moment entrait dans l'atelier, un homme de trente-deux à trente-quatre ans qu'à son costume de toile on eût pu prendre pour un paysan, mais qu'à sa beauté mâle, à la puissance de son regard, à l'aisance de sa démarche, on devait reconnaître bien vite pour le maître de la maison.

— Mon cher monsieur Martel, dit le curé en allant au-devant de lui, j'ai rencontré M. le prince de Coye qui venait chez vous et qui m'a pris pour guide.

Les premières politesses échangées, le curé reprit la parole.

— Maintenant que mon devoir est accompli, dit-il, je vous demande la permission de vous quitter; j'ai affaire auprès de madame Martel, à qui je voudrais demander des secours.

Il débita ce petit discours d'une voix douce et onctueuse; et après avoir salué humblement le prince, amicalement M. Martel, il sortit en glissant.

## III

Prononcé dans un atelier de peintre ou de sculpteur, le nom de M. de Coye rendait les murailles elles-mêmes attentives. Riche d'au moins quinze cent mille francs de rente, le prince dépensait la plus grande partie de son énorme revenu en commandes et en acquisitions d'objets d'art. Son château de Villiers était un musée universel, plus célèbre encore peut-être par le goût et le talent qui avaient dirigé sa composition que par les richesses qu'il renfermait.

Aussi, sans jamais avoir été présenté au prince, Martel le connaissait-il parfaitement.

Lorsque l'abbé Blavier les eut laissés seuls, M. de Coye prit une chaise, puis, d'un ton affable plein d'une exquise politesse et en même temps d'une dignité douce, il exposa le sujet de sa visite.

— Votre voisin et votre admirateur, dit-il, je désirais depuis longtemps vous faire une visite; mais comme je voulais aussi vous proposer un travail, j'ai été forcé, par diverses circonstances, de la retarder. Il y a deux ans je m'occupais à classer mes émaux et j'étais tout aux émaux; cette année j'étais tout aux médailles. Or, comme j'ai l'esprit le plus étroitement méthodique qu'on puisse trouver, il ne m'est possible de m'occuper activement que d'une seule chose à la fois. C'est en tendant mon esprit sur une idée unique que je puis me passionner pour elle, et comme par ma naissance je suis déshérité de l'ambition politique, par ma fortune de l'ambition financière, ce sont ces passions que je me donne qui me font vivre. Maintenant je veux faire de l'agriculture en grand, d'une façon large et autant que possible intelligente: deux de mes fermes qui entourent immédiatement Villiers arrivant à fin de bail, je les reprends pour les exploiter moi-même : cela va me donner quatre cent cinquante hectares de terre pour mes expériences Mais, à côté de la partie matérielle mon projet comprend une partie intellectuelle. Je veux réunir une bibliothèque d'agriculture où se trouveront tous les livres anciens et modernes qui ont rapport à cette science. Cette bibliothèque, je veux la loger dans une galerie qui lui sera spécialement affectée; et je viens vous demander si vous pouvez me la décorer..

Martel avait attentivement écouté M. de Coye, charmé de sa bonne grâce, mais ne sachant trop où il voulait en venir, ces dernières paroles le transportèrent de joie. C'était le premier encouragement incontestable et éclatant qu'il recevait; c'était une de ces consécrations qui affirment un talent et cotent officiellement une réputation Divisée sur son compte, la critique, lorsqu'elle s'était occupée de lui, avait toujours été presque aussi maladroite dans l'attaque que dans l'éloge; unanimes à son sujet, les jurys, si tendrement favorables aux médiocrités, l'avaient toujours maintenu dans des récompenses dérisoires qui sont une injustice quand elles ne sont pas une injure. M. de Coye, qui n'avait jamais accueilli à Villiers que des maîtres universellement reconnus ou hardiment pressentis, le rangeait donc parmi ceux-ci. Il y avait dans ce choix de quoi enorgueillir les plus fiers.

Aussi sa voix était-elle émue lorsqu'il répondit :

— Je n'ai pas un tableau au Luxembourg; jamais on n'a pensé à moi pour une commande, jugez si je suis heureux de votre proposition.

— La galerie que je vous destine, continua M. de Coye, prend jour sur le nord par douze fenêtres, en face de chaque fenêtre et sur le mur opposé se trouve une grande glace. C'est quelque chose dans le genre de la galerie d'Apollon, ou plus justement, pour garder la mesure, dans le genre de la galerie de la Banque, que vous connaissez peut-être. Je veux remplacer ces glaces par des toiles qui auront pour sujet les douze mois. Cela vous convient-il?

Martel s'inclina.

M. de Coye poursuivit :

— J'avais peur que vous n'eussiez des travaux en train

et cela m'eût fort contrarié; vous êtes l'artiste dont le talent répond à mon idée. Je veux, comme cadre à ma bibliothèque, une série d'œuvres qui montrent ce qu'est aujourd'hui la vie des champs sans une sentimentalité fausse comme sans des déclamations philosophiques; si je ne m'occupe que d'une idée à la fois, je prépare mes projets longtemps à l'avance, depuis longtemps je vous suis. Vous avez vu que le paysan, malgré les finauderies dont il s'enveloppe, n'était ni une bête puante ni un héros de vertus. Vous l'avez traduit comme vous le voyez avec ses grandeurs et ses faiblesses, ses souffrances et ses joies. Vous l'avez fait entrer dans l'art en même temps que les circonstances le faisaient entrer dans la vie politique. J'ai été frappé de cette coïncidence, et je vous ai choisi. Maintenant que vous acceptez, j'ai hâte de vous savoir au travail. Quand voulez-vous venir voir la salle qui recevra vos toiles ?

— Mais demain, après-demain.

— Non, donnez-moi vous-même, le jour où vous me ferez l'honneur de venir déjeuner avec moi. Vous me direz alors quel délai vous sera nécessaire pour votre travail, et vous me fixerez vos conditions. Ce que je vous demande seulement, c'est de disposer pour moi de toute votre journée; je veux vous montrer Villiers, et je veux aussi vous demander des conseils pour mes fermes.

Martel voulut se défendre.

— Et pourquoi pas, reprit M. de Coye, vous avez fait précisément ce que je veux faire, à quelle meilleure expérience pourrais-je recourir ? Votre ferme n'est-elle pas un modèle ?

Les éloges qui s'adressaient à son talent, Martel les avait écoutés avec une réelle béatitude, mais ces derniers compliments l'inquiétèrent, Ce grand seigneur voudrait-il se moquer de moi ? pensa-t-il.

— Quand j'ai quitté Paris, dit-il, j'ai acheté cette maison et j'ai loué aux alentours une centaine d'hectares de terre; je voulais vivre avec les paysans et les étudier de près. J'ai *cru* qu'il m'était plus profitable d'être toujours en communication immédiate avec mes sujets d'étude, que d'aller les chercher au hasard quand j'en avais besoin; il y a une *intensité d'impression qui doit* passer dans l'interprétation; elle ne s'obtient que par le contact journalier de la vie en commun, et elle s'évapore vite. A Paris, tout est distraction, ici tout m'est travail. De cet atelier même je vois ce qui me touche et m'intéresse; je n'ai qu'à regarder.

Disant cela, il fit glisser sur sa tringle un épais rideau de serge qui arrêtait la lumière et masquait une large fenêtre.

Immédiatement au-dessous était le jardin descendant doucement jusqu'à une petite prairie tortueuse comme le ru qui courait au milieu; au delà, jusqu'à l'horizon, s'étalait la campagne en ce moment remplie de travailleurs, de mouvement et de bruit. On liait les blés, et les gerbes à peine faites étaient enlevées au bout des fourches fières et chargées sur les voitures qui oscillaient en se hâtant vers les granges. On entendait des essieux qui criaient, des claquements de fouet, des hennissements de chevaux, et aussi le son *clair* et *sonore* des *faux qu'on* aiguisait.

— Par là, continua Martel, j'ai les grandes lignes, le ciel, les nuages, les arbres et la plaine qui s'étend assez au loin pour figurer l'horizon voûté par la mer. Par ici, — il se retourna et montra la porte qui donnait sur la cour intérieure, — j'ai la vie en détail, l'homme lui-même, et la bête. Voilà comment ma ferme est un modèle; mais ce n'est pas, vous le voyez, dans le sens que vous l'entendiez.

— Enfin, elle peut aussi, dit M. de Coye, en être un pour moi, et d'un autre genre, voulez-vous me permettre d'en juger.

— Assurément, répondit Martel, avec grand plaisir.

Et il ouvrit la porte qui donnait sur la cour.

## IV

Ce n'était pas une de ces belles cours de fermes comme on en voit en Normandie et dans le Maine, où sous des pommiers trapus, dans une herbe qui leur monte jusqu'au ventre, paissent en liberté des vaches et des juments avec leurs poulains; c'était une vraie cour du Parisis et du Josas, sans un arbre et sans un brin de verdure, plus propre seulement et moins encombrée que celles qu'on rencontre communément.

— Où donc mettez-vous vous fumiers? demanda M. de Coye surpris de cette propreté.

— Je les tire presque tous de Paris, d'où les rapportent le soir mes voitures qui le matin s'en vont chargées de fourrages; et alors je les fais déposer dans des fosses à l'entrée du village; quant à ceux que font les bêtes de la ferme, on les emmagasine dans les étables. Si vous voulez entrer dans cette écurie, vous verrez que c'est fort commode.

Le sol, au lieu d'être recouvert d'un pavage, était formé d'un plancher percé de trous et légèrement incliné vers un passage de service.

— Par ces trous, poursuivit Martel, et par la claire-voie du pavage, les fumiers tombent dans la cave qui est au-dessous, où, quand il fait très chaud, on le mélange avec un peu de terre pour empêcher le dégagement des gaz; vous voyez que c'est fort propre, fort simple, et surtout fort économique, puisque cela épargne la paille et la litière.

— Et vos chevaux se trouvent bien de ce lit à la dure?

— Très bien; le système est bon pour toutes les bêtes. Chez les Anglais, les bêtes une fois entrées dans ces cages n'en sortent plus que pour aller à la boucherie C'est la prison cellulaire appliquée à l'espèce animale Elles y vivent, dit-on, fort bien. J'avoue que pour moi je n'aurais jamais le courage de claquemurer ainsi de pauvres bêtes qui font si bien dans le paysage. Mais c'est là parler en peintre et non en cultivateur. Heureusement je n'ai que des chevaux, et comme ils sont dehors toute la journée, ils ne sont pas plus malheureux dans ces écuries nouvelles qu'ils ne l'étaient dans les anciennes.

— Hé bien, vous reconnaissez, dit M. de Coye, que je n'avais pas tort de vouloir voir; j'enverrai mon architecte étudier ces écuries; mais soyez sans crainte, je serai aussi sentimental et aussi artiste que vous, je n'y enfermerai pas mes bêtes à perpétuité.

Il voulut tout visiter en détail, les granges, la batteuse mécanique, les charrues et les herses perfectionnées qui étaient rangées sous le chartil; la bergerie où les mangeoires étaient disposées d'après le système anglais.

Comme ils sortaient de cette bergerie ils aperçurent devant eux l'abbé Blavier, auprès de lui était une jeune femme vêtue d'une robe grise très simple, la tête cachée sous un large chapeau de paille; dans un coin une fille de basse-cour était en train de saigner une poule.

— Madame Martel? demanda M. de Coye.

Martel fit un signe affirmatif.

— Puisque le hasard est assez intelligent pour me la faire rencontrer, voulez-vous être assez bon pour me présenter?

A leur approche la jeune femme releva la tête, et M. de Cloye put embrasser l'ensemble de ses traits, malgré l'ombre qui des bords du chapeau tombait jusque sur ses épaules. Elle lui parut presque aussi blonde que les épis qu'on voyait dans les granges et extrêmement jolie; cependant ce qui frappait le plus en elle ce n'était ni l'éclat de sa carnation ni la beauté de ses yeux, mais une grâce naïve, un air de simplicité et de douceur, de vivacité et de retenue qui se dégageaient de toute sa personne.

La présentation était à peine achevée que l'abbé Blavier avec sa timidité naturelle et aussi avec l'ostentation d'humilité qu'il montrait en tout, fit mine de se retirer. On voulut le retenir. Il insista.

— J'enverrai ce soir chez la mère Cresson, dit madame Martel, et j'irai demain matin.

— Madame, lui dit M. de Coye, lorsque l'abbé se fut éloigné, M. Martel a bien voulu me promettre de venir très prochainement déjeuner avec moi ; voulez-vous me faire la grâce de l'accompagner et de fixer vous-même le jour, je serai heureux de vous montrer Villiers.

Être invité à Villiers était un honneur que beaucoup souhaitaient sans pouvoir l'obtenir, car le prince, très sévère dans ses relations et très réservé lui-même, ne le prodiguait point ; cela était connu de tout le monde.

A ce moment on entendit des cris et des batteries de coups de fouets ; en même temps deux ou trois servantes sortirent de la cuisine portant des vases pleins d'eau.

— Qu'est-ce donc ? demanda M. de Coye.

— C'est la dernière voiture de blé, et les outrons, vous le savez, s'en font une petite fête.

En effet, on aperçut au tournant du chemin une grande voiture de blé qui s'avançait tirée par cinq vigoureux chevaux. Son chargement de gerbes se balançait mollement comme un navire sur une mer ondoyante. Au milieu des gerbes se dressait un petit sapin enguirlandé de faveurs roses ; au collier du cheval de devant était attachée une glane enrubanée aussi.

Au pied du sapin, sur la voiture, étaient assis deux enfants et auprès une bonne qui les tenait. Dans le nuage de poussière soulevé par les roues et les chevaux venaient sept ou huit moissonneurs.

En voyant ceux qui l'attendaient pour l'arroser, le charretier lança deux ou trois coups de fouet à ses chevaux, excita de la bride son limonier et la voiture fut vigoureusement enlevée.

— Marie-Ange, tenez bien les enfants, dit Martel.

— A l'eau chaude, à l'eau froide! se mirent à crier ceux qui étaient rangés sous la grande porte en préparant les vases dont ils s'étaient armés.

Mais au même instant les chevaux s'engagèrent sous la voûte, le charretier fit entendre un sifflement, des étincelles jaillirent du pavé frappé par le fer, et avant que chacun eût le temps de diriger son eau, la voiture passa et se rangea devant la grange; chevaux, enfants, gerbes étaient à peine mouillés.

On posa une échelle contre la voiture et le charretier descendit dans ses bras une petite fille de sept ou huit ans et un petit garçon.

— Vos enfants? demanda M. de Coye.

— Ils ont voulu monter sur la dernière voiture, c'était pour eux une fête.

Ils accoururent à leur mère tout haletants encore de leurs cris et de leurs rires.

Le poney-chaise était devant la porte; M. de Coye fit signe à son domestique d'approcher.

— Nous avons été interrompus, dit-il, en se tournant vers madame Martel, au moment où je vous priais de me fixer le jour de votre visite à Villiers. Est-ce cette semaine? Les enfants trouveront quelqu'un pour jouer : ce sera un plaisir pour ma fille qui, n'ayant plus de mère, est toujours seule.

Et se tournant vers la petite fille :

— Voulez-vous venir chez moi, mademoiselle?

Elle le regarda en souriant de ses grands yeux noirs, puis sans répondre elle regarda sa mère.

— Moi je veux bien, dit le petit garçon, dans votre belle voiture.

— Puisque tout le monde accepte, dit le prince, vous ne me refuserez point, n'est-ce pas? Alors pour quel jour, lundi, mardi?

— Mardi, si vous voulez bien.

— Alors à mardi; il me semble qu'en vous montrant Villiers, je le verrai aussi.

Cela dit gracieusement en s'adressant à tous deux, il monta en voiture, et ayant salué une dernière fois de la main, il toucha les chevaux qui partirent avec ensemble.

— J'ai craint un moment de te voir refuser le prince dit Martel en se tournant vers sa femme.

— Il m'a semblé que tes regards me disaient d'accepter

— Le prince, ma chère Armande, vient de me donner une galerie entière à décorer; douze grandes toiles.

— A Villiers?

— Oui; pouvions-nous ne pas nous montrer reconnaissants de son invitation? Dans mon trouble de joie, je ne savais comment te prévenir.

Elle lui tendit la main par un geste plein d'élan et d'effusion. Puis tout à coup elle se baissa, enleva son fils dans ses bras et l'embrassa.

— Hé bien! et le dîner? cria une voix derrière eux.

— Charvet s'ennuie, dit Martel, ne le faisons pas attendre, donne-moi Julien.

Il prit l'enfant à son cou.

— Moi aussi, dit la petite fille se pendant à lui.

— Et Victorine aussi, dit-il en l'enlevant de l'autre bras.

## V

Il n'est pas de pièce dans une maison qui dise mieux le caractère et les habitudes des maîtres que la salle à manger; le salon a toujours quelque chose d'obligé et d'endimanché qui égare les inductions : montre-moi où tu manges, je te dirai qui tu es, est aussi vrai que le mot « dis-moi qui tu hantes. »

La salle dans laquelle ils entrèrent, grande et haute, prenait jour sur le jardin par trois fenêtres.

Lorsque Martel avait acheté sa maison, il avait trouvé cette pièce un peu moins délabrée que les autres, grâce à une épaisse couche de peinture blanche qui avait empêché les boiseries de pourrir. Débarrassées de leur badigeon, passées au brou de noix, encaustiquées et brossées, ces boiseries s'étaient montrees magnifiques : elles montaient jusqu'aux solives carrées du plafond et se terminaient par une corniche sculptée avec un calme et une patience que nos ouvriers n'ont plus aujourd'hui. La cheminée, d'une ouverture gigantesque, avait pour entourage une vieille porcelaine bleue de Delft, — pour fond une plaque où l'on voyait en relief la naissance du Christ traitée avec une vérité chirurgicale un peu trop naïve, — pour ornement deux landiers en fer forgé à pommes rondes et polies.

Primitivement en tuiles de faïence, le carrelage n'avait pas pu être conservé, on l'avait remplacé par un parquet longtemps séché sur une butte de four. Cet intelligent sacrifice à des exigences de bien-être et de confort s'était étendu à l'ameublement : les chaises n'avaient rien d'antique, mais larges, garnies en cuir de Russie, solides sur leurs pieds, elles disaient tout de suite qu'on pouvait rester assis sur elles, longtemps, sans fatigue et se renverser sur leur dos incliné pour causer tout à l'aise : vis-à-vis l'un de l'autre étaient deux dressoirs dont les panneaux en marbre sarrancolin s'enchâssaient dans une monture en vieux chêne ; les tablettes supérieures formaient jardinière, et d'un foyer de géraniums rouges jaillissaient les feuilles en éventail d'un groupe de dattiers.

Aux panneaux de la boiserie étaient suspendues quelques toiles, souvenirs de camaraderie ou d'amitié.

Comme chez ceux dont la vie est occupée, le dîner était le moment de la causerie et de l'intimité ; séparés le plus souvent pendant le jour, ils étaient heureux de se trouver enfin réunis dans une heure de liberté. On se rapportait les incidents de la journée qui venait de finir, on discutait et on disposait le lendemain ; et à écouter le babil et les histoires des enfants, on s'attardait sans compter le temps.

Ami d'enfance de Martel, connaissant Armande depuis longtemps, son confident pendant les pénibles années de son premier mariage, Charvet ne gênait en rien cette expansion.

Depuis trois mois,il habitait le Plessis où Martel lui avait donné asile dans un moment de détresse, le plus lamentable de tous ceux qu'il eût déjà traversés ; car toujours préoccupé de projets magnifiques, il s'était embarqué dans une belle affaire qui devait lui ouvrir, suivant les calculs les plus précis, les portes de la fortune, et qui ne lui avait ouvert, en fin de compte, que celles de Clichy, les injures de quelques créanciers au lieu des bénédictions de la France entière, le coup avait été rude. Et cependant, même quand il y pensait encore, quelle affaire s'était jamais si bien présentée. Une machine pneumatique pour distribuer les tangues de la baie du Mont-Saint-Michel dans les départements de l'ouest, et fertiliser ainsi les terres les plus incultes : la fortune publique se trouvait décuplée, et avec le bien-être marchait la civilisation, Quelques esprits aussi solides que le sien, vivant comme lui dans l'espérance de ce fameux million, que tant de gens attendent en usant l'asphalte du boulevard, s'étaient enthousiasmés pour cette idée ; on avait créé une compagnie, ouvert des bureaux, on avait fait des prospectus dans un style digne de têtes plus littéraires que pratiques.

« L'Océan déverse annuellement sur la plage du Mont-Saint-Michel un sablon très fin, etc., etc. »

Tout cela n'avait produit qu'une lourde chute pour Charvet, directeur en titre, qui, au moment où Martel l'avait rencontré, se débattait contre les agréés du tribunal de commerce. Installé au Plessis, il avait enfin trouvé ce qu'il n'avait jamais connu, le repos et la vie matérielle assurés pour le lendemain. Une fois, au temps de sa première jeunesse, il avait aimé, mais ce n'avait été qu'un court rayon de soleil dans une journée grise; en échange de cet amour où il s'était donné tout entier, il avait été abandonné et n'avait pas même connu l'enfant dont il était le père. Dans ses quarante années de souvenirs, il n'en avait pas un qui lui rappelât un succès ou lui remuât le cœur; seul et pauvre quand il avait commencé la vie, il avait toujours été, il était encore pauvre et seul. Des gens qui ne le valaient pas l'avaient devancé, poussé hors du courant qui les portait, écrasé lorsqu'il les gênait, et le monde des lettres lui avait été aussi dur que le monde des affaires. Malgré tout, sans colère comme sans envie, consolé du passé par une foi robuste dans l'avenir, son cœur était resté ouvert à l'enthousiasme et à tous les sentiments de la jeunesse. L'expérience ne l'avait point atteint, le rêve était pour lui la réalité à poursuivre, la réalité le rêve à dédaigner. Quel bonheur c'était que cette vie de famille qu'il n'avait jamais connue; quelle douceur d'aimer et de caresser ces enfants!

Très heureux des offres du prince, Charvet n'en fut pas du tout surpris. Il s'attendait à bien d'autres succès pour son ami; et il employa une partie du dîner à prouver par raisons démonstratives que la démarche de M. de Coye devait nécessairement être faite dans un temps donné.

Je n'ai jamais vu ton pareil, interrompit Martel en riant: il n'y a que la mauvaise fortune qui te surprend; tu te réveilleras demain millionnaire ou ministre du progrès que ça te paraîtrait tout naturel; seulement, si tu te réveillais à Clichy, tu ne pourrais jamais comprendre par quel chemin tu y es arrivé.

— Assurément, j'ai tout fait pour être millionnaire et rien pour entrer à Clichy.

— Aussi n'es-tu pas millionnaire ?

— Et sans toi je serais à Clichy, peux-tu ajouter; mais cela ne détruit en rien mon raisonnement. Ainsi...

Il fut interrompu.

A table les enfants étaient placés auprès de leur mère, et c'était elle-même qui les servait; mais, lorsque Victorine avait un caprice ou voulait quelque chose, c'était à Martel qu'elle s'adressait et non à sa mère. On allait arriver au dessert et l'on venait de manger des petits pots de crème; il en restait un dans l'assiette, Victorine et Julien le voulaient, et tous deux se devinant, chacun cherchait un moyen pour l'avoir.

A un certain moment où Julien tourna la tête vers le jardin, Victorine fit tout bas sa demande à Martel. Celui-ci, qui écoutait Charvet, n'entendit pas. Alors, n'y tenant plus d'envie, elle répéta sa demande, tout haut cette fois. Mais à ce moment Julien, qui se vit perdu, se souleva sur sa chaise, étendit son petit bras et atteignit le pot. Victorine se mit à réclamer.

— Je l'avais demandé, je l'avais demandé.

— On pourrait le partager, dit Charvet, intervenant en conciliateur.

— Non, dit Martel; Victorine l'avait demandé, Julien ne devait pas le prendre; qu'il le donne à sa sœur.

— Allons, donne-le, mon petit Julien, dit Charvet, elle va t'en rendre la moitié, ajouta-t-il tout bas pour calmer ses pleurs.

Mais Victorine ne rendit rien du tout, et se mit à manger d'un air de défi et de triomphe.

Armande avait observé cette petite querelle sans intervenir; quand elle vit les regards que Victorine lançait à Julien, un nuage de tristesse passa sur son visage; puis tout de suite, comme si elle voulait faire une diversion :

— Venez-vous avec nous ce soir, dit-elle en s'adressant à Charvet; nous allons demander la main de Lalizel pour Méduline?

— Non, merci, pas ce soir, j'ai à travailler.

— C'est une jolie promenade, continua Martel; Lalizel est avec les moutons à la pièce des Bossettes.

— Ne me tente pas; je crois que je finirai mon article ce soir, et je veux profiter de la veine. Je suis content de ma conclusion; je crois qu'elle produira son effet. Sais-tu de quelle manière Swift voulait soulager la misère irlandaise? Il disait qu'on pourrait tirer un grand parti des enfants qui pullulent sur les routes, lequel consisterait à les vendre comme viande de boucherie; car un enfant en bonne santé et bien nourri est assez vieux à un an pour fournir une excellente nourriture, substantielle et saine, rôtie, cuite au four, bouillie et même en fricassée. Le remède que je propose à la misère des artistes est dans ce genre-là; je crois que ça portera un coup.

— Tu le porteras aussi bien demain.

— Non, parce que demain, je voudrais aller à Paris. Peut-être vais-je vous quitter.

— Es-tu fou?

— Nedopeouskine veut faire une tournée en Angleterre; il ne sait pas un mot d'anglais et il me propose de l'accompagner comme interprète.

— Et tu vas te mettre à la suite de ce charlatan?

— Nedopeouskine n'est point un charlatan; il est un puissant medium, et à l'aider dans son œuvre c'est servir la science de l'avenir; prouver l'âme c'est prouver Dieu.

— Alors, va travailler; seulement, je t'en prie, si tu n'obéis pas à un devoir en accompagnant ton prophète, reste avec nous; les Anglais ont assez de médiums sans ton illuminé. Quand tu seras prête... ajouta-t-il en s'adressant à Armande.

— Vous coucherez les enfants à neuf heures, dit celle-ci à Marie-Ange qui entrait.

— Viens dans le jardin, dit Julien à Charvet.

— Non, il faut que je travaille.

— Un peu seulement, dit Victorine; tu travailleras après, tu vas faire le cheval, Julien te montera sur le dos et je te conduirai par la bride.

— Je veux bien, mais pas plus d'un quart d'heure.

— Hue, crièrent les enfants.

## VI

Lorsque Armande et Martel traversèrent la cour de la ferme, ils la trouvèrent remplie de moissonneurs belges qui venaient demander à coucher. Dans l'Ile-de-France, la Beauce et la Picardie où les terres à blé occupent de grandes plaines, les ouvriers du pays ne suffisent plus aux travaux lorsque arrive le moment de la récolte. C'est alors que les ouvriers belges viennent offrir leurs bras, et il n'est personne qui, pendant les mois de juillet et d'août, n'en ait rencontré le long des grandes routes, marchant pieds nus sur le gazon des bas-côtés, portant au bout d'un bâton garni d'un crochet de fer cette petite faux qu'ils nomment une sape, leurs souliers qu'ils n'ont garde d'user, et dans un mouchoir de cotonnade leur léger bagage : ils font ainsi les cent ou cent cinquante lieues qui les séparent de Paris ou d'Orléans, cheminant tout le jour, couchant la nuit dans les granges et les bergeries. Comme on ne les nourrit point dans les fermes où on les embauche, ils apportent de leur pays un petit pot de beurre qui fournira leur principal repas; pendant tout le temps de la moisson ne buvant que de l'eau, ne fumant que le peu de tabac qu'ils ont aussi apporté, ils n'auront à acheter que du pain; par ces privations, unies à un travail de quinze à seize heures chaque jour, ils économiseront une somme de deux cents ou deux cent cinquante francs avec lesquels ils vivront aux pays, eux, leur femme et leurs enfants tout le reste de l'année.

En arrivant au Plessis, Martel avait établi pour règle qu'on tremperait la soupe à tous ceux qui demanderaient à coucher; or, comme le Plessis est une étape, ce n'était pas trop à certaines saisons que deux grandes marmites; car si en hiver on ne voyait que quelques mendiants et des saltimbanques pauvres, en été les sapeurs belges passaient deux fois par la cuisine : au mois de juin lorsqu'ils allaient se louer vers la Loire, au mois d'août lorsque, la moisson étant finie par là, ils venaient faire celle qui allait commencer vers la Somme.

Cette hospitalité n'était pas bien coûteuse pour le fermier; pour le peintre elle était une curieuse étude : tous les soirs il venait s'adosser à la cheminée, et il voyait défiler devant lui ces esclaves du travail qui tous, jeunes ou vieux, hommes ou femmes, exténués de fatigue, durcis par le hâle, tannés par le soleil, maigris par les privations, desséchés par la sueur, encroûtés de la poussière des terres brûlantes sur lesquelles ils s'étaient courbés, attendaient, avec la placidité des animaux, que la cuisinière emplît de bouillon l'écuelle dans laquelle ils avaient taillé leur pain.

Aussi le connaissaient-ils tous, et lui-même, passant au milieu d'eux, en reconnut-il un grand nombre qu'il salua par leur nom.

Arrivé sous la grande porte, il trouva, se tenant un peu à l'écart, une bande de musiciens allemands, de ces pauvres diables qui tous, bâtis sur le même modèle long et mince, coiffés de la même casquette, vêtus de la même redingote à petits boutons, viennent nous jouer sur leurs clarinettes et leurs cuivres les douces valses de leur pays.

En apercevant le maître et la maîtresse de la maison, d'un même mouvement et avec un ensemble parfait, ils ôtèrent leurs casquettes.

— Si une assiette de soupe vous est agréable, dit Martel en leur rendant leur salut, entrez à la cuisine.

— Foui, si fous foulez bien, répondit le chef de la bande, en riant de ce rire allemand qui est une sorte de remerciement pour ce qu'on a dit, et d'encouragement pour ce qui reste peut-être à dire.

La pièce des Bossettes où les moutons parquaient en ce moment était à une heure de la ferme; mais le soir avait apaisé la chaleur; les feuilles des arbres immobiles tout le jour sous les rayons du soleil commençaient à bruire ranimées par un souffle frais; les tiges des plantes inclinées vers le couchant se redressaient; des champs qui n'étaient point encore dénudés, des sentiers herbus, des fossés montait une douce fraîcheur, et la route à faire à travers la plaine éclairée des lueurs roses restées au ciel était un vrai plaisir. Au loin dans les chaumes on entendait le cri articulé des cailles et des perdrix qui ressemble si étrangement à un langage humain.

— Je crains bien, dit Martel en marchant auprès d'Armande, que nous ne réussissions pas avec Lalizel; s'il ne refuse point franchement, il trouvera des détours, il mérite bien son nom de Jean le Fin; puisque de lui-même il n'a pas voulu épouser Méduline, il n'est guère probable qu'il se laisse décider par nous.

— Ce n'est pas épouser Méduline qui est maintenant le principal, c'est légitimer leur enfant; est-il homme à ne pas sentir que tout lui en fait un devoir? si tu lui fais comprendre quelle est la position de ce pauvre petit, il me semble qu'il en sera touché.

— Ne compte pas trop là-dessus; dans ce pays-ci où

la moitié des filles a des enfants, on est peu sensible à ces idées de devoir et Jean le Fin doit en être l'esclave moins que tout autre, lui qui passe pour avoir depuis deux ans mené à Paris trois filles embarrassées de leur grossesse ; enfin nous essayerons de tout.

— Pauvre Méduline, elle pleurait en me demandant de parler pour elle ; elle a une peur terrible de Lalizel et il a fallu le fond d'honnêteté qui est en elle pour la décider. Sa faute, telle qu'elle me l'a contée, m'a tout émue. L'année dernière, comme elle était malade, le médecin de Villeneuve lui dit que si elle continuait la broderie, elle deviendrait poitrinaire. C'était au moment de la moisson, elle se loua comme ramasseuse au père Groseiller; la pièce qu'ils avaient à faucher était pleine de chardons. Ses mains n'étaient pas habituées à un pareil travail. Elle ne tarda pas à avoir les doigts dans un état pitoyable. Ce n'était qu'une plaie. Tous les autres se moquaient d'elle et la renvoyaient à sa broderie. Le père Groseiller criait toute la journée parce qu'elle n'allait pas assez vite. Lalizel était précisément à ce moment-là avec le parc auprès de leur pièce. Au lieu de se moquer, il la plaignit. Il passe pour médecin. Aux heures de repas, il venait s'asseoir auprès d'elle, et après avoir retiré les plus gros dards il lui pansait les doigts. Elle était heureuse de ces marques de bonté, son cœur se laissa prendre.

Elle s'interrompit. Ils étaient arrivés au-dessus d'un petit vallon et au delà des têtards de saules, à travers le crépuscule bleuâtre, on apercevait dans un chaume les claies du parc et la cabane. Une voix qui partait du fond du ravin chantait en se rapprochant :

Il était un cantonnier,
Sur la route de Louviers,
Qui cassait des tas de cailloux,
Pour mettre sur l'passage des roues,

Quand soudain vint à passer,
Un m'sieur en cabrioulet,
Qui lui dit : Pauv' cantonnier,
Tu fais là un fichu métier.

C'était un faucheur qui, la faux sur l'épaule et le panier au bras, regagnait le village.

— Ah ! monsieur Martel, dit-il lorsqu'il les croisa, il il y a au fond du ru une brebis égarée qui, je crois bien est à vous.

— Merci, Tieffine, nous allons au parc, nous la chasserons devant nous.

— Faut pas m'en vouloir, dites donc, si je ne l'ai pas menée, mais Jean le Fin m'aurait dit qu'elle n'était pas perdue ; il n'aime pas qu'on se mêle de ses affaires ; pas commode qu'il est, vous savez bien.

Soulevant le bord de son vieux chapeau de paille, il reprit son chemin, les reins voûtés, marchant à pas longs et lourds dans ses gros sabots et chantant :

Le cantonnier lui répond,
Sans faire plus de façon :
Si j'roulions caross' comm' vous,
Je n'casserions pas de cailloux.

Cette réponse qui s'fait remarquer,
Par sa grande simplicité,
Vous prouve que les malheureux,
S'ils le sont, c'est malgré eux.

— Encore un, dit Martel, qui a peur de Lalizel, il a peur d'être *ensaboté* ; je parierais qu'il le croit sorcier ; le voisinage de Paris ne leur ouvre l'intelligence que pour les vices.

Lalizel était assis contre sa cabane, le dos appuyé à l'une des roues. Il soupait. Posés devant lui sur leur derrière, ses deux chiens attendaient qu'il leur jetât un morceau de pain. Dans le parc clos, les moutons tassés les uns contre les autres bêlaient.

Quand il vit une brebis ramenée précisément par celui qui eût dû ignorer cette perte, il justifia sa réputation de n'être point commode. Seul il eût probablement à moitié assommé la bête. Devant le maître il passa sa colère sur les chiens qui lui appartenaient.

Martel voulut intervenir,

— La brebis perdue, dit Lalizel, je vous l'aurais payée; à eux de me la payer, c'est leur faute.

Et il recommença à les rouer de coups; sans oser se sauver les pauvres bêtes s'aplatissaient sur la terre et gémissaient.

— Finissez donc, dit Armande, il y a de votre faute aussi.

— Ah! notre dame, heu! malheur!

— Écoutez-moi, dit Martel, nous avons à vous parler.

A ces mots prononcés avec autorité, il releva la tête: la nuit était venue, mais une belle nuit bleue d'une transparence profonde qui laissait voir au loin; Armande n'avait jamais fait grande attention à son berger; en regardant sa mine chafouine et rabougrie, ordinairement d'une placidité voulue, mais où la colère venait de faire sourdre le naturel, elle se demanda si pour Méduline, mieux ne vaudrait pas que Lalizel refusât.

— Il ne m'appartient pas, poursuivit Martel, de vous demander pourquoi depuis un an, vous n'avez pas épousé Méduline, mais aujourd'hui Méduline va entrer à notre service où elle gagnera trois cents francs; — il insista sur ces mots; — vous y êtes déjà, et je voudrais savoir quand vous comptez l'épouser; vous savez que je ne veux pas de ces situations-là chez moi.

— Pardon, mais quelle situation? Pourquoi sans vous commander, que j'épouserais Méduline?

— Pour votre enfant, interrompit Armande avec une indignation contenue.

— Mon enfant, à moi? heu malheur!

—N 'est-il pas le vôtre ? Tout le monde le dit.

— Tout le monde, c'est bien du monde. Est-ce qu'elle le dit aussi, elle, la Méduline ? Je serais curieux de savoir à qui elle l'a dit.

— A moi.

— A vous, ah ! vraiment, notre dame. Eh bien moi, je dis que non. Oui, je dis que non. J'ai bien joué avec elle, ça c'est vrai ; je l'ai guérie des doigts, c'est vrai aussi. Mais voilà tout. Voyons, là, notre maître, entre nous, croyez-vous que je vas m'amuser à faire un enfant à une fille qui n'a rien ; je ne serais donc plus Jean le Fin ; heu malheur !

— Elle va gagner trois cents francs.

— Cent écus, oui, c'est une somme ; on en ferait bien des enfants à ce prix-là. Mais celui qui est né, faut-il donc que je lui donne mon nom à la mairie, sans en être le père. Ça serait-il juste, et d'un honnête homme ?

— Vous ne persuaderez personne que vous n'êtes point le père de cet enfant. Pour moi vous l'êtes et j'estime que vous devez épouser Méduline. Vous ne resterez donc point tous deux à mon service dans les conditions où vous êtes. Et je vous le dis franchement, comme je tiens plus à elle qu'à vous, c'est vous qui partirez si vous refusez de faire votre devoir. Vous parliez d'être un honnête homme, montrez si vous l'êtes.

— C'est comme ça, dit Lalizel en abandonnant son ton doucereux, on partira ; votre service n'est déjà pas si doux ; s'il faut épouser les filles qui ont des enfants, bonsoir.

Sans ajouter un mot il leur tourna le dos, et s'en alla de l'autre côté du parc. Ils l'entendirent qui grommelait entre ses dents.

Puis ils entendirent aussi le hurlement plaintif d'un des chiens, auquel il venait sans doute d'allonger un coup de pied.

## VII

— Voilà un bon berger de perdu, dit Armande, comme ils redescendaient dans la prairie.

— Un bon berger, oui, mais c'est un mauvais homme, il il ne faut pas le regretter. Le pays va en être débarrassé, car il ne trouvera pas de place ici, et il est trop paresseux pour faire autre chose. D'ailleurs je n'aurais sans doute pas pu le garder avec les changements que je projette et que je veux te soumettre.

— Quels changements?

— La commande du prince va prendre mon temps pendant un an ou dix-huit mois, et cela juste au moment où les travaux de la ferme auraient besoin de toute ma surveillance. Les comptes arrêtés en juillet ont montré que nos bénéfices avaient été très beaux; si mes calculs sont justes, ils doivent aller s'augmentant encore pendant deux ou trois ans pour arriver à une moyenne toujours à peu près pareille; seulement c'est à condition que je tiendrai tous les détails dans ma main, comme je l'ai fait jusqu'à présent; or cela va devenir matériellement impossible. Dans ces conditions, j'ai pensé à prendre pour aide, Pigache, mon cousin.

— N'a-t-il pas une position?

— J'ai reçu de lui tantôt une lettre où il me dit qu'il est libre. Pigache a été un des meilleurs élèves de la ferme de Grignon. Établi fermier à vingt-deux ans en Picardie, il s'est promptement ruiné; il lui manquait l'expérience et le capital, car mon oncle n'était pas riche. Il est alors entré chez les frères Quertier comme directeur de leur exploitation agricole et industrielle. Il y serait encore si les frères Quertier ne venaient de se mettre en faillite;

mais leur ferme n'est pour rien dans leur déconfiture. Bien entendu je ne pourrai pas offrir à Pigache les appointements qu'il perd, cependant ceux que nous pouvons lui donner sont encore très suffisants. D'autant mieux qu'ils pourront être augmentés d'une façon incidente, si cela te convient.

— Tu sais bien que tout ce que tu fais me convient.

— Je sais que tu es la meilleure des femmes; mais ici il s'agit d'une lourde responsabilité que je voudrais partager : il s'agit de nos enfants. J'aime Victorine comme si elle était vraiment ma fille, et j'espère que tu n'as jamais remarqué de différence dans ma tendresse pour elle et ma tendresse pour Julien. Cependant, à vrai dire, je ne suis pas le même pour tous deux : à Victorine je passe tout de parti pris, tandis qu'envers Julien je suis tel que les circonstances le veulent. Et toi-même tu fais une différence entre eux, je ne dis pas dans ton amour maternel, mais dans ta manière d'être. Avec Victorine, tu es d'une indulgence voulue, comme si tu craignais toujours que dans une marque de juste sévérité elle ne pût voir de la dureté et de l'injustice; tu lui donnes raison dans ses querelles contre son frère, et tu lui cherches des excuses même quand elle n'en mérite pas. Ce n'est pas un reproche au moins : il m'atteindrait aussi bien. Le sentiment auquel nous obéissons est le même. Mais en agissant ainsi tous deux sans nous être entendus, n'allons-nous pas contre nos intentions? Le moins qui puisse arriver, c'est de faire souffrir Julien et de le rendre jaloux; mais laissons Julien de côté en ce moment. Victorine est assurément plus vive d'intelligence que ne le sont les enfants de son âge, et avec cela il y a en elle une tendresse expansive qu'exalte son caractère naturellement jaloux. N'est-il pas à craindre que nous la gâtions? Déjà elle abuse de notre faiblesse, qu'elle a très bien reconnue. Elle est ton maître, le mien et le tyran de son frère, ce qui n'empêche pas sa jalousie d'éclater à propos de tout. Elle arrive à un âge où il va falloir absolument la diriger; au prix de quels efforts de volonté? Qui de nous deux la domptera? Comprendra-t-on notre sévérité après notre indulgence?

— C'est bien ce qui me tourmente, c'est mon seul chagrin dans ma vie si heureuse.

— Eh bien! je crois avoir trouvé un moyen de concilier tout.

— Veux-tu la mettre en pension?

— Non, je ne te proposerai jamais de l'éloigner de nous; je veux au contraire que nous puissions la garder toujours. En venant ici, Pigache amènerait naturellement sa femme; or madame Pigache avant son mariage était institutrice des demoiselles Quertier. Elle est, dit-on, fort instruite. Et par ce que j'ai pu voir elle m'a paru intelligente et agréable. Si cela te plaît, elle pourrait élever Victorine et même, plus tard, préparer Julien à entrer au collège. C'est ainsi que je comprends que les appointements de Pigache pourraient être augmentés; ce serait par ceux de sa femme : voilà mes projets.

— Pour Victorine, ils vont au-devant de mes désirs.

— Penses-y, moi-même je les retournerai : rien ne presse; dans quelques jours nous en reparlerons. Aujourd'hui je n'y vois qu'un danger, c'est une intimité gênante avec Pigache et sa femme, mais il est bien entendu qu'ils ne demeureront point à la ferme; il y a assez de maisons vides dans le Plessis.

Ils marchaient lentement dans la plaine, elle s'appuyait sur son bras et il réglait son pas sur le sien. La nuit était douce et sereine, sans lune, avec peu d'étoiles au ciel, mais cependant si lumineuse que les arbres, les buissons, les gerbes couchées dans le chaume, tout ce qui faisait relief sur la terre conservait sa forme et ses contours. Dans l'air frais était répandue cettte senteur chaude et fortifiante qu'on pourrait appeler le parfum de la moisson. C'était le soir d'un beau jour d'été, où l'on respire librement et où l'âme se sent forte et tranquille.

— Te souviens-tu, dit Martel, d'une de nos promenades, il y a quatre ans, dans la forêt de Sénart? Tu enviais ceux qui vivaient à la campagne.

— Je me souviens aussi de mes rêves d'alors; comme ils ont pâli devant la réalité! il y a quatre ans, qui m'aurait dit que je serais si heureuse, moi qui n'osais regarder l'avenir, et qui me sens maintenant si confiante, si assurée? Aujourd'hui sera demain.

— Et toujours.

— Ah! mon ami, quelle vie tu m'as faite, que je t'aime!

Une fanfare éclatante retentit dans le calme de la nuit, et un bruit de voix joyeuses arriva jusqu'à eux, qui les fit tressaillir.

— Les musiciens allemands, dit-il.

Il ne se trompait pas : c'étaient les musiciens allemands qui, pour payer leur hospitalité, faisaient danser les gens de la ferme dans la prairie. Formant cercle autour d'eux se tenaient debout quelques moissonneurs belges trop fatigués ou trop dévots pour danser. Trois grosses lanternes de voiture éclairaient le terrain.

— Si tu n'es pas lasse, dit Martel, tu pourrais leur faire le plaisir de danser avec l'un d'eux.

— Je veux bien, mais à une condition, c'est qu'après cette contredanse, nous ferons ensemble un tour de valse.

Au moment où la valse s'achevait, Godalier, le maître charretier, s'approcha de Martel.

— Il y a là, dit-il, un homme qui demande à coucher et à travailler demain. C'est celui qui est là-bas, appuyé sur son bâton. Il n'a ni papiers ni livret.

Il montra un homme de quarante à quarante-cinq ans, aussi misérablement vêtu peut-être que les moissonneurs qui l'entouraient, mais de cette misère qui ne porte point avec elle les traces rassurantes du travail.

— Vous demandez du travail, dit Martel en s'approchant de lui pendant que les musiciens commençaient une nouvelle contredanse, que savez-vous faire ?

— Ce qu'on voudra.

— Comment cela ?

— J'ai été fermier avant d'être ce que je suis.

— D'où venez-vous ?

— De loin.

— Vous n'avez pas de papier ?

— Êtes-vous le maire ?

— Non ! Mais si vous aviez un livret, j'aurais peut-être pu vous employer ; j'ai besoin d'un berger. Avez-vous du pain ?

— Non.

— Avez-vous soupé ? Non, n'est-ce pas ! Entrez à la cuisine. Si vous avez des allumettes et du tabac, vous les donnerez à garder ; on vous les rendra demain matin : on ne fume pas dans la ferme.

— Ça, c'est juste ; mais je n'ai pas plus d'allumettes que de tabac, pas plus de tabac que de pain.

— Quel est cet homme ? demanda Armande, comme il se dirigeait vers la porte de la ferme.

— Un pauvre diable qui probablement se fera ramasser demain par la gendarmerie, mais ce n'est pas une raison pour qu'aujourd'hui nous le laissions coucher dehors et sans souper.

# CHAPITRE II

## LA COUSINE PAUVRE

### I

Ce fut seulement à la fin de septembre que Pigache vint s'installer au Plessis, et Martel eut ainsi six semaines pour faire mettre en état la maison qu'il lui destinait. Bâtie sur ses terres, au bord du chemin qui du village conduit à la ferme, au milieu d'un assez grand jardin bien planté et entouré de belles haies vives, elle était inhabitée depuis la ruine du Plessis, mais construite solidement, et n'ayant pas plus d'une trentaine d'années, elle ne demandait pas des réparations coûteuses. Sans doute, Pigache serait sensible au double avantage de ne point payer de loyer et d'être tout près de la ferme.

Il le fut en effet, et se montra franchement reconnaissant ; madame Pigache le fut beaucoup moins et n'eut pas même un mot de remercîment.

— C'est sincèrement que tu parles de reconnaissance? dit-elle à son mari, lorsque peu d'instants après leur arrivée elle se trouva seule avec lui.

— Assurément, il n'était pas dit dans nos conditions

qu'on nous donnerait le logement : c'est une gracieuseté, et pour nous c'est une économie qui arrive à propos.

— Tu seras bien toujours le même. S'il voulait nous faire une gracieuseté, il fallait la faire complète ; puisqu'il nous donnait un logement, il pouvait bien nous le donner dans sa propre maison, il y a tant d'appartements de libres, cela eût été plus digne que de nous offrir cette petite masure, qu'il ne trouvait pas à louer. Tu es son cousin après tout.

— C'est bien en cousin qu'il me traite.

— En cousin !

Elle haussa les épaules.

— Oui, il pouvait te traiter en cousin. Au lieu de te prendre comme une sorte de domestique, c'était de te prendre comme associé. Ne vas-tu pas lui donner tout ton temps, ton savoir et ton expérience ? Cela valait bien l'argent qu'il apportait de son côté. Ton père n'était-il pas le frère de sa mère ? N'es-tu pas son parent le parent le plus proche ? S'il ne s'était pas marié, Adèle était son héritière.

— Mais il est marié.

— Oui, et tu vas être *son prends garde-à-tout;* je serai son institutrice, et Adèle sera le joujou de ses enfants. Tu trouves ça naturel ; je lui ferai sentir, moi, que malgré tout nous sommes parents.

Cependant elle accueillit fort gracieusement les avances d'Armande; seulement, toutes les fois que celle-ci en parlant dit « Madame », elle répondit « ma cousine », et cela jusqu'à ce que Armande en vint elle-même à dire aussi « ma cousine. »

## II

La jeunesse de madame Pigache n'avait pas été heureuse. Orpheline à treize ans, sans que son père lui laissât autre chose que des dettes ; moitié par pitié, moitié par calcul, on l'avait gardée dans sa pension, où personne ne devait plus payer pour elle, et brusquement elle était devenue une sorte de sous-maîtresse à tout faire, bien que restant encore élève. Le malheur aiguise vite l'intelligence. Elle avait compris qu'il fallait plaire à ceux de qui elle dépendait, et ç'avait été à quoi avaient tendu ses efforts pendant six longues années. Le jour où elle avait eu son diplôme d'institutrice, elle n'avait plus pensé qu'à quitter au plus tôt cette pension qu'elle haïssait, et changeant de tactique elle s'était efforcée de plaire à celles des élèves qui pourraient lui trouver une position dans le monde. C'était ainsi qu'elle était entrée chez les frères Quertier, pour être l'institutrice de la fille du plus jeune, Elle n'avait point gagné à ce changement si laborieusement préparé. Autrefois simples fermiers, et parvenus à la fortune par des spéculations plus hardies que scrupuleuses sur les grains et les alcools, les frères Quertier, l'aîné comme le jeune, le jeune comme l'aîné, étaient des modèles de dureté dans leurs relations sociales, d'ostentation dans leur vie intime. Le premier jour de son arrivée chez eux il lui avait dit tout de suite comment elle serait traitée dans cette maison. Pour lui montrer le parc et ses dépendances, on avait fait atteler les chevaux à la calèche découverte : M. Quertier jeune et sa fille s'étaient assis sur le siège de derrière ; elle s'était mise sur le siège de devant. Il faisait une magnifique et chaude journée d'été et le soleil la frappait d'aplomb en plein visage. Pour s'en préserver elle ouvrit son ombrelle. Mademoiselle Quertier avait oublié la sienne, mais cela était sans importance ; elle avait le soleil dans le dos et encore elle en était préservée par les plis de la capote à moitié baissée. Mais son père n'en jugea pas ainsi, et, s'arrêtant dans une démonstration qu'il était en train de faire à sa nouvelle institutrice : « Donnez donc votre ombrelle à mademoiselle Quertier, » lui dit-il durement. Il y avait quatre années qu'elle supportait sans se plaindre, mais impatiemment les exigences de son élève et les insolences du père et de l'oncle, lorsque Pigache fut installé comme directeur de la ferme considérable qu'ils venaient de joindre à leur château de Noyan.

Elle avait alors vingt-quatre ans. Quoique maigre de la maigreur jaune des vieilles jeunes filles, elle était agréable sinon jolie : admirablement faite, des yeux d'une vivacité électrique, de beaux cheveux, intelligente, causant bien, partout à son aise, gracieusement habillée d'un rien. Il fut fou de joie lorsqu'elle consentit à l'épouser. Elle eut peine à se retenir de lui sauter au cou le soir où, en tremblant, il se décida enfin à faire sa demande si longtemps attendue.

Tous deux durent en rabattre.

Il avait voulu une femme assez simple dans ses désirs pour se contenter de la position modeste qu'il pouvait lui offrir, et il avait cru la trouver dans cette jeune fille, peut-être un peu bien élégante pour lui, peut-être un peu trop coquette, mais que l'expérience avait dû habituer à une vie sévère ; — il trouva une femme aigrie par la lutte, faussée par le besoin de plaire à chacun, pleine de convoitise pour tout ce qui lui avait manqué, follement ambitieuse et par-dessus tout dévorée d'envie.

Elle avait eu bien des raisons pour l'accepter. Depuis longtemps elle sentait que le mariage seul l'affranchirait de la servitude dans laquelle, institutrice, elle userait sa vie. Mais combien difficile pour elle était le mariage ; elle ne voulait pas plus d'un ouvrier ou d'un petit boutiquier, que les chercheurs de dot ne voulaient d'elle. Si, par son éducation, Pigache n'était pas précisément homme du monde, son instruction réelle et ses connaissances spéciales lui valaient partout une certaine considération : avec cela beau garçon, facile à vivre, doux, sympathique à tous. Il était pauvre, il est vrai, mais cela établissait entre eux une égalité de situation qui mettait l'avenir à l'abri de tous reproches. D'ailleurs il avait pour le moment une position honorable. Excité par un esprit hardi, on pouvait compter qu'il saurait bien se pousser dans la vie, faire sa trouée comme un autre, gagner une fortune. Les frères Quertier, qui n'avaient jamais eu instruction ni éducation, et qui étaient partis de bas, étaient bien arrivés; pourquoi ne creuserait-il pas sa route comme eux, lui qui avait en mains de meilleurs instruments?

Elle ne trouva point en lui l'homme entreprenant qu'il fallait à ses desseins. Loin de là. Dégoûté par une première et désastreuse expérience de tout ce qui entraînait une responsabilité personnelle, il ne consentit pas à tenter les aventures où elle essaya de le pousser. Rien ne fit, ni raisonnements, ni menaces, ni caresses. Un moment elle eut une lueur d'espérance : comme annexe à la ferme, on avait construit une distillerie, lorsqu'elle fut achevée, la machine ne put point fonctionner, Pigache se mit à l'œuvre et répara pratiquement les erreurs théoriques de l'ingénieur qui était venu de Paris diriger le montage. — Puisque tu es si habile, lui dit-elle, pourquoi n'inventes-tu pas des machines agricoles? Il y a une fortune à faire en exploitant les brevets. Il répondit simplement qu'il pouvait bien faire fonctionner les machines des autres, mais qu'il n'était pas capable d'en inventer de nouvelles. Vivant de peu et sans désirs, il était le plus heureux du monde si, en rentrant le soir, il la trouvait un peu en toilette, il causait joyeusement, puis après dîner il s'endormait au coin du feu. Toute la semaine il attendait le dimanche pour faire avec elle une partie de dominos, pendant que leur fille bâtissait des châteaux de cartes. C'était là pour lui le suprême bonheur, il ne souhaitait rien au delà, si ce n'est ne pas quitter ses vêtements de tous les jours et ne pas se brosser les ongles. A cela près, le meilleur mari de la terre, tendre, fidèle et passionné; seulement ce n'était point ce mari-là qu'elle avait cru épouser.

Lorsqu'il avait reçu les propositions de Martel, leurs dissentiments avaient recommencé. Il voulait accepter. Elle voulait qu'il refusât.

C'était encore une position inférieure, sans avenir. S'était-elle mariée pour, après sept années de mariage, redevenir institutrice? Pourquoi ne pas tenter la chance; il avait des relations, il trouverait bien à emprunter un capital; il connaissait à fond le commerce des grains, l'occasion n'avait jamais été plus belle pour faire fortune.

A cela il répondit qu'il ne voulait point aventurer l'argent d'autrui; que ce n'était pas quand on avait déjà des dettes, qu'on devait en faire de nouvelles; enfin que Martel était un ami pour lequel il serait heureux de travailler.

Quand elle revint à la charge, à ses plaintes, ses excitations ou ses reproches, il opposa son moyen ordinaire, — l'inertie.

Aussi lorsqu'elle arriva au Plessis était-elle dans les plus mauvaises dispositions.

## III

Elles s'adoucirent bientôt, car la vie nouvelle qui lui fut faite n'avait rien de celle que pendant sept ans elle avait menée à Noyan.

En descendant de voiture elle avait trouvé Armande qui l'attendait et qui, lui tendant la main, lui avait dit gracieusement :

— Jusqu'au jour où vous serez tout à fait installée, vous m'appartenez pour la table et le logement, et moi je vous appartiens pour vous aider à tout ce que vous voudrez. J'ai de la réputation dans la couture, vous pouvez donc m'employer à faire ou à réparer vos rideaux; je n'ai pas la main trop malheureuse et ne casse presque jamais, vous pouvez aussi me confier votre vaisselle. Pour le reste, je fais sans murmurer ce qu'on me commande; employez-moi donc?

— Ma chère madame Pigache, dit Martel, il y a ici des chevaux et une voiture, quand vous voudrez aller à Paris; il est entendu, une fois pour toutes, que chevaux et voiture sont à vous.

Ces bonnes dispositions ne se manifestèrent point seulement en paroles. Quoiqu'elle eût qualifié sa nouvelle maison de petite masure, elle était plus grande que celle qu'elle venait de quitter; aussi, lorsque son mobilier fut en place, parut-il danser entre les murs. Armande tâcha de cacher les vides. Précisément elle avait, pour la salle à manger, un buffet qui ne lui servait pas. Une table à ouvrage fut cassée dans le déménagement, précisément elle en avait une qui semblait faite exprès pour la remplacer. Madame Pigache laissa voir qu'elle désirait vivement une lampe suspendue dans sa salle à manger « parce que cela était distingué et qu'elle ne s'en privait que parce qu'il fallait se faire une raison »; Armande pria Martel d'en rapporter une de Paris.

— En même temps, je commanderai des tapis aux Gobelins et un service à Sèvres, dit-il en riant, lorsqu'il se fut acquitté de sa commission.

— C'est un peu trop; mais l'utile ce serait de leur envoyer une voiture de bois, il y a des ormes dans la prairie Fouquet, qui brûleront bien. Je leur ai fait porter tantôt deux mannes de poires; ils n'avaient pas de crassane.

Il y avait loin de là aux procédés de MM. Quertier frères, qui tous les ans, au mois de janvier, retenaient au

3.

directeur de leur ferme deux francs pour le ramonage de son habitation personnelle.

Il fut établi de fondation que tous les dimanches M. et madame Pigache dîneraient avec Adèle à la ferme. Souvent on invitait un ou deux amis intimes, madame Aiguebelle, Fraval, Gayot, un sculpteur que ses bustes de femmes étaient en train de rendre célèbre. C'était un souffle de la vie parisienne qui, pendant quelques heures, passait sur le Plessis, et Pigache ne s'endormait point au coin du feu. Ce jour-là les enfants avaient le droit d'entrer au salon, et pour eux aussi c'était fête, car il y avait deux grandes armoires vitrées qu'on ouvrait et qui étaient pleines de curiosités avec lesquelles il était permis de jouer.

Tout entier à la commande du prince, Martel fut forcé de négliger peu à peu les travaux de sa ferme. Bientôt il ne sortit plus qu'une heure par jour après le déjeuner; alors Armande et lui montaient à cheval, et par n'importe quel temps, bien encapuchonnés quand il pleuvait ou neigeait, ils trottaient tous deux à travers champs: ils allaient voir si les blés à peine levés ne jaunissaient pas, si les grands vents de la dernière nuit n'avaient point desséché le colza. A ces promenades se bornait leur surveillance extérieure; ils s'en rapportaient à ce que Pigache disait tous les soirs des travaux de la journée.

Il était le vrai maître de la ferme comme madame Pigache était la vraie maîtresse de Victorine.

On lui avait fait disposer, au rez-de-chaussée, une grande et belle pièce dont elle avait la clé et où, pendant deux heures par jour, elle devait commencer à habituer Victorine bien plutôt à se plier à une volonté étrangère qu'à travailler.

Ces marques de confiance, ces attentions, cette cordialité, le bien-être dont on s'efforçait de l'entourer, les plaisirs qu'on lui faisait partager, tout cela finit par modifier ses premiers sentiments à l'égard de Martel et d'Armande.

Il y eut une chose toutefois qu'elle ne put jamais pardonner à celle-ci, sa supériorité.

Heureuse, elle se rappela avec moins d'amertume les souffrances de sa jeunesse et fut moins âpre dans ses convoitises; mais elle avait sous les yeux, sans cesse, une femme jeune, jolie, intelligente, et pour sa jalousie, pour sa nature envieuse, c'était un aiguillon continuel.

Pourquoi Armande était-elle riche, tandis qu'elle-même était pauvre? pourquoi Armande donnait-elle, tandis qu'elle-même recevait? Pourquoi était-elle envieuse, et pourquoi Armande ne l'était-elle pas? Armande avait les cheveux blonds, les siens étaient d'une nuance indéfinissable, ni noirs ni châtains; la peau d'Armande était rose et transparente comme celle d'un enfant, la sienne était rugueuse et bistrée.

Quoiqu'elle sentît avec une poignante justesse son infériorité, il y avait un point sur lequel elle croyait l'emporter incontestablement.

Elle avait la main longue, maigre, blanche, avec des doigts effilés et des ongles taillés en amandes. La main d'Armande était potelée, les doigts charnus s'amincissaient en fuseau, sur les articulations se creusaient des fossettes, les ongles un peu recourbés s'incarnaient dans les chairs.

Madame Pigache était très fière de sa main, qu'elle trouvait distinguée, et elle ne manquait pas une occasion de la mettre en parallèle avec celle d'Armande, qu'elle croyait commune.

Quel ne fut pas son étonnement d'entendre Gayot annoncer un dimanche soir qu'il ne partirait pas le lendemain!

— Car j'ai un service à vous demander, ajouta-t-il en s'adressant à Armande, c'est de faire une étude de vos mains. Martel a dû vous le dire plus d'une fois : vous avez la plus belle main antique qu'on puisse voir.

## IV

Il y avait deux mois à peu près que madame Pigache était au Plessis, lorsqu'un jour elle vint trouver Martel dans son atelier; elle semblait vouloir s'entourer de mystère.

— Êtes-vous bien sûr de votre berger? dit-elle.

— Qui, Hutin?

— Oui; depuis plusieurs semaines il paraît embarrassé; il répond à peine, et si l'on insiste il ne répond plus du tout. Je l'ai observé; assurément il y a du louche dans sa vie.

— Vous avez eu du mal à apprendre ça?

— Êtes-vous sûr qu'il ne sort pas de prison?

— Mieux que ça, il sort du bagne.

— Vous le connaissez et vous le gardez.

— Promettez-moi de ne parler de son secret à personne et je vous le confie; ça vous fera plaisir, et ça lui épargnera des questions qui doivent l'inquiéter, car vous l'avez questionné, n'est-ce pas.

— Un peu.

— Un soir de ce mois d'août est arrivé un pauvre diable mourant de faim et de fatigue; il cherchait du travail. Je venais de renvoyer mon ancien berger. Je lui offris de le remplacer. Mais il n'avait pas de papiers. Le lendemain, soit désir de travailler, soit que je lui eusse inspiré confiance, il me conta son histoire. Elle me toucha: libéré depuis deux ans, il avait été envoyé en résidence à Clermont; non seulement il n'y avait pas trouvé de travail, mais il y était devenu la bête noire des enfants, qui le poursuivaient dans les rues à coups de caillou. Un jour, le fils du commissaire de police lui avait cassé deux dents avec une fronde; un autre jour, qu'il dormait dans une carrière, on l'avait enfumé avec des ajoncs. Il s'était sauvé; il venait à Paris pour chercher une dernière fois du travail, et, s'il n'en trouvait point, pour faire, disait-il, un mauvais coup: il voulait tuer un gendarme ou un commissaire de police. J'en eus pitié. Je pris des renseignements. Ce n'était pas un concurrent pour le prix Montyon, mais ce n'était pas non plus un homme perdu. J'obtins qu'il ne fût pas mis en jugement pour rupture de ban et qu'il pût rester ici.

— Un forçat!

— Ma chère madame Pigache, je plains ceux qui n'ont pitié que des honnêtes gens; Hutin ne m'a pas encore fait repentir un seul jour de lui avoir tendu la perche. Voilà son histoire. Vous voyez que vous aviez raison de trouver en lui du louche; seulement vous avez eu tort de ne pas me demander quoi; cela vous eût épargné une enquête. Nous sommes donc curieuse?

## V

Curieuse? Elle l'était à se donner la fièvre pour un rien. Quelqu'un passait, quelqu'un qu'elle ne connaissait pas, qu'elle n'avait jamais vu, il fallait qu'elle sût où il allait, d'où il venait, qui il était. A la pension et chez les frères Quertier, elle avait vécu l'oreille à la fente des portes. A Noyan, pendant sept ans, elle avait tenu le rideau de sa fenêtre à moitié ouvert, et son visage collé à la vitre.

Au Plessis, elle s'était occupée de Hutin, parce qu'il ne ressemblait en rien aux gens de la ferme; mais il y avait quelqu'un qui bien plus ardemment que Hutin excitait, torturait sa curiosité, Armande.

La vie de Martel, elle la savait à peu près jusqu'à son mariage, car Pigache avait toujours été en relations avec lui. Mais Armande?

De son enfance malheureuse auprès de son père, de sa jeunesse, de son éducation auprès de son grand-père, on parlait volontiers. Mais pourquoi jamais un mot de son premier mariage et du temps qui s'était écoulé jusqu'à son arrivée au Plessis? Pourquoi cette lacune? A toutes les interrogations plus ou moins adroites, à toutes les insinuations, pourquoi un silence absolu chez Martel aussi bien que chez Armande!

Était-ce pour ne pas rappeler des souvenirs pénibles? Mais le temps qui s'était écoulé entre la dissolution de ce premier mariage et le second? Là, il n'y avait pas sans doute que des douleurs à évoquer?

Que de questions agitées dans une impatiente curiosité!

Plus d'une fois, pendant les heures de travail, elle interrogea Victorine. Mais comment reconstruire une vie avec les souvenirs d'un enfant?

La première chose que celle-ci se rappelait, c'était une maison dans un jardin où il y avait des oiseaux; au pied d'un grand mur on voyait une rivière, et la nuit des lumières courir dans l'obscurité. Tout les jours elle allait jouer aux Tuileries. Son papa Berthauld amenait souvent des amis dîner avec lui. Son papa Martel ne venait presque jamais. Un jour, elle s'était en allée en voyage avec sa maman. Et ils avaient demeuré dans une maison où l'on ne voyait plus les arbres que par la fenêtre. Sa maman travaillait, travaillait toujours; quand elle s'endormait le soir, quand elle se réveillait le matin, sa maman travaillait. C'était très triste; elle n'allait plus aux Tuileries, et son papa Berthauld ne venait plus jamais. Un jour il était revenu et l'avait menée voir des gens courir sur la glace dans un bois, où il y avait de belles dames dans de belles voitures. Puis elle ne se souvenait plus de l'avoir vu. On avait dit qu'il était mort. Alors, comme elle était malade, le médecin, M. Carbonneau, un grand vieux à cheveux gris qui la forçait à manger de la viande crue, avait ordonné de quitter Paris. Avec sa maman et son papa Martel, ils étaient partis. On mangeait et on dormait en voiture, c'était très amusant. Ils avaient demeuré dans une maison où l'on se promenait sur le toit, qui était plat. C'était au bord de la mer. Il faisait très chaud. Ils étaient revenus à Paris dans un bateau, et ils étaient restés longtemps sur la mer; elle avait eu mal au cœur, et sa maman aussi. Un soir on avait apporté son petit frère; il était rose comme un bébé. Et puis après ils étaient venus au Plessis.

Dans quel pays était cette maison où l'on se promenait sur le toit, et où il faisait chaud? Le midi assurément. L'Italie sans doute. Il y eut un point que madame Pigache voulut faire préciser à Victorine. Pendant qu'ils étaient dans ce pays, ne se rappellait-elle point avoir assisté à une cérémonie dans une église; ou bien était-ce plus tard à Paris?

Mais l'enfant ne se souvenait pas de cette cérémonie; elle avait été à la messe dans des grandes églises où il faisait froid, avec sa maman souvent, quelquefois avec son papa Martel, c'était tout. Et madame Pigache était forcée de s'arrêter, car si elle insistait, Victorine la regardant avec ses grands yeux lui disait :

— Pourquoi veux-tu savoir tout ça?

Un jour même impatientée elle lui répondit :

— Moi je ne me souviens pas; demande à maman.

En même temps qu'elle conduisait lentement et progressivement cet interrogatoire, elle tâchait de l'éclairer et de le compléter par ce qu'elle pouvait tirer de Marie-Ange. Marie-Ange avait élevé Armande; elle avait été à son service pendant son premier mariage, elle y était encore, elle devait tout savoir.

— Ah! oui, disait celle-ci lorsqu'on la mettait en train de causer par l'éloge de sa maîtresse. Ah! oui, Madame a été courageuse. Elle en a eu à souffrir, allez! Quand je pense qu'il a été un temps où nous ne mangions toutes les deux que des pommes de terre pour que Monsieur eût sa côtelette! Et qu'elle ne se plaignait pas, qu'elle lui faisait bonne figure quand il rentrait de chez sa maîtresse, une gueuse qui nous a ruinés. L'avez-vous vue au théâtre, mademoiselle Lina? Non. Eh bien, elle n'était pas jolie, ça c'est vrai. Je l'ai bien vue quand elle est venue à une soirée chez nous.

Sur toute cette phase de la vie d'Armande, Marie-Ange ne tarissait pas; mais dans ses histoires il y avait aussi une lacune. Il était arrivé un moment où dans sa détresse Armande n'avait pu garder sa bonne. Marie-Ange était retournée en Bretagne, et elle n'était revenue à Paris qu'après la naissance de Julien, quand Armande était madame Martel.

Ainsi toujours le même espace de temps sur lequel il était impossible d'avoir des renseignements précis.

— Vois-tu, disait-elle à Pigache lorsqu'elle l'interrogeait lui aussi, il est bien certain qu'il y a un mystère dans leur vie. Tout le crie.

— Eh bien, qu'est-ce que ça nous fait? Quel mystère veux-tu qu'il y ait, au surplus? ils ont voyagé à l'étranger pendant ce temps qui te semble si plein d'obscurité. Voilà tout. C'est bien simple.

— Pourquoi ne parlent-ils pas de leur mariage? Où s'est-il fait? Quand s'est-il fait? Il n'y a que toi au monde pour trouver cela simple et naturel.

— Je trouve que ça ne me regarde pas et je ne m'en occupe pas. Crois-tu qu'ils ont arrêté sur les grandes routes pendant ce temps-là?

— Je crois que quand Julien est né ils n'étaient pas mariés. Voilà ce que je crois.

— Julien a trois ans, et il y a quatre ans qu'ils sont mariés.

— Ils disent qu'il y a quatre ans; mais qui le prouve? As-tu reçu seulement un faire part de leur mariage. J'ai cherché dans tes papiers, et pas une lettre de Martel; il y a deux ans et demi seulement qu'il t'a dit qu'il était marié, c'est lorsqu'il t'a écrit qu'il était fixé au Plessis. Est-ce naturel cela? Puisque tu es son plus proche parent, ne devais-tu pas être à leur mariage?

— Ça te tient donc bien fort?

— Elle me fait bouillir le sang avec son air d'innocence.

— Eh bien, calme-toi, tu sauras tout un jour. Quand Julien se mariera, on nous lira son acte de naissance. Dans vingt ou vingt-cinq ans, tu seras satisfaite.

Et il se mit à rire, enchanté de sa plaisanterie, mais cependant un peu effrayé de sa hardiesse. Il savait par expérience ce qu'il en coûtait de répondre sur ce ton; et son mot n'avait pas eu le courage de la préméditation.

— Son acte de naissance! s'écria-t-elle, pour la première fois ta bêtise sert à quelque chose; je suis bien simple de n'avoir pas pensé à cela depuis six mois que je me creuse la cervelle. Maintenant sois tranquille, je n'attendrai pas vingt-cinq ans.

## VI

Elle savait que Julien allait avoir bientôt quatre ans, qu'il était né à Paris, un mardi, le 2 juin.

Il ne lui restait donc plus qu'à apprendre où Martel et Armande demeuraient à ce moment.

Ce dernier renseignement obtenu, elle irait à la mairie de l'arrondissement sur lequel la naissance avait eu lieu, relèverait une copie de l'acte, et saurait enfin d'une manière précise ce qui la tourmentait si fort.

Rien n'était plus facile, l'adresse des artistes se trouvant toujours dans les livrets d'exposition. Pourvu qu'il eût exposé cette année-là ! Elle en dormit mal toute la nuit.

Le lendemain, quand Armande et Martel furent partis pour leur promenade habituelle, interrompant la leçon qu'elle donnait à Victorine, elle feignit d'avoir besoin d'un livre, et courut à l'atelier, où se trouvait la bibliothèque.

Elle ouvrit le livret à la lettre M ; — et lut :

« Martel (Aristide), né à Paris, élève de M. Glorient. Médaille de 2e classe. « (Ex.) — Chez M. Ferrafiat, marchand de tableaux, rue Laffitte. »

C'était à en pleurer de désappointement. Elle pensa un moment à s'adresser à Ferrafiat; mais celui-ci ne trouverait-il pas étrange qu'on vînt lui demander où demeurait M. Martel il y a quatre ans. N'en parlerait-il pas à celui-ci?

Et Marie-Ange qui précisément à cette époque était en Bretagne.

Bon gré, mal gré, il fallait attendre. Il était impossible qu'avec une attention de tous les instants elle ne saisît pas, un jour ou l'autre, un mot à ce sujet.

Deux mois s'étaient déjà écoulés, lorsqu'un soir une discussion s'engagea entre Martel et Gayot, qui était venu passer le dimanche au Plessis. Il s'agissait de fixer la date de la mort de l'un de leurs camarades.

« Je t'affirme qu'il y a quatre ans, disait Gayot, c'est l'année où j'ai exposé ma *Victoire*. Souviens-toi que je suis allé t'en prévenir; tu demeurais à ce moment rue Verte, et je vois encore madame Armande dans le jardin ;

elle était au soleil et tenait sur ses genoux Julien, qui n'avait pas un mois. »

Elle laissa continuer la conversation ; elle le tenait enfin, ce mot si longtemps attendu. Puis, quand vint le moment de se séparer, elle demanda à Martel s'il ne pourrait pas la faire conduire le lendemain matin à la station de Villeneuve.

— Je vous conduirai moi-même. Je vais demain aussi à Paris, seulement je ne reviendrai pas avec vous, car je ne rentrerai que mardi par la voiture de cinq heures.

— Tu ne m'avais pas parlé de ce voyage, dit ⁻igache en sortant.

— L'idée m'en est venue tout à coup.

Il n'était pas curieux. Il n'était pas non plus habitué à ce qu'on lui rendît des comptes. Il n'insista pas et se coucha tranquillement.

Le lendemain, elle se sépara de Martel à la gare, et se fit conduire immédiatement en voiture à la mairie. Lorsqu'elle entra dans le bureau des naissances, les employés déjeunaient. Ils avaient relevé leurs pupitres et s'étaient rendus invisibles ; mais une forte odeur de haricot de mouton disait qu'ils étaient présents et occupés.

— Je voudrais..., dit-elle en s'approchant.

— Asseyez-vous ; tout à l'heure, cria une voix empâtée. Monsieur Minouflet, un verre d'eau, je vous prie, je m'étouffe.

Elle entendit le glouglou d'une carafe, puis un bruit de couteaux et de fourchettes.

— Monsieur Minouflet, reprit bientôt la même voix, voulez-vous demander à Pepin s'il est disposé à prendre le café ?

M. Pepin était disposé, car il entra presque aussitôt par une porte latérale.

— Il était temps que vous m'appelassiez. Buc m'exaspère. Je ne peux plus rester ·· x décès, s'il y reste. On vient de lui déclarer un mort-né, et il tourmente le père pour qu'il fasse les frais de l'enterrement, un pauvre diable qui a l'air affamé. Il est là à lui dire : « Allons, mon ami, ne ferez-vous rien pour ce pauvre enfant? »

Sans doute on lui fit signe que quelqu'un était là, car il acheva à voix basse.

— Éteignez l'esprit-de-vin, dit une voix, ou la cafetière va sauter.

— Monsieur Pepin, dit un garçon de bureau en entrant, M. Buc vous demande.

— Qu'est-ce qu'il y a?

— L'hospice.

— Qu'il fasse signer en blanc, j'irai tout à l'heure.

Et ces messieurs reprirent leur conversation, causant de leurs affaires comme s'ils eussent été chez eux.

Impatientée, madame Pigache s'approcha de nouveau.

— Je voudrais... commença-t-elle.

— Quoi?

— La copie d'un acte de naissance du 2 juin...

— L'employé n'est pas là. Attendez.

— Où donc est M. Trehouet? demanda la voix de M. Pepin.

— Avec le sous-chef, à qui il raconte la première représentation qui a eu lieu hier à l'Ambigu. Tous les endemains de première représentation, c'est comme ça. Il amuse M. Rousselot, qui croit tout ce qu'il dit, parce qu'il écrit dans les journaux.

— Ça n'est pas drôle ce qu'il écrit; je n'ai jamais compris son esprit.

— On dit pourtant qu'il en a.

— Enfin il a été refusé aux examens de l'Hôtel de ville pour sa rédaction.

Cela eût pu longtemps continuer ainsi si l'on n'avait apporté, pour le déclarer, un enfant qui poussait de tels cris que les employés durent, bon gré, mal gré, s'interrompre.

Enfin M. Trehouet revint à son bureau; mais avant de répondre à madame Pigache, il avait, lui aussi, ses nouvelles à raconter.

— Messieurs, grands changements ! Buc passe au IXe en attendant qu'on le destitue ; M. Pepin passe aux mariages; le bureau des décès est complètement renouvelé, c'est le commissaire des morts de Montmartre qui remplace M. Godart, révoqué.

Il y avait une heure et demie que madame Pigache attendait, lorsqu'elle put à la fin faire sa demande.

— Revenez demain, dit M. Trehouet; l'acte sera prêt.

— Est-ce que vous ne pourriez pas me le laisser lire aujourd'hui?

Elle avait fait sa demande d'une voix gracieuse; elle était coquettement coiffée. M. Trehouet, qui était un employé de première année, se laissa toucher.

— Je vais vous le lire; prenez donc la peine de vous asseoir.

Il atteignit un grand registre vert, chercha à la date indiquée, et lut ce qui suit; madame Pigache était frémissante.

« Pardevant nous, maire... etc., le cinquième jour du
» mois de juin, a comparu M. Aristide Martel, peintre,
» âgé de trente-quatre ans, demeurant à Paris, rue Verte,
» lequel nous a présenté un enfant du sexe masculin, né,
» le quatre de ce mois, à huit heures du soir, de lui dé-
» clarant et de la dame Armande de Keïrgomar, son
» épouse, et auquel il déclare donner le prénom de Julien.
» La présente déclaration faite en présence de M. Fran-
» çois Carbonneau, membre de l'Académie de médecine,
» officier de l'ordre de la Légion d'honneur, demeurant à
» Paris, rue d'Alger, n° 30, et de Jean-Pierre Charvet,
» homme de lettres, demeurant aussi à Paris, rue de Laval,

» n° 73. Et ont le déclarant et les témoins signé... etc. »

— C'est tout? demanda madame Pigache.

— Il ne manque rien, il me semble ; et l'acte constate la naissance, l'individualité et la filiation de l'enfant.

— Il ne parle pas de l'acte de mariage.

— La loi ne le demande pas ; d'ailleurs vous voyez la déclaration du père : né de lui et la dame Armande de Keïrgomar, son épouse.

— Qui prouve qu'elle est son épouse?

— Rien autre chose que sa déclaration.

— On déclare tout ce qu'on veut.

— Parfaitement; on peut même déclarer comme né de soi l'enfant d'un autre.

— Monsieur, je vous remercie. Je vous prie de me faire l'expédition de cet acte : je viendrai la chercher dans quelques jours.

## IIV

Avoir dépensé tant d'efforts, d'adresse, de patience pour arriver à un pareil résultat !

Avoir attendu si longtemps pour attendre encore !

Ne sortir d'une incertitude que pour tomber dans une autre !

Son épouse, disait l'acte. Elle devait l'être lorsque cet acte avait été signé, car il n'était pas homme à faire une fausse déclaration. Mais depuis combien de temps étaient-ils mariés lorsque Julien était né?

C'était l'acte de célébration de ce mariage qu'il fallait maintenant. Mais comment se le procurer alors qu'elle ne savait ni où ni quand le mariage s'était fait?

Agacée, non découragée, elle s'en revint en bâtissant de nouveaux plans.

De Villeneuve, où la laissait l'omnibus, elle avait une

lieue à faire à pied pour gagner le Plessis, car elle n'avait pas dit qu'on vînt la chercher en voiture.

Au moment où elle prenait le chemin qui, à la sortie du village, coupe à travers la plaine, elle entendit marcher derrière elle.

— Est-ce que madame va au Plessis?

— Oui, monsieur.

Elle ralentit le pas. Elle était trop préoccupée pour engager une conversation avec ce compagnon de route qui, dans l'omnibus du chemin de fer, avait déjà lancé deux ou trois interrogations restées sans réponse, car, portant un habit noir râpé, un chapeau roussi et pelé, une cravate chinée, il n'avait point, malgré sa figure ouverte et ses yeux intelligents, une tournure à se rendre favorable le public de l'omnibus, composé, ce soir-là, de gens ayant maison de campagne.

— Madame n'est pas du Plessis cependant?

— Si, monsieur.

— Mon Dieu, pardonnez-moi ces questions; mais je croyais connaître tout le monde au Plessis.

— Vous ne l'habitez pas, cependant.

— Je l'ai quitté depuis quelques mois seulement.

A ce mot, elle le regarda plus attentivement, puis tout à coup:

— Vous êtes M. Charvet?

Et comme il montrait un visage stupéfait.

— Je suis la cousine de M. Martel : j'ai si souvent entendu parler de vous, et vos portraits vous ressemblent.

Ce fut de la part de Charvet des questions sur Martel, sur Armande, sur les enfants. En apprenant que Martel n'était pas au Plessis, il laissa paraître un vif désappointement.

Pendant quelques instants il marcha la tête baissée.

— Comme les enfants vont être heureux! reprit-elle,

tous les jours ils me parlent de vous. Ils vous croient en Angleterre.

— J'ai traversé la Manche cette nuit.

— Et vous ne vous êtes point arrêté à Paris; voilà qui est beau.

Il ne répliqua pas et promena ses regards sur la plaine, où le blé qui commençait à couvrir la terre d'un tapis velouté ondulait sous le vent.

— Les champs sont magnifiques, dit-il; espère-t-on une bonne récolte?

— Celle de M. Martel sera la meilleure qu'il ait eue, Il y a longtemps que vous êtes amis?

— Vingt ans peut-être.

— Vous avez même été un des témoins de son mariage, je crois.

— Son mariage! dit-il en s'arrêtant et en la regardant.

— Il me semblait l'avoir entendu dire, reprit-elle après un moment.

— Non; j'ai été témoin de l'acte de naissance de Julien; c'est là ce qui vous a trompée.

— Assurément. Vous êtes pour longtemps au Plessis?

— Non, je retourne en Angleterre.

Elle ne lui adressa point d'autres questions directes, car il paraissait vouloir éviter d'y répondre; mais elle se promit de l'observer pendant qu'il resterait au Plessis.

Être venu de Londres exprès pour voir Martel, cela indiquait une affaire sérieuse;

Être mécontent d'attendre au lendemain une affaire, pressante.

Célèbre par sa négligence pour ses intérêts personnels, par son dévouement pour ses amis, évidemment Charvet ne se serait pas dérangé s'il avait été question de lui seul; c'était donc Martel que très probablement cette affaire concernait.

Quelle était-elle?

Pourquoi aussi Charvet avait-il paru étonné lorsqu'elle lui avait demandé s'il avait été témoin du mariage?

N'y avait-il pas en lui plus que de l'étonnement?

## VIII

Madame Pigache ne s'était pas trompée : l'arrivée de Charvet fut une grande joie pour les enfants.

Mais il ne fut pas avec eux ce qu'il était autrefois; il ne répondit pas avec la même complaisance à leurs questions, et ne se prêta pas de si bon cœur à leurs jeux.

Il y avait en lui quelque chose de contraint et de réservé qui surprit Armande habituée à ses manières expansives.

Elle pensa qu'il était sous le coup de nouveaux embarras d'argent, et elle se confirma dans cette idée lorsqu'il eût fait part de son intention de repartir pour Londres.

— Restez donc avec nous, lui dit-elle. Votre chambre est telle que vous l'avez laissée; je ne l'ai donnée à personne, vous retrouverez vos plumes sur votre table, vous verrez que nous vous attendions tous les jours. Ne sommes-nous pas votre famille? par l'amitié, vous êtes notre frère, vous serez l'oncle de nos enfants. Ne serez-vous pas bien ici pour travailler? vous pourrez achever votre livre. C'est pour moi que je parle en vous adressant cette demande, je voudrais vous faire partager notre bonheur. Qui peut vous retenir? Ce n'est pas la crainte de nous gêner ou de ne pas nous entendre? C'est encore moins, je l'espère, la question d'argent? D'ailleurs vous savez que notre position va chaque jour s'améliorant : la ferme, l'année dernière, a donné un bénéfice net de plus de vingt mille francs, cette année elle donnera davantage, et la commande du prince est une fortune. Ne repartez pas.

— Je ne puis rester.

— Ah! si cela ne dépendait que de moi, comme je voudrais lui faire cette joie!

— Vous l'aimez bien, dit Charvet avec émotion.

— Il y a quelques jours, en nous promenant, ma ponette a manqué des quatre pieds en glissant sur l'herbe et s'est abattue. J'étais prise sous elle, et je souffrais tant d'une jambe que je la croyais cassée. Quand j'ai été relevée, j'ai presque regretté qu'elle ne le fût pas. On dit que le bonheur quand il est trop grand, se paie : j'aurais été heureuse de payer le nôtre.

— N'appelez pas le malheur, il vient assez vite.

— Je pensais à la maladie, la seule chose dont notre bonheur ne soit pas à l'abri. Vous resterez, n'est-ce pas?

Sans répondre directement, il détourna la conversation et la ramena sur Martel.

— A quelle heure l'envoyez-vous chercher demain? demanda-t-il.

— Il arrive à Villeneuve par la voiture de quatre heures et viendra à pied.

— J'irai au-devant de lui.

Elle avait l'intention d'y aller elle-même avec les enfants, mais pensant que Charvet serait peut-être gêné par sa présence, elle le conduisit seulement jusqu'à la maison de Pigache, à la croisée de la route du village et du chemin qui, à travers la plaine, va à Villeneuve.

Il n'entra point dans Villeneuve; mais, s'arrêtant aux premières maisons, il s'assit au bord du chemin et attendit. Bientôt un bruit de grelots lui annonça que l'omnibus arrivait dans le village, et il ne tarda pas à apercevoir Martel qui s'avançait vers lui.

Quand celui-ci l'eut reconnu, il poussa un cri joyeux.

— Eh quoi! c'est toi, mon pauvre vieux; te voilà revenu. Je te croyais en Angleterre, occupé à faire tourner les tables, les chapeaux, les cervelles.

Tout tourne, tout tourne,
Autour de moi.

comme disait le perroquet de la mère Payé. Quelle bonne surprise tu nous fais ! tu ne nous quitteras plus. J'ai des amis au pouvoir, je te ferai interner au Plessis. Mais tu ne ris pas, ta figure est sombre. Et moi qui suis là à te dire des bêtises. Qu'as-tu?

— Une grande inquiétude qui m'a fait revenir.

— Parle, je suis à toi tout entier, parle vite.

Et comme Charvet regardait autour de lui :

— Ne crains rien, nous sommes plus seuls dans cette grande plaine qu'entre quatre murailles.

— Tu ne m'as jamais parlé de ton mariage, pour cela je ne t'en ai jamais parlé moi-même, Es-tu marié?

— Pourquoi me demandes-tu cela? Tu me fais peur.

— L'es-tu?

— Oui.

— Comment? Où...

Martel s'arrêta, il était pâle.

— Parle donc, dit Charvet, tu sais bien que je ne te fais pas ces questions sans raison; comment t'es-tu marié.

— Tu te souviens que ce fut par un journal que nous apprîmes que Berthauld s'était noyé à Naples. Tu as vu grandir mon amour pour Armande; cette mort la faisait libre, tu dois comprendre comment je reçus cette nouvelle. Je partis immédiatement pour Naples. On n'avait point retrouvé le corps, et ni les autorités du pays, ni le consul de France n'avaient pu dresser d'acte de décès. Deux pêcheurs qui travaillaient sur la grève l'avaient vu se mettre à la mer et ne l'avaient point vu reparaître; mais ce n'était point suffisant pour dresser l'acte. Cependant je fis recueillir leurs déclarations, et en même temps je fis faire toutes les recherches : elles furent inutiles. Tout démontrait jusqu'à l'évidence qu'il était bien mort : sa disparition, ses vêtements restés sur la grève, le témoignage des pêcheurs; la preuve était impossible. Je revins désespéré, car sans l'acte de décès je ne pouvais épouser Armande. Alors que son mari l'avait abandonnée, qu'elle était libre et que nous nous aimions, la loi s'était déjà interposée entre nous pour nous séparer; maintenant qu'il était mort, la loi les séparait encore. La loi n'est dirigée que contre ceux qui n'ont pas de conscience et ont besoin d'en recevoir une toute faite; j'aimais Armande, elle m'aimait, ma conscience lui était engagée par des liens autrement solides que ceux du Code. Mais Armande ! tu connais la fermeté de ses idées de devoir envers elle-même et envers ses principes tels qu'elle les tient de son éducation et du monde. Pour elle il fallait à notre mariage une célébration matérielle. Heureusement la loi n'est pas partout la même. Carbonneau nous avait envoyés en Sicile pour la santé de Victorine malade. Aux yeux des prêtres de Palerme l'espèce d'acte de notoriété que j'avais fait dresser à Naples d'après la déclaration des pêcheurs, fut suffisant pour prouver la mort de Berthauld. On nous maria. Voilà comment nous nous sommes mariés et bien mariés, tu vois.

— Peut-être n'est-ce pas un bonheur ?

Il hésita.

— Eh bien ! dit Martel avec anxiété.

— Eh bien, Maurice, que vous croyez mort, n'est probablement pas mort.

— Maurice !

— J'ai cru le voir, il y a trois jours.

— Tu as cru, tu as cru.

Charvet fit un geste qui n'était que trop affirmatif.

— Ah! dis-moi, dis-moi vite ce que tu sais, va, va.

— Samedi soir j'avais besoin de m'entendre avec Nedopeouskine, et je savais que je le trouverais dans un *saloon* de Haymarket. Il y a des jours où son esprit l'abandonne et où il tombe en plein dans la matière : samedi était de ces jours. Tu ne connais pas Londres, n'est-ce pas?

— Non.

— Eh bien! ces *saloons* sont des sortes de cafés, mais qui n'ont rien de nos cafés parisiens, surtout par le monde, hommes et femmes, qui les fréquente. Je trouvai Nedopeouskine en grande conversation avec une femme, et en attendant qu'il fût libre, je me mis à examiner les gens qui m'entouraient. Il y avait un pianiste dans un coin, occupé à jouer un quadrille français. Il me sembla que c'était Berthauld : cette idée était si absurde que je la repoussai. Mais la ressemblance aussi était si extraordinaire que j'y revins malgré moi. C'était lui, c'était sa tête, ses yeux, ses manières; seulement lui épouvantablement changé, dévasté. J'allai à lui : « Comment, c'est toi! lui dis-je. Il me regarda, parut surpris, ne répondit rien. — Tu ne me reconnais donc pas? — Je lui avais parlé en français. Il se pencha vers l'un de ses voisins et et lui dit à mi voix en anglais : « Voilà un Français qui est soûl, il va bientôt vouloir m'embrasser. — Vous voyez qu'il ne vous comprend pas » me dit en français le voisin. J'étais stupide d'étonnement. Je revins à ma place et priai Nedopeouskine de demander à la femme qui était avec lui quel était ce pianiste. « Un Français ou un Italien. — Parle-t-il français? — Très bien. » C'était une preuve de plus, mais je n'en avais pas besoin tant la ressemblance est frappante. C'est lui, je l'affirme.

— Pourtant il ne t'a pas reconnu.

— Dis plutôt qu'il a feint de ne pas me reconnaître. Pourquoi? je n'en sais rien. Mais j'ai été si bien convaincu que c'était lui, que je suis parti immédiatement pour venir t'avertir.

— Ainsi sa mort aurait été une rouerie; et cependant ses habits sur la grève, les pêcheurs qui l'ont vu disparaître; enfin il y a un mystère qu'il faut éclaircir, j'irai à Londres.

— Si tu le reconnais il te reconnaîtra aussi. Prends garde à ce qui peut arriver.

— Que veux-tu qu'il arrive de plus épouvantable! Est-il rien de plus effrayant que cette incertitude? Il faut que je sache, que je voie. Ma pauvre Armande!

— Heureusement aux yeux de la loi française tu n'es pas marié.

Ils approchaient du Plessis et ils longeaient la haie du jardin de Pigache.

— Tais-toi, dit Martel à mi-voix, nous ne sommes plus dans la plaine.

En même temps, laissant Charvet dans le chemin, il sauta sur un tas de pierres et regarda par-dessus la haie. A genoux dans une plate-bande, la tête contre la charmille; madame Pigache cueillait des fraises.

— Quoi! c'est vous! dit-elle en se relevant, quelle peur vous m'avez faite, mais je ne vous en veux pas et je vous porterai tout de même ce panier de fraises que je cueillais pour vous.

— A bientôt, dit-il.

Puis quand ils se furent éloignés un peu.

— Que disions-nous donc! fit-il à voix basse.

— Rien de grave, je crois; tu parlais d'un mystère à éclaircir.

— Ah! tant mieux, car si jamais quelqu'un doit ignorer ce mystère, c'est celle qui nous a offert des fraises. C'est la femme la plus curieuse du monde. J'ai la tête si troublée que je ne sais ce que nous disions. Et Armande qui nous attend! Tâche d'être gai pendant le dîner, qu'elle ne so ıpconne rien. Elle, si tranquille, si heureuse, quel coup ce serait !

— Lui cacheras-tu donc la vérité ?

— Je ne sais pas ; avant tout il faut voir si ce que tu crois est réellement la vérité. Je vais repartir ce soir pour Paris et demain je serai à Londres.

— Veux-tu que je dise à Armande que je suis venu te chercher !

— Oui, tu m'obligeras ; seulement pour ne pas la tourmenter dis que nous allons seulement à Paris : de Paris je lui écrirai.

Elle s'avançait avec les deux enfants.

- La voilà, soyons gais.

# CHAPITRE III

## HAYMARKET

### I

L'Angleterre est peut-être le pays que les artistes connaissent le moins, car de ce qu'elle a peu de monuments et de ce qu'elle n'a pas eu de grands peintres, ils concluent qu'elle ne mérite pas leur visite. Martel, sans l'avoir jamais examinée, partageait cette opinion créée au temps où régnait chez nous la tradition classique, et encore vivace aujourd'hui, on ne sait pourquoi.

Il n'avait jamais traversé la Manche; la route de Douvres à Londres le fit revenir sur son opinion. En effet, de ce que son esprit était douloureusement préoccupé il ne résultait pas que ses yeux fussent aveuglés; c'est dans les moments de crise et de surexcitation que nous sommes souvent le plus fortement frappés par les choses matérielles qui se font ainsi le cadre de nos souvenirs.

Jamais il n'avait vu, même dans les cantons les plus riches de la Normandie, une nature si plantureuse. Dans les vallées, des herbes foisonnantes montant jusqu'aux premières branches de pommiers trapus. Dans les pâturages, nageant au milieu d'une mer de pâquerettes blanches et de boutons d'or, de belles vaches laitières et des juments dont les poulains étaient dignes de courir bientôt à Epsom et à Ascott; sur les collines des feuillages d'une verdure si intense qu'elle fait de grandes taches noires sur la pâleur grise d'un ciel vaporeux; après de petites plaines, d'autres pâturages encore, et par échappées la Tamise entre des rives indécises, frangées d'écume; au milieu de longs rubans de fumées noires, des voiles blanches; çà et là de chaque côté du chemin de fer, un cottage, de hautes cheminées, des tourelles blanches, de larges fenêtres enguirlandées de lierre; tout autour des pelouses vallonnées avec des grands arbres disposés pour la perspective, et des corbeilles de fleurs, de plantes exotiques bombant sur des gazons veloutés: sous le couvert des arbres au milieu de moutons, d'élégantes ladies et près d'elles des légions de babys blancs et roses qui se haussent sur leurs petites jambes, pour voir, par-dessus la haie en fleur, filer le train.

Ces rapides visions d'une vie heureuse et tranquille le rappelaient au Plessis et du même coup à ses angoisses. Mais il avait beau chercher, il ne pouvait s'arrêter à aucun des moyens qu'il agitait impatiemment depuis son départ. Ce qu'il voulait c'était voir Maurice, le bien reconnaître sans être reconnu; car d'une reconnaissance éclaterait une explication qui ne pouvait être que dangereuse. D'ailleurs à la pensée d'un entretien avec cet homme qui avait été aimé d'Armande et qui brisait leur vie, des frémissements de fureur le soulevaient; en face de lui il sentait terriblement qu'il était de trop au monde. Quel avantage à cette explication? Connaître ses intentions. Mais pour avoir joué la comédie de sa noyade à Naples, pour avoir disparu depuis cette époque, pour n'avoir point voulu se laisser reconnaître par Charvet, il avait fallu un puissant intérêt. Cet intérêt tiendrait-il contre un mouvement de colère! Par une sorte de bravade était-il prudent de venir le provoquer? Savait-on combien de temps encore il serait forcé de se cacher; reviendrait-il jamais de lui-même seulement? Et pendant ce temps la vraie mort ne pouvait-elle pas s'abattre sur lui.

Dans ces conditions Charvet plus nuisible qu'utile était resté à Paris, où d'ailleurs il avait des affaires pour quelques jours.

Mais Charvet écarté combien de mauvaises chances encore contre soi. Il y avait des moments où le découragement le prenait; il pensait à faire faire ses recherches par Nedopeouskine à qui Charvet le recommandait. Mais qu'il apprît par Nedopeouskine que le pianiste vu par Charvet était bien Maurice, apprendrait-il comme par ses propres yeux, ce que ces années d'aventure, de misère, de débauche peut-être, avaient fait de *lui*: — l'essentiel à savoir.

Par un de ces sauts d'idées si fréquents dans la fièvre, sortant brusquement de sa douloureuse anxiété, il s'absorbait durant quelques instants dans la contemplation du paysage qui fuyait. Puis ramené tout à coup à la réalité, il retombait dans sa préoccupation.

Il fallait, il fallait qu'il le vît et qu'il n'en fût point reconnu; mais comment en arriver là; tous les moyens l'un après l'autre, se montraient, sous l'examen, impraticables ou dangereux.

Parti dans la matinée de Paris, il comptait arriver à Londres le soir de bonne heure; un accident survenu au train qui les précédait, les retint une partie de la nuit entre Gravesend et Woolwich; car il fallut déblayer la voie.

Lorsqu'il traversa le pont de Londres, on voyait une forêt de mâts se dessinant confusément en noir dans l'aube matinale qui commençait à blanchir l'Orient.

Cependant la ville ne paraissait point endormie tout

entière; sur les trottoirs des ombres marchaient doucement.

A mesure que sa voiture avança vers son hôtel, il trouva plus de mouvement. Dans une large rue qui allait en montant il y avait presque foule : des hommes qui flânaient, des femmes en toilettes voyantes, d'autres en guenille, beaucoup de boutiques encore ouvertes.

— Qu'est-ce que cela? demanda-t-il en mauvais anglais à son cocher.

— Haymarket, sir.

## II

Il se leva sans avoir rien résolu. Dans l'insomnie les impossibilités s'étaient encore exagérées.

Heureusement il avait toute la journée pour prendre un parti, car c'était seulement vers onze heures ou minuit qu'il pourrait trouver Maurice dans Haymarket.

Un gentleman-farmer du Devonshire, en face duquel il déjeuna, lui suggéra une idée qui peut-être était réalisable.

Entre cet Anglais et lui il y avait une certaine ressemblance : même âge, même stature haute et carrée, même carnation sanguine, et dans les traits, sinon dans l'expression, un air de famille.

S'il pouvait se faire le sosie de cet Anglais, devenir aussi Anglais que lui, il échapperait à cette curiosité gênante qu'excite en quelque lieu que ce soit l'arrivée d'un étranger.

S'il pouvait le copier et accentuer davantage leur ressemblance, il n'attirerait point l'attention de Maurice, et si par hasard elle se fixait sur lui, il aurait au moins des chances pour la dérouter.

Mais cette copie était difficile à réaliser, car s'il y avait entre eux quelques points de ressemblance, combien de dissemblances. Ainsi l'Anglais qui sans doute était officier de volontaires, portait crânement des favoris et des moustaches qui lui descendaient jusqu'aux épaules; ses cheveux bien brossés, collés sur la tête, séparés par une raie au milieu, se contournaient en avant des oreilles de manière à rejoindre les sourcils; sur son nez s'enfourchait solide comme s'il y eût été soudé, un pince-nez à verres bleus qui cachaient les yeux; autour d'un petit col raide et bas qui découvrait le cou était enroulée une cravate à raies roses, vertes et jaunes, les couleurs de Good-Boy, le vainqueur du dernier Derby; la veste trop courte, le gilet trop long, le pantalon trop large étaient d'une étoffe à carreaux blancs et violets.

Pendant que l'habitant du Devonshire avalait ses œufs au jambon en lisant un numéro du *Bell's life in London*, Martel alla se mettre dans un coin de la salle à manger et, sans trop le regarder, il en fit, en quelques coups de crayons un croquis.

Son dessin, qui rendait les points de dissemblance pour ainsi dire palpables, lui fit comprendre que sans un aide habile, il ne viendrait point à bout de sa métamorphose. Bien souvent autrefois il avait joué des charades et il avait toujours été d'une parfaite maladresse pour se costumer et se grimer. De plus il ne savait pas vingt mots d'anglais, comment se tirerait-il des explications embrouillées qu'il allait avoir à donner pour sa barbe, ses cheveux, son costume et tout le reste.

Cependant il ne renonça pas à son projet. Au temps où il jouait ces charades, il avait eu pour camarades d'atelier et pour ami intime un Italien, Carlo Viscardi, qui, assez mauvais peintre, était si excellent grime, que deux ou trois fois il avait fait la charge de se présenter à Glorient comme nouveau, et Glorient ainsi que tout l'atelier s'étaient laissés tromper. Forcé de renoncer à la peinture qui le laissait mourir de faim, Viscardi, doué d'une voix magnifique, était devenu chanteur, et depuis dix ans il était en train de rendre célèbre le nom de Sepe qu'il avait pris au théâtre.

Or, Martel savait par les journaux que Sepe était en ce moment à Londres où il faisait les belles nuits de Covent-Garden. Et quoiqu'il ne l'eût pas vu depuis longtemps, ce fut à lui qu'il pensa. Nul mieux que Sepe ne pouvait l'aider dans son projet. Sans doute il faudrait lui dire une partie de la vérité, mais il avait toujours été un garçon droit et discret sous des dehors expansifs et légers : d'ailleurs, dans les circonstances présentes, mieux valait encore se livrer à un ami que courir le danger d'être reconnu.

## III

On lui donna à Covent-Garden l'adresse du signor Sepe, et trois quarts d'heures après son cab le descendait dans Brompton, devant le porche d'une élégante maison entourée d'un grand jardin.

L'accueil de Sepe fut une explosion de joie.

— Toi à Londres, s'écria-t-il en lui serrant les mains, et chez moi ! Oh ! ami de mon cœur. Deux fois en passant par Paris j'ai voulu te voir, je n'ai pu te trouver, et je mène une vie si absurde, que je n'ai pas eu le temps de te chercher, mais je ne t'ai pas oublié ; tiens, viens voir.

C'était dans un salon qu'il l'avait reçu. Il se leva et ouvrant une porte qui communiquait avec un atelier.

— Regarde, continua-t-il en lui montrant un tableau accroché à la place d'honneur, ne pouvant pas t'avoir j'ai voulu au moins quelque chose de toi.

— Ma *Gardeuse de vaches*, je la croyais chez lord...

— Lord Warminster ; il s'est ruiné, c'est à sa vente

que je l'ai acheté, mais cher, très cher, car tu as un fier talent.

— Tu fais donc toujours de la peinture? interrompit Martel en regardant sur un chevalet une grande toile à peine frottée.

— De la peinture! si j'en fais? c'est ma consolation, mon expiation envers moi-même, crois-tu donc que je suis devenu le chanteur Sepe par vocation. Le besoin, ami. Ah! ma pauvre peinture, c'était pour toi ma vocation. Il y a des gens qui envient ma réputation et les cent mille francs que je gagne par an. S'ils savaient comme le théâtre m'ennuie.

Admirablement doué comme chanteur, Sepe l'était médiocrement comme peintre; cependant par une passion malheureuse, c'était la peinture qu'il aimait non la musique. Il ne chantait qu'à son corps défendant et il lui fallait l'excitation des applaudissements pour lui faire développer dans l'ivresse du succès tout ce que sa merveilleuse nature pouvait donner; un morceau bissé l'entraînait, mais le rideau tombé il se moquait de ses admirateurs. Les heures de satisfaction intime où le travail accompli rend l'artiste fier de lui, ce n'était point sur la scène, devant le public, qu'il les trouvait, mais dans son atelier, devant quelque toile médiocre achevée dans un labeur passionné. Lié pour dix ans, moyennant dix mille francs par mois, à un impressario célèbre, qui lui faisait faire chaque année les saisons de Londres, de Vienne et de Saint-Pétesbourg, il attendait impatiemment l'expiration de son contrat, non pour le renouveler à des conditions plus avantageuses comme son directeur le croyait, mais pour abandonner le théâtre et se livrer entièrement à la peinture.

— Mon cher Carlo, dit Marcel, ces plaintes écoutées, je suis venu à toi pour un service.

— Mon cœur est à toi.

— Es-tu toujours aussi habile qu'autrefois à revêtir une physionomie étrangère et à entrer dans la peau d'un bonhomme quelconque ?

— Il n'y a que cela qui m'intéresse dans mon métier; mais que faire à la scène, avec des ombres renversées quelle exactitude est possible ? Cependant viens ce soir avec moi, je chante *Rigoletto*, tu verras un autre bouffon que celui qu'on vous montre d'ordinaire.

— Bien pour toi; mais pourrais-tu aussi facilement faire de moi un Anglais pareil à celui-ci ?

Il lui montra son croquis.

— Toi ! avec ce pince-nez, quelle bonne mascarade; mais je devine : *Storia d'amore*, n'est-ce pas ?

— Oui, la plus sérieuse; l'honneur, la vie d'une femme, le sort d'un enfant, mon bonheur en dépendent.

— Pardonne-moi, dit Sepe, qui, à l'accent de ces paroles, sentit une émotion sincère et profonde. Ainsi tu veux que je te fasse cette tête; c'est possible, c'est même facile, car tu lui ressembles un peu, mais je ne peux pas te donner les manières de ton modèle sans le voir.

— Peu importe, je ne tiens pas aux manières, je n'ai pris ce modèle que parce que j'ai trouvé entre lui et moi une certaine ressemblance. J'ai cru que dans ces conditions le déguisement serait plus facile.

— Alors tu ne tiens pas plus à cette tête qu'à une autre.

— Je tiens, mon cher Carlo, à aller ce soir dans un salon de Haymarket, pour voir, sans qu'on puisse me reconnaître, si un homme qui a été mon ami, avec lequel j'ai vécu pendant plusieurs années dans une étroite intimité, n'est pas mort, comme je le croyais, et si nous ne sommes pas abusés par une ressemblance. Tu comprends que les difficultés sont grandes; si je pouvais te dire toute la vérité, tu comprendrais qu'il ne faut pas que je sois reconnu.

— Rassure-toi, tu ne le seras pas, mais je te conseille de renoncer à ton gentleman-farmer; sais-tu l'anglais seulement?

— Je ne sais pas vingt-cinq mots.

— Et tu veux te faire Anglais? Avec l'air anglais, le costume anglais tu te serais expliqué en français; mauvaise idée. Si tu veux te cacher en toute sécurité sois l'homme de ta nature et de ton caractère. En toute sincérité, réponds à une question : as-tu besoin d'être seul cette nuit? Puis-je t'accompagner?

Martel hésita quelques instants.

— Tu sais que ce n'est pas par curiosité, poursuivit Sepe, mais si je ne connais pas celui que tu veux voir, je puis t'aider à détourner les soupçons.

— Viens, dit Martel en lui tendant la main.

— Encore une question: tu parles l'italien?

— Oui, assez bien.

— A merveille; dans une heure tu seras un Sicilien, mon frère, un ami de Garibaldi; ô patria! Pourquoi ne l'es-tu pas en réalité? c'est des hommes comme toi qu'il lui faut; je veux, si tu vois la femme qui t'aime, qu'elle ne te reconnaisse pas. Je te demande peu de chose; changer la couleur et la forme de tes cheveux et de ta barbe, changer ta carnation, changer ton regard.

— Tu reviens au pince-nez bleu?

— Un pince-nez que tu porterais mal attirerait l'attention; il faut qu'en toi tout paraisse naturel. J'ai mieux que cela. Il y a sept ans, mon frère, celui dont tu vas prendre la place, eut aussi besoin de recourir à un déguisement : il s'agissait pour lui d'échapper à une condamnation à mort : chose difficile, son portrait étant dans toutes les mains des agents du roi Bomba; la première fois qu'il sauta par-dessus les murs de sa prison, il fut reconnu seulement à son regard; la seconde il échappa et put traverser toute l'Italie. C'est le moyen qui le sauva qui va te servir. Deux gouttes de belladone dilateront en quelques heures tes pupilles; un peu de noir modifiera la forme des paupières. Mon valet de chambre va te teindre les cheveux et la barbe; nous les taillerons ensuite en leur donnant la forme convenable. Quant à la carnation, tu voudras bien avoir le dégoût que nous avons tous les soirs, nous autres comédiens; avec du saindoux teinté de bistre tu vas te frotter le visage, le cou les mains jusqu'au-dessus des poignets.

Martel, malgré sa préoccupation, se prit à sourire.

— Ris donc, s'écria joyeusement Sepe, il me semble que je joue Figaro pour de vrai, et que j'habille un Almaviva sérieux.

Presto la barba
Qua la sanguigna,
Presto il biglietto
Figaro..... Figaro.

## IV

Deux heures après Martel n'était pas tout à fait le Sicilien promis par Sepe, mais ce n'était plus un Français.

Les cheveux, la barbe étaient du plus beau noir, disposés de telle sorte que le front gagnât en largeur ce qu'il perdait en hauteur; la forme du visage était carrée; sous l'arcade sourcilière qui se dessinait vigoureusement, les yeux paraissaient plus profondément enfoncés; le regard avait un éclat étrangement scintillant; le teint était olivâtre; cette figure décelait l'énergie, la passion violente, la volonté réfléchie, l'audace et la force; l'artiste était un homme d'action.

— Ah! j'oubliais, dit Sepe, en regardant son ouvrage, voilà qui va t'italianiser tout à fait.

Et il lui attacha à la cravate de satin bleu une épingle

en rubis; puis il lui passa aux doigts deux bagues voyantes.

— Vous êtes des barbares, vous autres Français, vous n'aimez pas ces pierres où la lumière s'est emprisonnée. Pour que tu sois complet, il ne te reste plus, si tu le veux, qu'à parler italien. On dit que maintenant les sourds-muets lisent la paroles sur les lèvres; au seul mouvement de la bouche je te dirais la nationalité d'un homme. Et maintenant que te voilà dans ton rôle, tâche de ne pas penser que tu en joues un. Tu es maître de ton temps, donne-le moi. Je vais faire seller les chevaux, et nous irons à Hyde-Park, cavalcader dans Rotten-Row; tu verras d'un seul coup toutes les beautés de l'Angleterre. Nous rentrerons dîner. Puis ce soir tu viendras avec moi; tu ne m'as jamais entendu, je veux chanter pour toi. Cela ne gêne en rien tes projets; c'est à minuit seulement qu'il y a foule dans Haymarket.

Ces distractions détendirent un peu son cœur crispé d'impatience; il y avait tant de cordialité dans l'accueil de Sepe, heureux de recevoir son ami, de lui montrer sa maison, son jardin, ses chevaux. Ils parlèrent de leurs souvenirs de jeunesse; tous deux arrivés à la fortune et à la réputation, ils eurent plaisir à se rappeler leurs jours de lutte et de misère.

— Où donc es-tu logé? demanda Sepe, en se rendant après dîner au théâtre.

— Oxford-hôtel.

— Passons-y.

— Pourquoi?

Arrivés à l'hôtel, Sepe fit entrer Martel avec lui et s'adressant au bureau :

— M. Martel est-il ici? demanda-t-il.

— Non, monsieur.

— Hé bien, faites-nous descendre, je vous prie le garçon de chambre; peut-être saura-t-il à quelle heure il doit rentrer.

— Es-tu fou? dit Martel en italien.

Le garçon de chambre arriva et Sepe le fit causer assez longuement, en mêlant Martel à la conversation de manière à ce que le garçon le remarquât.

— J'ai voulu faire une expérience qui te donnât de l'assurance, dit Sepe en remontant en voiture, voilà un homme qui t'a vu ce matin et qui ne te reconnaît pas.

C'était *extra night* à Covent-Garden. La salle présentait un aspect splendide, et la lumière du lustre miroitait sur les diamants comme les rayons d'un soleil matinal sur une rosée de mai.

Quand Sepe entra en scène, Martel ne le reconnut point: c'était non seulement un bouffon bossu, hargneux, grimaçant, c'était surtout un homme du seizième siècle par la forme osseuse de la figure, avec le caractère et la physionomie de la Renaissance, une tête de Jean Cousin. Il chanta comme il n'avait jamais chanté, et fut rappelé trois fois par ce public aristocratique qui trouve l'enthousiasme canaille.

Martel quitta sa loge au moment où le ténor chantait la chanson « *la dona e mobile* » et revint rejoindre son ami sur le théâtre.

— Tu es content, dit Sepe répondant à ses félicitations, la soirée ne t'a pas paru trop longue, je suis heureux. Maintenant aux affaires sérieuses; dans cinq minutes le chanteur Sepe sera redevenu ton camarade Viscardi.

## V

Haymarket est à Londres la nuit, ce que Cheapside est le jour, un centre où les quatre coins de la ville convergent le mouvement et la vie. Par ses aboutissants il est en communication rapide avec Wesminster, le quartier des clubs aristocratiques, du parlement et des grands hôtels, — Leicester square, le triste asile de ceux que la politique ou les lois ont chassé de leur pays, — Saint-Giles, le repaire infâme. De quelque côté qu'on arrive, on vient déboucher dans cette large rue ; l'on y passe, ou l'on s'y promène. Entre minuit et deux heures du matin tout le monde londonien s'y rencontre : le courant qui monte du Strand se mêle au courant qui descend de Piccadilly et de Regent-street, les équipages des habitués des grands clubs éclaboussent les habitués des music halls; les étrangers qui rentrent à leur hôtel, le public des théâtres qui regagne sa maison, les flâneurs, les affaires, les curieux, les filles, les policemen, les filous, les mendiants, les ivrognes, ceux qui cherchent le plaisir, celles qui attendent un morceau de pain, une masse compacte se presse, se coudoie, fourmille et se mélange.

Lorsqu'ils arrivèrent, la rue d'un bout à l'autre et des deux côtés était éblouissante de lumière, malgré l'épaisse poussière restée en suspens, comme une fumée rouge; des tavernes, des gin-palaces, des public-houses jaillissaient d'aveuglantes clartés qui s'abattaient en nappes de feu sur la chaussée. Tout était prêt pour la mangeaille de la nuit : les montres des restaurants étaient encombrées d'énormes quartiers de bœuf et de mouton qu'enguirlandaient des fleurs et des herbages ; dans les devantures des oyster-rooms on voyait, amoncelés, des tas de homards, de langoustes, de crabes monstrueux, et sur le marbre blanc des tablettes, d'énormes saumons teignaient de leur sang rose des poissons argentés ; au milieu de la rue, pour les misérables, se dressaient des tables chargées de débris de viande.

Les trottoirs étaient trop étroits pour la cohue qui piétinait sur place. Des femmes en toilettes extravagantes obstruaient l'entrée des allées et des rues latérales: d'autres, audacieuses de leur beauté ou surexcitées par le gin qu'elles avaient déjà bu, jetaient leur poitrine au-devant des flâneurs, traînant derrière elles des robes de mousseline boueuse ; il y en avait qui, adossées à la porte des tavernes d'où sortaient des cris, des rires et des chansons, restaient le regard hébété, la figure marbrée sous leurs chapeaux de crêpe rose, attendant six pence pour entrer et boire : il y en avait aussi qui, blêmes sous leur rouge, chétives dans leurs guenilles de soie, s'arrêtaient avec convoitise devant la montre des restaurants ; sur les marches des maisons fermées il y en avait d'assises, abattues là par la lassitude et l'ivresse. On entendait dans une bizarre confusion toutes les langues de la terre, parlées avec cette tonalité rauque que donne l'alcool, car il y avait là réunies des femmes venues des quatre coins du monde ; des Anglaises qu'on eût pu prendre en un autre lieu pour des modèles de modestie et de pureté, des Françaises prestes et insolentes, de lourdes Allemandes mal taillées dans un bloc de chair flasque, des Italiennes, des Espagnoles, des négresses ; car ceux qui vivent à l'étranger sont sensibles, quelle que soit la bouche qui le prononce, à l'idiome natal. Des hommes allaient et venaient au milieu de ce troupeau. On formait des groupes, on entrait dans les public-houses. On sortait. On criait. C'était un brouhaha, un pêle-mêle. De temps en temps une porte de taverne s'ouvrait, une trouée se faisait violemment dans la foule, et un homme ou une femme venaient trébucher sur la chaussée. Quand ceux qu'on expulsait ainsi étant trop ivres, restaient morts sur la place ou voulaient battre leurs voisins, les policemen arrivaient pour les conduire au bureau de police ; s'il y avait résistance ils les chargeaient sur une civière, sans brutalité, sérieusement, méthodiquement, sans s'inquiéter des coups qu'ils recevaient, sans en rendre aucun; lorsqu'ils les avaient bien attachés, le cercle des curieux s'écartait et le paquet de chair humaine était enlevé de dessus la voie publique.

— Est-ce donc tous les jours ainsi? dit Martel.

— Tous les jours excepté le samedi, cependant, où il y a plus de monde; la poche est garnie et l'on se prépare au dimanche. Tu ne te doutais point de ce qu'était Haymarket, n'est-ce pas? C'est un spectacle qui, cependant, n'est pas unique en son genre; tu le retrouveras dans d'autres quartiers de Londres. Les Anglais, fiers de tou ce qui est anglais, même de leur musique, sont honteux de cette plaie-là; mais il est interdit d'en parler. Si tu en dis un mot, on te répondra que ceux qui viennent ici sont des étrangers. Regarde pourtant si ces hommes graves, en cravate blanche, en habit noir, qui sortent de quelque soirée ou de Covent-Garden, ne sont pas des Anglais; et ces figures rougeaudes et gourmées, est-ce qu'elles n'appartiennent pas à d'honnêtes bourgeois que nous pourrions retrouver demain dans leurs comptoirs? C'est une belle chose que l'hypocrisie. Voilà le milieu où vit celui que tu cherches.

— Et, par ce milieu, je sens qu'il faut renoncer aux faibles doutes que j'avais encore. Cet entourage le complète. Ces femmes et ces tavernes disent que c'est bien lui qu'on a retrouvé. Comprends-tu qu'on se tue pour ressusciter ici?

— Où le trouverons-nous?

— Dans le troisième *saloon*, à gauche en montant, à côté d'un pharmacien.

— Redescendons alors un peu et comptons.

— A quoi donc les distingues-tu des tavernes?

— A leur porte close, à leur air respectable, comme on dit ici. C'est en réalité une espèce de salon, il faut frapper à la porte pour entrer. On est plus chez soi qu'au public-house. On fait de la musique. Et puis la porte close a un autre avantage, celui de dispenser de payer licence pour vendre des liqueurs alcooliques Il est très possible, pendant que nous serons assis, qu'on vienne frapper à la porte. Aussitôt les garçons enlèveront ce que nous aurons devant nous et le remplaceront par des verres d'eau. Cela fait, on ouvrira la porte et tu verras entrer des inspecteurs qui donneront un coup d'œil à toute la salle. C'est une comédie qui ne trompe personne.

Ils étaient arrivés devant une petite porte; la maison était sombre; seulement par les fentes des volets la lumière jaillissait; on entendait à l'intérieur les sons d'un piano.

— Faut-il frapper? demanda Sepe.

— Oui! dit Martel, d'une voix étranglée.

— Ton bras tremble sous le mien.

— Si tu la connaissais, dit-il tristement.

— Du cœur, ami, sois sûr qu'on ne peut te reconnaître.

On leur ouvrit.

## IV

La salle dans laquelle ils entrèrent, beaucoup plus longue que large, n'avait que deux rangées de tables séparées par un passage au milieu; des divans en velours s'adossaient aux murs; au fond sur une petite estrade était un piano; les becs de gaz, trois fois plus nombreux, jetaient une violente clarté.

Les tables étaient occupées presque toutes, c'était le même monde que dans la rue; les hommes seulement semblaient choisis dans l'aristocratie de la cohue; c'étaient les mêmes femmes. On respirait une odeur étouffante de gaz, de sueur, de parfums musqués, de tabac, d'alcool chauffé. On causait en buvant et en fumant. Le piano jouait des airs de danse.

Une table auprès de la porte était libre.

— Mettons-nous là, dit Sepe, qui s'assit sur le divan pour que Martel fût moins en vue. — Tu regarderas dans la glace, ajouta-t-il à mi-voix.

Le musicien qui était au piano leur tournait le dos. C'était un homme qui paraissait jeune encore, quoique ses cheveux commençassent à grisonner.

— Hé bien ? demanda Sepe.

— C'est sa tournure, mais il faut que je le voie de face.

— Ne regarde pas de son côté, je te préviendrai. — Voilà, mon cher, continua-t-il en haussant la voix, ce que c'est qu'un *saloon*. Les Anglais aiment mieux venir passer ici leur soirée que d'avoir une maîtresse ; ça leur paraît plus moral et plus économique. Ils vont rentrer chez eux vers trois ou quatre heures, et ils seront censé revenir du club.

Il parlait à un sourd; l'anxiété étouffait Martel.

Enfin le quadrille s'acheva et le musicien, quittant le piano, vint s'asseoir à une table où deux jeunes femmes l'appelaient.

Martel avait les yeux collés sur la glace, sa curiosité fut trop forte, il se retourna.

En même temps, pour ne pas appeler l'attention, Sepe ouvrit un numéro du *Sun* et se cacha derrière.

— Est-ce lui ? demanda-t-il à voix basse.

Martel, pâle sous sa couche de bistre, fit un signe affirmatif.

C'était bien Maurice, en effet; Charvet ne s'était point trompé.

Mais Maurice, changé, vieilli, fatigué, déguenillé à ne pas reconnaître au premier coup d'œil.

— Paye, dit Martel, et allons-nous-en.

Sepe abaissa son journal pour appeler le garçon, mais

alors ses yeux croisèrent ceux du musicien, tous deux parurent se connaître ; et Maurice, abandonnant sa table, se dirigea vers eux avant que Martel eût pu demander un mot d'explication.

— Ah ! signor Sepe, dit-il en français, je suis heureux de vous voir.

Sa voix était empâtée, son regard trouble, sa démarche roide.

— Mon cher monsieur de Coët-Lao, répondit Sepe en employant le français, je ne vous avais pas reconnu.

— Je comprends, le changement est en effet assez étrange.

— Mon frère, dit Sepe; désignant Martel qui écoutait stupéfait, un soldat et un proscrit, excusez son embarras, il n'entend pas le français.

Maurice jeta un regard alourdi à celui qu'on lui présentait, mais à son indifférence succéda brusquement une attention inquiète. Martel soutint ce regard en face, ses yeux, déjà dilatés, prirent une expression effrayante, ses narines et ses lèvres, par un frémissement convulsif, trahirent seules sa poignante angoisse.

— Priez monsieur votre frère de me pardonner, dit Maurice, en s'asseyant après quelques secondes d'examen, il m'a vaguement rappelé un ancien ami, mais ce n'était pas un Italien, la mémoire est folle. Je suis ici presque chez moi, continua-t-il, vous me permettrez bien de vous offrir de notre cognac, qui est vraiment français et excellent, marque Hennessy authentique.

Sepe voulut refuser, ils partaient, il avait chanté et sa gorge était fatiguée. Maurice insista et appela le garçon ; celui-ci, qui était à une table à côté, ne se dérangea point.

Maurice se leva et alla vers lui.

— Allons ! fit-il, vous n'avez pas entendu.

— De l'argent, dit le garçon à mi-voix, assez haut toutefois pour que Sepe entendît.

— Prêtez-moi donc une demi-couronne, Joe.

— Non.

Cependant Joe finit par se laisser toucher, car bientôt il apporta ce qu'on lui demandait.

— Je ne vous reçois pas ici comme chez la princesse, dit Maurice en souriant, mais il faut me pardonner; les temps sont changés; la princesse a été forcée de rentrer en Russie, et, chassé de mon pays, réduit à la misère, je me suis fait ce que vous voyez pour ne pas mourir de faim, il y a loin d'aujourd'hui à nos soirées de Belgravia, mais *basta*. Et vous, signor, tournez-vous toujours la tête à nos ladies?

Il allait continuer ses confidences, lorsqu'un accord fut frappé sur le piano.

— Allons, dit-il, on m'appelle; il faut que je joue des quadrilles pour mon public. Excusez-moi, je reviens bientôt.

Martel fit un signe à Sepe.

— C'est nous qui reviendrons vous voir demain, dit celui-ci, aujourd'hui je suis forcé de vous quitter.

Et, faisant passer devant lui Martel qui s'était levé, ils sortirent.

Au moment où la porte se refermait sur leurs talons, ils entendirent le piano attaqué avec une sûreté de main qui trahissait un véritable artiste. Ce n'était pas un quadrille, mais une brillante fantaisie. Martel la connaissait cette fantaisie. Combien de fois l'avait-il entendue avec plaisir.

## VII

Ils étaient enfin dans la rue, toujours aussi encombrée, aussi bruyante, plus poussiéreuse.

— Maintenant respire à ton aise, dit Sepe.

— Ah! mon ami, quelle émotion j'ai eue lorsqu'il est venu à nous.

— Heureusement il était à moitié gris.

— S'il ne m'a pas reconnu, j'ai eu peine à le reconnaître moi-même. Quel changement! Mais où l'as-tu vu, que sais-tu de lui?

— Nous rentrons, n'est-ce pas? Veux-tu que je prenne un cab, ou aimes-tu mieux marcher pour te secouer un peu?

— Marchons, nous serons mieux pour parler.

Ils tournèrent dans Piccadilly.

— C'est il y a quatre ans, dit Sepe, que je l'ai connu.

— Sous le nom de Coët-Lao?

— Oui : ce n'est donc pas le sien?

— C'est celui de sa grand'mère maternelle, qui appartenait à la noblesse bretonne ; ce n'est pas le sien.

— Enfin, il se présenta à moi sous ce nom et comme neveu de la princesse Schtipkine.

— Son amant, oui ; son neveu, non.

— Une tante de la princesse a cependant épousé un Coët-Lao au temps de l'émigration. Je connais un de ses fils à Saint-Pétersbourg.

— Peu importe, continue.

— Il venait de la part de la princesse me prier de chanter dans une soirée qu'elle donnait pour ouvrir ses salons de Belgravia. Ils arrivaient tous deux de Grèce ou d'Égypte. Par mon engagement, il m'est absolument interdit de chanter ailleurs qu'au théâtre. Je refusai. Il revint me voir et m'invita même à quelques petites réunions intimes chez la princesse. J'y allai. Bientôt nous fûmes presque liés. C'était un brave garçon qui dépensait largement un beau revenu. Était-il ou n'était-il pas l'amant de la princesse? Je n'en sais rien ; il était accepté dans le monde comme son neveu. Je l'ai vu traité comme tel par des personnages importants, Anglais, il est vrai, et non Russes. Je le revis l'année suivante, toujours à peu près dans les mêmes termes, sa vie n'était pas la mienne; notre point de contact était la musique; il avait un vrai talent d'artiste. Il y a deux ans, je ne le revis point, mais je n'en fus pas surpris, car je savais que la princesse avait été rappelée en Russie. Je le retrouve ce soir.

— Quelle femme était la princesse?

— Une femme de quarante-six à quarante-huit ans, qui a dû être belle. Sa fortune est considérable. Son fils occupe un haut rang.

— Tu ne sais rien de plus!

— Rien que des petits détails sans importance.

— A-t-il quelquefois parlé devant toi d'un séjour à Naples?

— Jamais.

— Maintenant, comment savoir sa vie d'aujourd'hui.

— Tu la vois.

— Pour toi, c'en est assez, pour moi, ce n'est rien. Que fait-il en Angleterre? Pourquoi y reste-t-il? A-t-il des raisons pour ne pas quitter Londres? Voilà ce qu'il faut que je sache. Et aussi sa vie de tous les jours et ses habitudes. Il est bien vieilli, mais il est encore solide.

— Il en a l'air.

— Buvait-il quand tu le voyais?

— Beaucoup d'eau-de-vie, cependant je ne l'ai jamais trouvé tout à fait gris.

— Je ne quitterai pas Londres sans savoir tout cela.

— Comment feras-tu?

— Je chercherai, je le suivrai, je saurai où il demeure, et de logement en logement je remonterai dans sa vie.

— C'est difficile, puisque tu ne sais pas l'anglais.

— Songe que s'il rentre en France, c'est un malheur irréparable.

— Tu sais que je suis à toi de tout cœur, mais dans la tâche que tu veux entreprendre, je ne te servirais guère malgré la bonne volonté que j'y mettrais. Veux-tu te confier à un étranger? Nous avons au théâtre, comme inspecteur de police, un homme très habile et que je crois honnête. Veux-tu que je lui demande s'il peut mener cette chasse?

Martel réfléchit un moment.

— C'est un moyen, dit-il.

— Sans danger, il me semble.

— Danger ou non, c'est le seul possible, il faut le prendre.

— Hé bien, nous verrons l'inspecteur demain, ou plutôt tantôt, car voici le jour.

En effet, les étoiles blanchissaient, et le gaz ne donnait plus qu'une lueur rouge et fumeuse. L'air s'était refroidi. Dans Green-Park, dont ils longeaient la grille, les arbres commencaient à s'éclairer du côté de l'Orient et à sortir de l'ombre; sur les pelouses, de petites bouffées de vapeur grise s'élevaient au-dessus des moutons tassés l'un contre l'autre dans l'herbe humide. Le cadran lumineux de l'horloge, placé au haut de la tour du Parlement, avait pâli devant l'aube, et l'heure n'était plus distincte.

— Pour te donner toute sécurité, continua Sepe en marchant, tu pourrais ne point paraître, j'agirais seul et directement auprès de l'inspecteur. Seulement il y a une difficulté; les renseignements m'étant transmis, je me trouverai ainsi initié, en partie, à cette affaire. Y vois-tu un inconvénient?

— Ce secret me concernerait seul, il y a longtemps, mon cher Carlo, que je l'aurais confié à ton amitié. Fais donc, je t'en prie, ce que tu me proposes.

— Pendant que nous dormirons un peu, on ira au

théâtre me chercher l'adresse de notre inspecteur; avant dix heures je serai chez lui; à onze heures, en déjeunant, je te conterai comment l'affaire est emmanchée.

Ce ne fut pas à onze heures que Sepe rentra, mais à deux. Son cheval était ruisselant de sueur.

— Hé bien, dit Martel, qui l'attendait à la fenêtre du parloir !

— Es-tu donc plus pressé de savoir que moi de manger ? dit-il en riant. Oui, n'est-ce pas ? Hé bien, l'inspecteur n'a pas pu se charger de notre affaire. Mais il m'a donné pour le remplacer un de ses amis, un M. Webster, l'homme de Londres, m'a-t-il dit en me le recommandant, le plus capable d'obtenir sûrement et discrètement les renseignements que nous désirons. Nous sommes allés ensemble chez M. Webster, qui est une espèce de diplomate ganté de peau de chien. M. Webster, en ce moment de loisir, va commencer immédiatement ses recherches. Mais comme nous lui demandons de remonter de plusieurs années dans ce passé aussi obscur qu'embrouillé, il déclare qu'il sera assez difficile d'arriver à quelque chose de précis. De plus, comme une grande dame est mêlée à cet imbroglio, il déclare encore qu'il ne s'avancera qu'avec de grands ménagements; d'abord pour ne pas la compromettre, m'a-t-il dit galamment; ensuite, pour ne point s'attirer lui-même une affaire avec les personnages puissants qui auraient le droit de se fâcher de ses démarches. Pour toutes ces raisons, il demande indulgence et patience. On n'est pas plus poli; il y a plaisir à se faire happer par cette patte de velours.

— Du temps ? Je ne peux pas rester à Londres.

— Il le faut bien, cependant. Et te voilà mon hôte malgré toi. Aussitôt qu'il aura appris quelque chose il viendra nous faire son rapport.

## VIII

Il en coûtait à Martel de ne pas retourner immédiatement auprès d'Armande, cependant il ne voulait pas partir avant d'avoir vu ces recherches au moins commencées : leur résultat ne devait-il pas décider sa vie ?

D'ailleurs il ne s'en fiait qu'à moitié à ce M. Webster qu'il ne connaissait pas, et il voulait être là pour le faire activer par Sepe.

Mais il n'eut point besoin de mettre Sepe de nouveau en avant; deux jours après que Webster était chargé de l'affaire, il se présenta à Brompton.

Ils étaient dans le jardin, assis sous une charmille, au bout d'un de ces parterres symétriques que les Anglais ont su garder, lorsqu'ils virent s'avancer vers eux un homme de cinquante-cinq à soixante ans, à la démarche aisée, vêtu de noir, portant un chapeau large de bords, le pantalon serré dans des moletières de cuir verni : une tête de patriarche, couronnée de cheveux blancs, encadrée dans un col et une cravate immaculée comme la neige.

— Approchez, mon cher monsieur Webster, dit Sepe en se levant pour lui offrir une chaise en fer, votre visite si prompte est d'un bon augure, j'espère.

Sans répondre Webster fit un geste affirmatif et regarda Martel.

— Vous pouvez parler, monsieur est mon frère, continua Sepe; seulement, comme il n'entend pas l'anglais, je vous serais reconnaissant de vous exprimer en italien. On m'a dit que vous parliez notre langue comme un lazzarone.

Au lieu de se rendre à cette invitation, Webster se

leva de dessus sa chaise et regarda autour de lui : le parterre était placé en contre-bas, entouré de petits murs portant de distance en distance de beaux vases en faïence de Minton remplis de fleurs, et on y arrivait par deux entrées en descendant un escalier de trois marches; tout autour s'étalait la pelouse gazonnée de velours vert, avec des corbeilles de plantes au feuillage ornemental; les murs de clôture étaient loin, et il n'y avait point de massif d'arbustes assez près pour que quelqu'un qui y serait caché pût entendre.

Rassuré par cette inspection des lieux il se rassit, et, après avoir placé son chapeau sur une chaise à côté de lui, tiré de sa poche un portefeuille, il commença :

— En vous parlant, l'autre jour, des difficultés qu'il y avait à obtenir les renseignements que vous demandiez, je n'exagérais rien. Ce n'est pas dans mes manières. Et ilest bien probable que je n'aurais rien d'important à vous communiquer si je n'avais été servi par le hasard. Dans les prévisions humaines il faut toujours calculer comme s'il devait être contre nous, c'est une bonne fortune lorsqu'il est de notre côté.

Il dit cela d'un air d'autorité, comme un homme qui connaît à fond tous les tours que le hasard peut jouer. Puis continuant :

— L'enquête sur l'individu dont il s'agit avait été déjà faite; le hasard m'a permis de le savoir, et certaines relations m'ont permis encore d'en prendre connaissance. Comme je vous dois compte de mon temps et l'explication des moyens que j'emploie, je suis prêt à vous dire quelles sont ces relations, qui n'ont rien que de respectable d'ailleurs; mais j'avoue que, si vous le permettez, j'aimerais à garder le silence sur ce point.

— Cela ne nous est pas utile, dit Sepe après avoir échangé un regard avec Martel, continuez donc, je vous prie.

— Il y a eu quatre ans au mois de février, reprit Webster en tirant quelques papiers de son portefeuille, un sieur Spark, tailleur dans Circus, fut appelé à Westminster-hôtel pour recevoir la commande du comte de Coët-Lao, en ce moment à Londres avec sa tante la princesse Schtipkine. Pendant dix-huit mois, il vit très fréquemment le comte, à qui il fit des fournitures pour une somme importante. Le comte était dans les termes de l'intimité la plus grande avec la princesse, qu'il suivit lorsqu'elle alla habiter Belgravia. On disait le comte très riche; d'origine française, il appartenait à une famille russe, et il avait en Russie des propriétés considérables. Il était très généreux et il paya largement pendant deux ans, mais après ce temps il disparut; il devait un mémoire de cent quinze livres. C'était un gentleman, il honorait les habits qu'il portait.

Déposant la note qui lui avait fourni ces renseignements, Webster en prit une autre et continua :

— A la même époque, c'est-à-dire il y a quatre ans, Tom Linden de Piccadilly monta la maison de la princesse; il fournit ensuite au comte de Coët-Lao deux chevaux pour être attelés et un cheval de selle; ces chevaux furent payés par la princesse. Mais plus tard, par suite d'un échange, le comte se trouva lui devoir quatre-vingts livres, et il lui fut impossible de se faire payer, car il ne put jamais savoir ce que le comte était devenu. Il a été d'autant plus fâché de ce manque de procédés chez le comte, qu'il l'avait présenté à son épouse ainsi qu'à ses deux filles, et qu'il lui avait donné une fête dans son cottage de Hammersmith. Il croyait le comte un gentleman, car il aimait les chevaux.

Webster avait une manière étrange de prononcer les noms de ceux dont il parlait, on eût dit que s'il ne les faisait pas connaître c'était par pure discrétion, mais qu'il en savait long sur leur compte et qu'il pouvait donner l'état de leur avoir ou de leurs dettes, énumérer leurs relations intimes et commerciales, raconter ce qu'ils avaient été, ce qu'ils étaient, ce qu'ils seraient.

— Toujours pendant la première année, reprit-il en dépliant une feuille, Roger Willis entra au service du comte comme valet de chambre. Pour Roger, le comte n'était pas le neveu de la princesse, mais bien son amant. Il appuie cette opinion sur ce que le comte traitait la princesse avec une familiarité tout à fait libre et si grande qu'il ne se gênait pas pour l'appeler en français « ma vieille ». La princesse aimait le comte à la folie, et elle en était très jalouse. Dans le commencement, le comte prenait les querelles qu'elle lui faisait assez bien, il en riait, mais quand il rentrait le soir un peu échauffé, il se fâchait. Une nuit qu'à trois heures du matin madame la princesse était venue dans l'appartement du comte, il y eut un grand tapage, des cris et des pleurs. Il lui était expressément défendu d'entrer lorsque la princesse était avec le comte, cependant ce soir-là il entra : il trouva la princesse étendue sur le tapis et blessée à la tête. Il lui serait impossible de dire si le comte avait fait cette blessure à la princesse, ou si celle-ci se l'était faite elle-même en tombant. Ce qu'il y a de certain, c'est que le comte était extrêmement gris, il ne s'occupait pas du tout de la princesse et il jurait sans arrêter. Quand la princesse eut été emportée dans ses appartements, il se coucha très tranquillement; elle ne lui en voulut pas; le lendemain matin, elle revint dans la chambre pendant qu'il dormait encore, et elle le réveilla en lui embrassant la main. C'est ce que lui Roger vit parfaitement du cabinet de toilette. Roger regardait le comte comme un véritable gentleman; tout le prouvait, il avait pour amis lord Olendon, le capitaine Thurnhall, le marquis Lewelyn, sir Weeks; il ne comptait jamais son argent et ne vidait point ses poches; il buvait comme pas un de ces messieurs ; et un jour il donna des coups de cravache à son *footman* avec une grâce que n'eût pas eue un homme du commun. Aussi, quoi qu'on ait dit depuis, le comte est-il pour lui toujours le comte de Coët-Lao ; seulement il voudrait bien qu'on trouvât moyen de faire rendre par le comte les cinquante livres qu'il lui a prêtées.

Devant lui Webster avait un rosier dont les rameaux attachés sur un treillis de fer en forme de guéridon, étaient couverts de fleurs ; tout en parlant, il se baissait de temps en temps pour regarder les roses et respirer leur parfum. A le voir de loin, on eût pu croire qu'il racontait les choses les plus innocentes.

— M. Salomon, de la maison Salomon Barclay and Sons, fut mis en relations avec le comte de Coët-Lao, par la princesse Schtipkine qu'il savait puissamment riche. La princesse lui dit de fournir au comte tout l'argent dont il aurait besoin. Les livres de la maison constatent qu'en deux ans le comte a pris à la caisse cinq mille trois cent cinquante livres.

— Plus de cent trente mille francs ! interrompit Sepe.

— Cent trente-trois mille sept cent cinquante francs. Le comte avait remis à M. Salomon, pour la lui garder, une cassette pleine de diamants et de pierreries. Lorsque plus tard on ouvrit cette cassette, on trouva que les diamants étaient faux et qu'ils ne valaient que cent dix-neuf shellings. Au reste le comte ne devait personnellement à la maison Salomon Barclay and Sons qu'une somme de deux cents livres.

Comme Webster dépliait une nouvelle note.

— Hé quoi, dit Sepe, celle-ci est-elle encore plus forte ?

— Non, mais d'un autre genre. Miss Hawkes, Oxford street, a fourni à miss Amy Phillpots, sur la commande de M. le comte de Coët-Lao, différentes toilettes de nuit pour une somme de deux cent trente-cinq livres neuf shellings ; elle a été très bien payée. Mais pour une autre fourniture faite à miss Toodle, de Covent-Garden, toujours pour le compte de M. de Coët-Lao, il lui reste dû vingt-deux livres trois shellings six deniers.

— Tiens, la petite Toodle? dit Sepe, on pourra avoir auprès d'elle quelques renseignements.

— Qu'est-ce que miss Toodle? demanda Martel.

— Une femme du ballet. Cette dernière note, mon cher monsieur Webster, prouverait donc que la princesse n'occupait pas seule le comte?

— Précisément, signor, et c'est pour cela que je vous l'ai lue. Maintenant nous passerons rapidement sur cette déposition de Peretti, joaillier, qui constate qu'après avoir été payé de sommes assez considérables, il lui reste dû quelques livres; sur celle de Crabs, carrossier, qui constate la même chose; sur celles de Blondeau, marchand de vins et de comestibles, Beecher, parfumeur, Fullon, chemisier, qui ne sont que des répétitions. Toutes ces dépositions furent faites après le départ de la princesse.

— Pourquoi ce départ et dans quelles conditions eut-il lieu? demanda Martel.

— Jusqu'à présent je ne vous ai parlé qu'avec pièces à l'appui de ce que je vous avançais et vous avez pu, je le pense, suivre d'assez près la vie du comte; ce qui restait dans l'ombre n'est pas difficile à deviner. Maintenant je ne peux faire que des suppositions. On suppose donc que la famille de la princesse, peinée et blessée de la conduite qu'elle menait ici, inquiétée aussi pour sa fortune qui allait grand train, obtint l'ordre de la faire rentrer en Russie. Ce qu'il y a de certain, c'est qu'un jour, il y a deux ans, la princesse s'embarqua directement pour Saint-Pétersbourg. Le comte était à ce moment à Newmarket pour le Derby trial : quand il revint, il trouva la princesse partie. Les créanciers s'abattirent sur lui : c'est la règle; il dépense, on lui donne des fêtes, on lui donnerait femme et filles, il ne paye plus, on le poursuit. Il disparut à son tour. Les dépositions que je vous ai fait connaître, remontent à cette époque. On allait tenter une action contre lui, lorsque toutes ses dettes furent payées ; par qui : on n'a pas de preuves certaines ; seulement, comme ce fut par un agent de la maison Hodgson, qui est en relations avec toutes les maisons russes, il est aisé de conjecturer presqu'à coup sûr.

— Est-ce que le mémoire de Miss Hawkes fut aussi payé? demanda Sepe.

— Elle comme les autres, tout le monde fut désintéressé.

— Pauvre princesse! Elle était bien plâtrée, bien peinturlurée pour cacher ses quarante-huit ans, elle était bien hautaine et bien insolente ; mais c'est égal, je la plains ; qu'elle a dû souffrir! et maintenant sans doute exilée dans quelque château ; ah! les pauvres vieilles femmes qui ne savent pas vieillir.

— Oui triste, fort triste! dit Webster en respirant une rose, la Russie a été gâtée par l'émigration française.

— Nous nous arrêtons il y a deux ans, dit Martel, et depuis!

— Depuis, il y a une lacune. Ce qu'est devenu le comte pendant ces deux années, je n'ai pas encore eu le temps de l'apprendre. Je sais seulement qu'aujourd'hui il demeure, Yellow-Lion-Court, aux abords de Drurylane, et qu'il paraît être l'amant de la fille d'un tipster qui lui loue sa chambre.

— Un *tipster*, dit Sepe, répondant à une muette interrogation de Martel, est une sorte de courtier de sport ; son métier consiste à apprendre n'importe comment les qualités et les défauts des chevaux qui doivent courir ; il vend ces renseignements à ceux qui s'occupent des courses et c'est sur ces renseignements que se font les livres de paris.

— Parfaitement expliqué, signor : ce tipster est un

ivrogne fini, et sa fille, une enfant, est aussi fraîche, aussi pure de visage que ces roses, aussi décomposée intérieurement, que ce terreau. Puisque vous plaignez la princesse, réjouissez-vous; elle est bien vengée; le comte est fou de cette enfant.

— Croyez-vous, dit Sepe, que son amour soit assez grand pour le fixer auprès d'elle?

— Ah! signor je ne crois rien, dans les passions, l'imprévu et l'impossible doivent toujours entrer en ligne de compte.

— Ne pourrait-on pas au moins, demanda Martel, savoir sa vie de chaque jour, et s'il quitte cette jeune fille, savoir où il va?

— Rien n'est plus facile; toutes les quinzaines, signor, je vous enverrai un bulletin, et s'il y a quelque changement, je vous en préviendrai aussitôt! Faudra-t-il rechercher ce qu'on' été ces deux années qui nous manquent.

— Non merci, c'est inutile.

— Ah! j'oubliais. On a tout lieu de supposer que l'individu qui nous occupe n'est point comte. Le nom de Coët Lao ne serait pas le sien. Il se nommerait Berthauld. Il serait bien Français, mais musicien et non gentilhomme.

— Serait-ce donc?... s'écria Sepe.

Martel fit un signe.

— Pour arriver à une certitude sur ce point, dit Webster, il faudrait faire des recherches à Naples,

Là-dessus il se leva; les deux amis l'accompagnèrent.

— Charmant jardin, dit Webster en se dirigeant vers la maison, les artistes sont artistes en tout. Seulement permettez-moi une critique que me suggère ma profession, je trouve les murs un peu bas; sans doute vous avez des pièges?

— Pas du tout.

— Je ne saurais trop vous les recommander, cela vaut

mieux que la police, car cela prévient, et la police ne peut agir que quand le mal est fait. Il y en a de deux sortes : un qui tue raide son homme, c'est le *common man-trap*, l'autre qui casse simplement les jambes, c'est l'*human-man-trap*. Ils sont excellents, et très employés.

Ils étaient arrivés à la porte de sortie.

— Une grâce, signor, une récompense, dit Webster; vous serait-il possible de m'accorder une loge pour un de ces soirs? ma femme et mes filles brûlent de vous entendre.

— Avec plaisir, cher monsieur Webster; ce soir même vous aurez ce que vous désirez; je chante *Don Giovanni*.

— Mille grâces; elles sont folles de Mozart.

— Quel homme! dit Sepe lorsque la porte fut refermée. Et il aime la musique.

Sans répondre, Martel le prit par la main et le ramena dans le jardin.

Lorsqu'ils furent au milieu de l'allée :

— Mon cher Carlo, dit-il en le regardant en face, celui que nous avons vu dans Haymarket et dont on vient de nous parler, est Maurice Berthaut, l'auteur d'*Imogène;* j'ai épousé sa femme la croyant veuve; j'ai mis ma vie en elle, et nous avons un enfant. Tu comprends mon silence, n'est-ce pas?

— Que vas-tu faire? dit Sepe en lui serrant la main avec émotion.

— Retourner près d'elle.

— Hé bien et lui?

— Que veux-tu que je fasse; nous sommes à sa discrétion. Webster le surveillera. Je compte sur toi.

— Il a parlé de Naples.

— C'est à Naples qu'il a simulé son suicide. Mais les causes de cette comédie sont aussi obscures pour nous que celles qui l'empêchent de rentrer en France.

— Veux-tu que je tâche d'éclaircir celles qui tiennent

au suicide? Je le puis très probablement; et même mieux que pour ce qui se passera ici; je n'ai qu'à écrire.

— Écris alors, car tu comprends de quelle importance est pour nous tout ce qui le touche. Il est maître de nous, et nous sommes entre ses mains.

## IX

Prévenue par une dépêche, Armande voulut faire à Martel la surprise d'aller au-devant de lui. Et prenant ses enfants avec elle, conduisant elle-même sa ponnette qu'elle avait fait atteler au panier, elle vint l'attendre à la sortie de Villeneuve.

Quelle joie de le revoir! Depuis qu'ils s'aimaient ils n'étaient jamais restés si longtemps séparés.

Dans son impatience elle arriva bien avant l'omnibus du chemin de fer. Les enfants ne voulurent point rester en voiture, et ils se mirent à cueillir des bleuets et des coquelicots au bord du chemin, dans les seigles où ils disparaissaient.

Enfin on l'aperçut sortant du village; comme le cœur d'Armande battit! elle aussi descendit de voiture pour mieux l'embrassser.

Les enfants coururent à sa rencontre; Julien, qui avait pris les devants, arriva le premier. Il l'enleva dans ses bras et l'enfant se cramponna à son cou.

— Moi, moi! dit Victorine essoufflée.

Il continua d'avancer, elle se pendit à la main qu'il avait de libre; mais il la repoussa pour saisir Armande dans une étreinte passionnée et la réunir à Julien.

Elle le trouva pâli, fatigué,

C'était le voyage.

Il était impatient et nerveux aussi, car pendant qu'elle

lui racontait ce qui s'était passé à la maison en son absence, la ponnette ayant eu une petite frayeur, il la fouetta vigoureusement, lui qui d'ordinaire était doux et patient avec les bêtes. C'était à peine s'il répondait à Julien qui voulait savoir s'il y avait des bleuets en Angleterre. Et il ne regardait même pas Victorine qui se tenait immobile à sa place, le cœur gros, les yeux pleins,

De loin ils aperçurent madame Pigache à la porte de son jardin. Il passa devant elle au grand trot quoiqu'elle eût fait quelques pas dans la route.

Qu'avait-il donc?

Quand Marie-Ange accourut au-devant de la voiture, il lui dit sèchement d'emmener les enfants.

— Le dîner est prêt, dit Armande en ouvrant la porte de la salle à manger.

Elle était heureuse de lui montrer que sur la table étaient servis les porcelaines et les cristaux des jours de gala, et qu'elle s'était mise en fête pour son retour.

Mais il n'y parut pas faire attention.

— Nous avons le temps, répondit-il, montons à ta chambre.

A son étreinte, à son baiser, lorsqu'ils furent seuls, elle sentit bien que ce n'était point contre elle qu'il était fâché, mais elle sentit aussi que cette âme qu'elle savait si forte était bouleversée.

— Ce n'est pas pour Charvet que je suis allé à Londres, dit-il.

Elle ne répondit point, mais elle le regarda stupéfaite. Il baissa les yeux. Et, se détournant, il alla fermer les fenêtres, par lesquelles, après une journée brûlante, il entrait un peu de fraîcheur dans la chambre.

— C'est pour nous, reprit-il en revenant vers elle. Et depuis douze heures, depuis que je suis en route, je me demande avec angoisse si je dois te dire ce que j'ai été y faire; si je dois te parler de celui que j'y ai vu.

Il s'arrêta encore. Puis, continuant, car le silence était plus embarrassant que les paroles :

— La délicatesse de ton cœur, ma foi dans ton amour, ta vaillance dans le malheur, la peur de l'avenir, d'un avenir dont je ne me sens plus maître, me font un devoir de te dire la vérité.

En parlant, il la tenait dans ses yeux, il la vit pâlir.

— Mon amour pour toi et pour Julien, la crainte de te voir souffrir, *notre* vie jusqu'à présent si sereine, me conseillent de me taire.

— Mon Dieu ! s'écria-t-elle d'une voix étouffée.

— Hé bien, oui, notre bonheur est menacé.

Elle était appuyée sur le dossier d'un fauteuil ; il vit ses mains se crisper et ses ongles s'enfoncer dans l'étoffe.

— Oh ! pas par moi ! s'écria-t-il vivement, mais en dehors de moi ; en dehors de la maladie de nos enfants, il est encore des malheurs que nous pouvons redouter.

Elle ne respirait plus et pâlissait encore. Lui-même était haletant. Il voulait se hâter pour abréger cette mortelle angoisse ; puis il s'arrêtait, cherchant des paroles qui amortiraient la force du coup qu'il allait porter.

— Tu sais, reprit-il en parlant vite comme si les mots lui brûlaient les lèvres, quelles difficultés ont arrêté notre mariage...

Elle se redressa, et faisant quelques pas vers lui :

— Vivant ! s'écria-t-elle.

Il la reçut dans ses bras.

Mais elle se dégagea aussitôt ; et, par un mouvement plein de désespoir et de pudeur, d'accablement et de honte, elle se cacha la tête entre ses deux mains.

Il y eut un moment de silence d'une longueur poignante ; comprenant ce qui se passait en elle et voulant lui éviter la douleur d'être observée, il alla vers une des fenêtres et s'y tint immobile.

Puis, pour ne pas la laisser à des pensées que, par

celles qui lui étreignaient le cœur, il sentait terribles et vertigineuses, il revint vers elle, et d'une voix douce:

— Je l'ai vu, dit-il.

Elle ne répondit pas, ne le regarda pas, mais suivant évidemment sa préoccupation qui n'était que trop facile à comprendre dans son enchaînement :

— Julien, dit-elle.

Et elle répéta ce nom avec une intonation à la fois désespérée et caressante.

Elle était blême, ses yeux hagards étaient perdus dans le vide.

— Julien est mon fils, rien ne peut l'empêcher de l'être.

— S'il revenait?

— Hé bien.

— Notre mariage ?

— Notre mariage serait ce qu'il est aujourd'hui,—nul.

— Et Julien ?

— Julien est mon fils, il ne pourrait rien.

— Et moi?

— Il pourrait nous séparer, la loi est avec lui.

— Me séparer de toi?

Elle s'élança et le saisit dans ses bras désespérément.

— Enfin, s'écria-t-il en l'étreignant, et d'une voix que l'émotion faisait vibrante, voici la parole que j'attendais, l'engagement qui nous lie. Chère femme, pardonne, pardonne-moi de t'avoir fait souffrir; il me la fallait, cette parole, pour ma conscience, et il me la fallait dite en toute connaissance. Rassure-toi; ni lui, ni le monde, ni la loi, rien ne nous séparera.

— La loi, le monde, lui, tous contre nous !

Elle le regarda ; son âme était dans ses yeux.

— Nous nous aimons. C'était toi seule que je craignais.

— Aussi bien, dit-elle avec un sourire navré, ceux qui savent que la mort tient sa main sur eux ont encore de beaux jours.

## CHAPITRE IV

### UNE SITUATION FAUSSE

#### I

Depuis qu'ils habitaient le Plessis, leurs relations étaient extrêmement restreintes, et en exceptant leurs anciens amis intimes qui venaient quelquefois de Paris passer la journée au dimanche avec eux, ils n'avaient voulu voir personne.

Pleinement heureux l'un par l'autre, ayant une vie occupée, lui par ses travaux, elle par ses enfants, ils trouvaient que le monde, avec tout le cortège d'exigences qu'il traîne à sa suite, ne pouvait que leur voler leurs heures d'intimité. Et ils ne se sentaient aucune disposition à sacrifier ces heures à des plaisirs qui, pour eux, n'en eussent point été, puisqu'ils ne s'étaient jamais aperçus qu'ils leur manquaient.

Cependant, malgré cette réserve, ils n'avaient pu se défendre d'une sorte de liaison avec un de leurs voisins qui avait été autrefois le camarade de Martel.

C'était alors un brave garçon venu de Bordeaux à Paris

pour être poète, comme on vient de l'Auvergne pour être charbonnier et du Limousin maçon, qui s'était jeté à corps perdu dans la bohême parisienne, et qui avait trouvé original et amusant, tout en ayant cinq ou six mille francs de rente, de vivre d'une vie de hasards et d'expédients. Comme il n'avait d'autre supériorité que celle que lui donnait sa petite fortune, comme il ne paraissait menaçant pour personne, comme sa bourse s'ouvrait facilement, il était devenu le camarade de tout le monde et l'ami de trois ou quatre vieux chevaux de retour qui se l'étaient approprié. Deux années avaient suffi pour absorber son capital, et il allait pour de bon, savoir ce qu'était cette vie dont il ne connaissait que les plaisirs, lorsqu'un de ses oncles, très riche propriétaire du Médoc, était mort en le faisant héritier d'une centaine d'hectares de vignes à Ludon qui donnaient bon an mal an un revenu de cent cinquante à deux cent mille francs. Le plaisir d'être propriétaire l'avait emporté sur l'ambition d'être poète. Et il était retourné à Bordeaux vendre son vin aux Hollandais et faire figure au cercle de la rue du Ha. Mais comme il s'était tous les ans rappelé au souvenir de ses anciens amis par un panier de son vin, on ne l'avait point oublié. Son nom même était resté, et entre minuit et deux heures du matin, on parlait encore de lui sur le boulevard et dans le faubourg Montmartre. Personne n'avait jamais eu le billet de banque aussi facile que Lataste; — ce n'est pas que Lataste qui eût laissé un de ses amis aux prises avec un tailleur; — un peu bête, ce pauvre Lataste, mais bon enfant; — Lataste, toujours Lataste. — On l'avait ainsi suivi : on avait su qu'il s'était marié, et que sa femme avait fait pour lui plus que son volume de vers, qu'elle l'avait rendu célèbre à Bordeaux et dans toute la Gascogne. Mais comme Martel ne vivait plus dans ce monde, il y avait longtemps qu'il ne pensait plus à Lataste, lorsque ce nom qu'il avait si souvent entendu lui était revenu aux oreilles : on disait que la terre de Mureaux, qui est à deux lieues du Plessis, venait d'être achetée par un riche Bordelais, un M. Lataste, qui transformait les bois en un parc magnifique et remettait le château en état. Puis, bientôt après, il avait vu arriver au Plessis ce riche Bordelais, qui était bien son Lataste empressé de renouer connaissance. Il avait fallu se rendre, et l'on s'était vu, non toutes les semaines, comme Lataste l'eût voulu, mais deux ou trois fois par an.

Le lendemain de son arrivée, Martel était dans son atelier et demandait au travail de lui faire oublier son voyage et son retour, lorsque sa porte s'ouvrit devant Lataste.

— On m'avait assuré que tu étais en voyage, dit celui-ci en s'asseyant, mais j'ai voulu venir à tous risques. D'ailleurs, si tu n'avais pas été là, j'aurais trouvé madame Martel, à qui j'aurais adressé ma demande. Et c'est même à son intention que j'ai fait cette toilette, qui n'est pas celle d'un voisin de campagne.

Il se leva et se posa devant la glace pour arranger le nœud de sa cravate et serrer son gilet à la taille. C'était le type du Bordelais, cheveux noirs, carnation sanguine, dents blanches, œil vif, poitrine bombée, avec cela vigoureux, large d'épaules, bien découplé, il avait tout ce qui fait le bel homme, même l'air vain et vide; mais comme dans son regard et son sourire, dans toute sa personne s'épanouissait la sympathie et la bienveillance, on se sentait à première vue indulgent pour sa prétention naïve.

— Quelle demande? interrompit Martel.

— Tu sais, mon cher, que j'ai publié il y a quelques mois un nouveau livre, la *Destinée humaine*. Je te l'ai envoyé, et tu l'aurais même lu, j'en suis certain, si les peintres lisaient quelque chose. Ce livre, quoiqu'il ne soit pas écrit pour la foule, produit la plus grande sensation.

Nous voulons fêter son succès, et de mercredi en huit nous réunirons, dans une petite fête, une partie de mes critiques et tous nos amis. Naturellement vous devez, madame et toi, en être, et je pense que malgré votre sauvagerie vous ne me refuserez pas.

Martel n'était guère disposé à accepter, et il le laissa paraître.

— Ah! pas d'excuses, interrompit Lataste, ou dis tout de suite que tu ne veux pas venir chez moi.

Il fallut se rendre.

— Maintenant que j'ai ton acceptation, voyons celle de madame, que tout soit bien entendu et conclu.

Et il tira le cordon de la sonnette, exactement comme s'il eût été chez lui; c'était sa manière, de se mettre partout à son aise.

— Demandez à madame Martel, dit-il à la fille de service qui ouvrit la porte, si elle peut me recevoir. Vous me connaissez, n'est-ce pas, M. Lataste?

Ce fut Armande elle-même qui apporta la réponse.

— Je vous en suis bien reconnaissante, dit-elle en tenant ses yeux baissés, mais à mon grand regret...

— Vous me refuseriez! voilà qui est drôle, s'écria Lataste en riant.

C'était un des côtés de son caractère de trouver plaisanterie à tout. On a dit d'une princesse de Rohan qui, pour montrer un esprit qu'elle n'avait pas, faisait semblant de trouver des finesses à tout, que lorsqu'elle était à la messe, elle riait à l'*Introït*, et souriait au *Credo*. Lataste était un peu le frère de cette princesse; il trouvait tout ce qu'on lui disait fort drôle, surtout lorsqu'il ne le comprenait pas.

Elle ne répondit pas.

Il insista; avec un embarras visible, une contrainte évidente, mais aussi avec des assurances d'amitié qu'on sentait sincères, elle persista dans ses réponses brièvement et en même temps doucement, et toujours sans regarder Martel qui tenait les yeux fixés sur elle.

— Mais enfin, s'écria Lataste, ne riant plus et se montrant même inquiet, vous avez une raison. Vous me désespérez. Voyons, mon cher, viens à mon aide.

Armande, qui avait tenu ses yeux obstinément baissés, les releva sur Martel; et celui-ci, qui évidemment allait se joindre à Lataste, s'arrêta devant ce regard qui en disait plus, suppliant et décidé, douloureux et attendri, qu'une longue explication.

— Toi aussi, tu m'abandonnes, dit Lataste, qui commençait à être mal à l'aise. Eh bien, moi je ne m'abandonne pas. Demain, je reviendrai avec madame Lataste et nous vous ferons votre invitation dans toutes les règles. Je ne peux pas croire que vous nous refuserez.

Armande essaya de dire quelques mots. Il ne voulut pas les entendre.

— Non, dit-il, non. A demain.

## II

— Pardonne-moi, dit-elle vivement, lorsque Lataste fut sorti.

— Tu m'as désolé plus que je ne saurais le dire. Mais cette résolution que tu viens de manifester si fermement, as-tu réfléchi au moins aux résultats qu'elle peut avoir?

Elle fit un signe à la fois timide et résolu.

— Je n'ai point souhaité une liaison avec Lataste; aujourd'hui elle existe, il faut donc la rompre: sous quel prétexte? que dire pour justifier notre refus d'accepter son invitation!

— Les enfants, ma santé.

— Est-ce vraisemblable et sérieux? Il est parti inquiet.

Nous fâcher avec lui n'est rien; le fâcher, cela me peine. Malgré ses ridicules, c'est un excellent cœur, et précisément à cause de ces ridicules, on doit être indulgent pour lui. Madame Lataste va s'en prendre à lui d'une rupture inexplicable et l'accablera.

— Je me suis déjà dit tout cela; c'est une nécessité de notre situation.

— Ah! pourquoi ai-je avoué la vérité! s'écria-t-il.

— Pouvais-tu donc me présenter comme ta femme?

Il voulut l'interrompre; elle ne lui en laissa pas le temps.

— Ici, oui, je suis ta femme; je la suis pour toi, pour moi-même devant ma conscience; mais devant le monde je ne me sens plus que ta maîtresse.

— Armande!

— Ah! continua-t-elle avec une exaltation douloureuse, ce n'est pas le mot qui me fait peur, et toutes les hontes, je les souffrirais plutôt que la séparation; mais je ne veux pas tromper ceux qui me connaissent, et puisque les circonstances me placent en dehors du monde, je ne veux pas m'y maintenir de mauvaise foi.

— C'est donc une rupture absolue. Après Lataste nos autres amis?

— Seule avec toi, je ne rougirai peut-être pas.

Il resta assez longtemps sans répondre et elle comprit qu'il hésitait à continuer cet entretien; bientôt il reprit:

— Maintenant il faut aller jusqu'au bout, nous en avons trop dit pour ne pas nous expliquer. En revenant de Londres j'ai balancé longtemps si je t'apprendrais ou ne t'apprendrais pas la vérité. Je voulais la taire pour ton repos, pour ta conscience surtout, dont je pressentais l'inquiétude et le trouble. Je ne me suis décidé à parler, qu'en pensant à ta fermeté que je croyais plus forte. Ainsi depuis que notre vie est la même, tu as été pour moi le cœur le plus tendre, pour tes enfants la mère la plus dévouée, pour tous un modèle, et voilà que parce que la fatalité s'abat sur nous, tu veux épargner ton contact au monde. Car c'est bien là ce qui dicte ta résolution. Aux yeux de tous ceux qui te connaissent tu es l'honneur et le devoir, et sans avoir une faute à te reprocher tu veux t'éloigner comme si ta présence était déshonorante. Et pour qui ces scrupules encore, pour madame Lataste, pour son cousin Hillerin aussi, sans doute.

— La position de madame Lataste n'est pas la mienne, elle est mariée.

— Est-ce la position légale qui fait l'honneur ou bien est-ce la vie, Et puis enfin qu'est-elle, cette position dont tu rougis? Ton passé est-il honteux? Est-il un regard devant lequel le tien doive s'abaisser? La femme qui te serre la main peut-elle craindre de te rencontrer demain? Tu es ma maîtresse. Ah! si les coups ne devaient pas retomber sur ton cœur, comme je voudrais l'imposer au monde cette maîtresse. Mais puisque le monde est pour toi maintenant un si terrible épouvantail, as-tu réfléchi à ce qu'il penserait de nous, de toi, si nous rompons brusquement avec tous nos amis. On voudra savoir les motifs de cette rupture. On cherchera, on causera, on inventera.

— Qu'importe?

— Pour nous, rien en ce moment; mais plus tard, pour ta fille. Et encore crois-tu donc que tu ne souffrirais pas davantage si par ton imprudence tu forçais la curiosité à apprendre la vérité.

— Et si elle se découvre toute seule.

— Comment?

— Il peut revenir.

— Il peut aussi ne revenir jamais. En vue d'un danger qui sans doute ne se réalisera pas, devons-nous agir comme s'il était déjà sur notre tête. Voilà ce que ta raison, d'ordinaire si solide, eût dû te montrer avant de prendre ta résolution.

Comme elle ne répondit rien, il espéra l'avoir touchée, et il reprit :

— Mais ce n'est pas à ta raison que je m'adresse, c'est à la confiance que tu as toujours eu en moi. Nous sommes dans une situation terrible, et que tes idées, tes croyances rendent plus terrible encore pour toi que pour moi, plus douloureuse surtout. Eh bien ! précisément pour cela, laisse m'en la direction, au moins ajourne la résolution que tu veux prendre; si ce que je t'ai dit ne t'a pas convaincue, cela t'aura peut-être fait comprendre qu'il n'y a pas urgence à l'accomplir. Pense à ce qu'elle a de grave, de décisif. Et si dans quelques jours tu n'es point persuadée, si tu ne te rends pas à mes raisons, eh bien ce sera moi qui me rendrai à tes craintes instinctives. Quelques jours, n'est-ce pas?

Elle lui tendit la main, son regard disait son anxiété : sa tendresse était vaincue par ces paroles, sa conscience n'était pas entamée.

## III

Resté seul, il reprit machinalement sa palette et s'assit devant son chevalet, mais il ne travailla pas, sa main tremblait. Jamais il n'avait senti pareil trouble.

Par la résolution d'Armande et aussi par son attitude morne, son désespoir mal caché, la tendresse de sa parole, la tristesse de son regard, il sentait combien elle était profondément atteinte, et il restait épouvanté.

Amis, relations, il en faisait sans peine le sacrifice. La solitude, avec elle, ce n'était pas la solitude, mais pour lui seulement et non pour Armande ; car, dans l'isolement, sans cesse sous le coup de la même préoccupation, absorbée par la même pensée, le cœur toujours gonflé, son désespoir irait s'exagérant. Il connaisssait la délicatesse de cette conscience prompte à s'inquiéter; à quelles souffrances, à quels fantômes n'allait-elle pas rester livrée.

Victorine qui rappelait si vivement son père par certains côtés de caractère, Julien menacé, pouvant lui être enlevé et dont elle ne serait plus la mère. Combien de fois par jour, en les regardant, en pensant à eux, un mot, un rien lui tomberait sur le cœur et raviverait ses alarmes.

Lui-même, par son amour, au lieu d'alléger son fardeau, la replongerait plus avant sous son éternelle préoccupation.

Et cependant il n'y avait rien à faire, il fallait attendre, attendre sans savoir, sans prévoir, fatalement résignés. Enfermés dans une situation fausse, ils étaient comme le prisonnier dans son cachot, à qui toute tentation pour en sortir ne donne que le sentiment désespérant de son impuissance.

Enfin il prit résolument ses brosses, car chercher c'était se briser la tête contre un mur sans issue! en travaillant il oublierait peut-être.

## IV

Il était dit qu'il ne travaillerait pas ce jour-là : Madame Pigache fit demander s'il pouvait la recevoir.

D'ordinaire, lorsqu'elle avait à lui parler, elle venait après le déjeuner, qui était une heure de récréation que Martel se donnait et qu'il passait avec Armande et les enfants.

Il fut donc tout surpris de cette façon de se faire annoncer, il le fut encore bien plus quand il la vit entrer grave et embarrassée.

— Mon cher cousin, dit-elle, je viens à vous dans des circonstances qui me sont bien pénibles, et il a fallu une pressante nécessité pour me décider.

Il lui fit un signe de continuer, quoiqu'il sentît vaguement qu'elle n'avait pas besoin d'être encouragée et que toute seule et d'elle-même elle irait bien jusqu'au bout.

— Pour tout au monde, reprit-elle, j'aurais voulu éviter qu'il y eût entre nous des affaires, car vous avez toujours été si parfait pour Pigache et pour moi, qu'il me répugne de vous parler d'argent.

— Je supporte très bien ces conversations-là sans me fâcher ou me sauver.

— Je sais que vous êtes la générosité et la droiture en personne, et cela m'encourage.

Il se demanda combien lui coûteraient ces éloges ; mais comme il était large dans toutes les choses d'argent, il s'amusa à laisser aller madame Pigache. Il était rassuré, puisqu'il ne s'agissait que d'un emprunt.

Elle continua :

— Vous savez qu'entre votre père et le père de Pigache il y a eu autrefois des affaires d'intérêt ?

— Assez mauvaises mêmes.

— Si mauvaises que tous deux se sont ruinés, et que votre père a été forcé de redevenir simple ouvrier.

— Je n'ai pas oublié cette triste histoire. Mon pauvre père avait consenti à former une association avec son beau-frère pour fabriquer des machines agricoles. Mon père dirigeait la fabrique, mon oncle Pigache s'occupait de placer les produits dans les campagnes. Le temps de la mécanique n'était pas venu ; mon père eut le sort de tous ceux qui ont une bonne idée trop tôt. Je me rappelle sa ruine. Je l'ai vu travailler comme ouvrier dans l'atelier qu'il avait fondé. Il est mort, ayant payé toutes les dettes de la société.

— Une exceptée, cependant ; car votre oncle avait apporté dix mille francs.

— Ces dix mille francs étaient sa part.

— On vous l'a dit sans doute ; la vérité, c'est que cet argent était un prêt qui n'a jamais été remboursé.

— J'avais dix-sept ans quand je perdis mon père ! il ne me traitait plus en enfant ; il ne m'a rien dit de cette dette, ses papiers ne la constatent point, mon oncle ne me l'a jamais réclamée, et Pigache ne m'en a jamais parlé.

Elle prit un temps pour répondre, puis, comme si elle était entraînée :

— Et c'est malgré lui que je vous en parle aujourd'hui, c'est aussi malgré moi ; je ne le fais que poussée par la nécessité. Mon beau-père, qui a été le témoin de votre jeunesse laborieuse et pauvre, n'a pas voulu vous réclamer ce que vous ne pouviez pas lui rendre. Et plus tard, Pigache n'a pas osé vous en parler, car enfin la dette de votre père n'était la vôtre que si vous le vouliez bien.

Martel fit un geste ; elle ne se laissa pas interrompre.

— Soyez certain qu'il n'a jamais accusé votre délicatesse ; et il a toujours considéré que vous seriez en droit d'accuser la sienne s'il vous réclamait cet argent. D'abord parce que légalement vous ne le devez pas. Puis nous n'avons pas de titres ; seulement les lettres de votre père.

— Où sont ces lettres ?

Elle tira de sa poche une liasse de vieilles lettres jaunies et usées dans les plis.

— Toutes ont rapport à l'association ; celle du onze janvier seulement reconnaît le prêt. Pour un homme de loi, cette reconnaissance serait peut être bien vague, pour vous je crois qu'elle sera formelle.

— Voulez-vous me confier ces lettres, je les examinerai.

— Celle du onze janvier surtout, — c'est celle qui est recollée sur du papier blanc.

— Je les lirai toutes, car c'est la première fois que j'entends parler de cette dette.

— Et nous qui cherchions des raisons pour expliquer votre silence, nous en trouvions, Pigache surtout; et il en a tant trouvé qu'il a fini par croire que vous ne deviez rien. Moi je pensais que nous vous verrions arriver un matin, pour nous faire la surprise d'un gros paquet de billets de banque. J'en rêvais. Quand vous nous avez fait venir au Plessis, j'ai cru que c'était pour nous associer avec vous. Il me semblait que c'était une compensation que vous vouliez nous donner, car si le père Pigache n'eût pas été privé de ces dix mille francs, il eût pu remonter ses affaires avant de mourir, et nous laisser une succession au lieu de dettes. Pigache se moquait de ce qu'il appelait mes rêves, et me faisait comprendre que c'était impossible. Je me souviens qu'il me disait ; « Si seulement il n'était pas marié, s'il n'avait pas d'enfant, ce serait une réparation digne de sa droiture; mais il ne va pas dépouiller sa femme et son fils pour nous.

Martel avait écouté tout ce bavardage avec une certaine impatience. Cette dette qu'on lui réclamait ne lui paraissait pas prouvée; il trouvait étrange qu'on fût resté si longtemps sans lui en parler, et il cherchait dans ses souvenirs quelque chose qui la justifiât. Ces dernières paroles de madame Pigache le rendirent singulièrement attentif. Que voulaient-elles dire? Venaient-elles là par hasard ou avec intention?

Il cessa de feuilleter les lettres de son père et releva les yeux sur elle.

Elle soutint son regard, et continua sans se troubler.

— Arrivés ici, quand j'ai vu qu'il n'était point question d'association, mais seulement de faire de Pigache le surveillant de votre ferme et de moi l'institutrice de Victorine, j'ai été bien péniblement désappointée. Je ne sais si j'ai pu cacher mon dépit, et si vous ne vous en êtes pas aperçu. Pourtant je ne vous aurais jamais dit un mot de cette dette si, en ce moment, nous ne nous trouvions dans une situation tout à fait critique ; nous sommes sur le point d'être poursuivis et nous ne pouvons payer. Examinez ces lettres ; et voyez ce que vous pouvez faire pour nous.

— Si je dois ces dix mille francs je les payerai ; voilà ce que je ferai.

— Je dis comme Pigache, si vous n'étiez pas marié, si vous n'aviez pas un enfant, ce n'est pas ces dix mille francs que je demanderais, car depuis seize ans ils se sont grossis, et ils seraient encore bien plus grossis dans les mains du père Pigache et même dans les nôtres. Mais je comprends que vous ne veuilliez pas partager avec nous qui après tout ne sommes que vos cousins, et cela quand vous avez une femme et des enfants. Aussi je ne réclame de vous que ce que vous croirez nous devoir.

— Ce que mon père devait, je le dois, rien de plus, rien de moins ; ma femme et mon enfant n'ont rien à voir dans cette affaire.

## V

Cette assurance si franchement affirmée n'était pas dans son cœur.

De vrai, il était plein d'incertitude.

Que signifiait cette démarche de madame Pigache, sur quoi s'appuyait-elle? Qui avait pu lui en donner l'idée?

Avait-elle pu au retour de Charvet saisir quelques mots de sa conversation : elle était derrière la haie, il est vrai, mais alors ce qu'ils disaient était insignifiant. Depuis avait-elle écouté aux portes? Cela était matériellement impossible.

Cependant cette démarche et cette demande avaient une signification.

Il aurait dû la retenir, la faire causer, savoir si ces paroles avaient un autre sens que celui que les circonstances leur donnaient, si elles étaient volontaires ou réfléchies.

Maintenant il était trop tard pour la rappeler ; toute interrogation directe serait désormais imprudente.

Seules les lettres sur lesquelles elle appuyait sa réclamation pouvaient fournir quelque éclaircissement prouvant le prêt, elles prouvaient jusqu'à un certain point la sincérité de madame Pigache; ne la prouvant pas elles prouvaient par contre une tentative de chantage; et dans ce cas elle devait être maîtresse de leur secret.

Elles étaient classées par date. Au milieu des détails qui n'avaient plus de signification pour lui, il trouva à chaque page des témoignages de la tendresse de son père. C'était pour son fils qu'il s'était risqué dans une association qu'il avait longtemps repoussée, et il n'avait cédé aux instances de son beau-frère qu'en vue de l'avenir de ce fils et pour en faire un homme. Puis se déroulaient jour par jour les difficultés de cette entreprise, à laquelle avait manqué tout d'abord le premier capital nécessaire. Les lettres qui précédaient les samedis de paye et les fins de mois étaient navrantes dans leurs explications commerciales; on sentait la conscience d'un honnête homme aux prises avec l'impossible. Quelques-unes montraient que l'associé était moins rigoureux, que pour lui tous les moyens étaient bons. De temps en temps il y avait des éclairs d'espérance : d'importantes commandes étaient venues, les marchands en gros ouvraient des crédits, et par de petites inventions pratiques on faisait de grandes économies dans la main d'œuvre. Bientôt le désespoir reparaissait et quoique le mot faillite ne fût pas écrit une seule fois, on le sentait partout présent et menaçant.

C'était bien là son père tel qu'il se le rappelait, dur

pour lui-même et pour les autres, entreprenant pour ce qui était travail, timide pour ce qui était affaires. Combien de fois, encore tout enfant, était-il parti en course dès le matin pour ramasser l'argent de la paye; combien de fois était-il rentré sans rien. — « On examinerait la note; on était donc bien pressé; quand on ne pouvait pas attendre on n'entreprenait pas de travaux. » Que d'acquits il avait déchirés au bas des fractures et rapportés au lieu d'argent à la maison. Ces soirs-là étaient tristes entre son père et lui : le père écrivait ces lettres précisément qu'il lisait maintenant. Le lendemain matin avant midi il fallait aller au Mont-de-Piété, chez les ferrailleurs qui sur l'outillage prêtaient à quarante pour cent, quelques centaines de francs. Et puis c'étaient de nouvelles courses, à la Banque, chez les huissiers.

Dans les plis de ces vieilles lettres jaunies, son enfance était enfermée, et à mesure qu'il les ouvrait, elle se dégageait des obscurités de l'oubli.

Malgré toute son attention il ne trouva pas la preuve qu'il cherchait. Plusieurs fois il était bien question de ces dix mille francs, mais sans rien de particulier qui leur donnât une cause certaine.

Ou madame Pigache était convaincue de la sincérité du prêt, et alors il était peu délicat à lui, qui n'avait de conviction ni pour ni contre, de refuser de payer.

Ou elle était de mauvaise foi, sa réclamation n'était qu'un chantage, ce prêt qu'une histoire inventée après coup, et alors il était dangereux de la pousser à un éclat.

Dans l'un comme dans l'autre cas, il valait donc mieux faire le sacrifice de ces dix mille francs.

Après tout, ce n'était pas pour lui une bien grosse somme, et pour les Pigache c'était une fortune.

Sans parler à Armande des intentions qu'il soupçonnait chez madame Pigache, il voulut la consulter.

Sans hésiter un moment elle fut d'avis de payer.

— Mais la dette n'est pas prouvée, dit-il, c'est seulement une présomption.

— Est-il prouvé qu'elle n'existe pas?

— Non.

— Hé bien, ce n'est pas à nous que le doute doit profiter.

Ce conseil, qui venait confirmer ses secrets désirs, lui fit du bien ; il était dans un de ces moments où la volonté chancelante a besoin d'un appui, la faiblesse d'une excuse.

Mais elle lui réservait un plus grand soulagement encore.

C'était le soir même de la visite de Lataste que cet entretien avait lieu. Lorsqu'ils eurent cessé de s'occuper de madame Pigache ils restèrent un moment silencieux. Ils étaient dans le jardin, seuls, ensemble, sous un vieil acacia où ils venaient souvent, lorsque le soir était serein ; les bruits de la ferme s'étaient éteints, et aussi ceux du village, on entendait seulement, sur le pavé de la grande route, quelques charrettes qui cahotaient s'en allant vers Paris, où elles arrivaient le lendemain matin pour la halle. Aux fenêtres de la maison les lumières avaient disparu. Le ciel était criblé d'étoiles, l'air parfumé par les roses et les acacias, la fraîcheur montait des blés verts, et tout se réunissait pour faire une belle soirée. Mais ce n'était point la beauté du soir qui les rendait recueillis ; et ils n'étaient guère sensibles aux influences extérieures, ni aux senteurs du printemps, ni aux bruits des insectes nocturnes, ni aux grappes de fleurs de l'acacia qui, se détachant des rameaux, leur tombaient sur la tête et couvraient le sol d'une jonchée blanche.

Tout à coup, suivant évidemment sa pensée et sa préoccupation, elle posa doucement sa main sur le bras de Martel, et d'une voix un peu tremblante :

— Prouve-moi donc encore, dit-elle, que nous devons aller chez les Lataste.

## VI

Le lendemain matin il annonça à Pigache qu'il pouvait compter sur les dix mille francs, et qu'avant trois mois il serait complètement payé.

— Ce que tu fais là, s'écria Pigache, qui lui prit les deux mains et les lui serra chaudement, c'est grand, et je n'en connais pas beaucoup qui, à ta place, agiraient comme toi.

Cet enthousiasme raviva les inquiétudes de Martel, et quoiqu'il lui répugnât de soupçonner la complicité de Pigache qu'il avait toujours trouvé loyal, il lui sembla que cette surprise et cette joie étaient bien grandes pour quelqu'un qui serait convaincu de la légitimité de sa réclamation.

— Croyais-tu donc que je nierais une dette de mon père? ne pût-il s'empêcher de dire :

— Tu pouvais ne pas la reconnaître, nous n'avons pas de titre.

Madame Pigache, qui survint, accueillit cette nouvelle avec un naturel parfait et comme si elle s'y attendait.

— Tu vois, dit-elle en s'adressant à son mari, si j'avais raison de ne pas douter de notre cousin.

Ainsi il était dit que dans toute cette affaire il n'y aurait qu'incertitude et contradiction.

## VII

En se décidant à faire droit à la réclamation des Pigache, il n'avait pas dix mille francs dans sa poche à leur donner du jour au lendemain. Il avait donc seulement versé un assez fort à-compte et pris trois mois pour s'acquitter du reste.

Il y avait une huitaine à peu près que ces trois mois étaient passés et qu'il avait payé ; lorsqu'un matin, qu'il s'amusait à tailler des rosiers, il vit venir à lui madame Pigache.

— Cherchez-vous les enfants? dit-il tout en continuant son travail.

— Non pas les enfants, mais vous.

Tout surpris, il releva la tête, il lui sembla qu'elle avait un air diplomatique qui ne présageait rien de bon. Que voulait-elle? Il commençait à être trop prudent et trop défiant pour l'interroger ; il aima mieux la laisser s'engager.

Il n'eut pas longtemps à attendre.

— Êtes-vous content de Pigache?

— Très content,

— Vous trouvez qu'il vous rend des services?

— Il fait pour mes intérêts plus que je ne ferais moi-même.

— Rien ne vous blesse dans son caractère?

— C'est le meilleur homme du monde.

— Vous avez confiance dans sa probité?

Il était bien décidé à ne pas faire de questions compromettantes, cependant il n'y put pas tenir.

— Ah çà! mais vous prenez des renseignements sur lui comme si vous vouliez le marier.

— Ce n'est pas pour moi, je sais ce qu'il vaut; il y a longtemps que je connais son courage et sa bonté, son habileté dans les choses de la culture et son honnêteté dans les affaires d'argent.

D'ordinaire et même en sa présence elle le traitait assez légèrement. Que voulait dire ce panégyrique?

— J'avais bien dans l'idée, reprit-elle, que telle était

votre opinion sur Pigache, mais j'avais besoin de vous l'entendre dire. Vous devez comprendre qu'avec toutes ces qualités, il ne peut pas rester à jamais dans sa position actuelle. Nous devons penser à l'avenir, pour nous et pour Adèle. Ce n'est pas avec ce que nous gagnons que nous pouvons lui amasser une dot.

— Pigache gagnait-il plus chez les frères Quertier qu'il ne gagne ici ?

— Non, et je ne viens pas vous parler d'augmentation, mais de quelque chose qui sera plus digne de vous et de lui.

Elle attendit un moment qu'il l'interrogeât, ou au moins lui fit signe de continuer. Puis, comme il se taisait obstinément elle poursuivit :

— En deux mots, voici ce que je veux vous demander. Après avoir reconnu que Pigache vous rendait les plus grands services, vous reconnaissez aussi sans doute qu'il est juste qu'il en soit récompensé; puisqu'il partage tous vos travaux, il n'est pas déraisonnable de demander qu'il partage aussi les profits.

Il resta imperturbable et ne laissa pas voir la plus petite marque d'étonnement.

Alors elle entra dans le développement des raisons qui, selon elle, légitimaient cette demande. Ce n'était pas une association proprement dite, mais seulement une participation dans les bénéfices. Pigache, intéressé à l'exploitation de la ferme, donnait toute liberté à Martel de se consacrer entièrement à la peinture, ce qui serait autrement utile à sa fortune et à sa gloire que courir les terres labourées.

Elle toucha toutes les cordes, mit les avantages pécuniaires en avant, n'oublia pas le cœur, invoqua la parenté et termina en insinuant avec force ménagements et réticences que l'intérêt, bien entendu, de tout le monde, de lui Martel, aussi bien que d'Armande et de Julien, était que cette proposition fût acceptée. Puis, cela dit, elle attendit une réponse.

Pendant quelques minutes ils marchèrent l'un à côté de l'autre sans qu'un seul mot fût échangé. En avançant enfin ils étaient arrivés à l'extrémité du jardin, dans la partie réservée au potager, et ils se trouvaient devant un grand carré de choux.

— Voilà des choux dévorés par les chenilles, dit Martel, comme s'ils faisaient une promenade inoffensive n'ayant d'autre préoccupation que de visiter le jardin.

En effet les gros choux ventrus étaient couverts de chenilles verdâtres entachées de noir, qui avaient rongé les feuilles si complètement qu'elle ressemblaient à une grossière dentelle verte; il ne restait plus que les nervures.

Cette observation, arrivant ainsi, était si étrange que madame Pigache s'arrêta et le regarda pour voir s'il ne se moquait pas d'elle ou s'il ne perdait pas la raison; paraissait parfaitement calme.

— Avez-vous quelquefois laissé tomber vos yeux sur les insectes? reprit-il. C'est une étude très intéressante non seulement par les faits qu'elle présente, mais encore par les leçons qu'elle donne. Ainsi cette chenille qui dévaste mes choux, vous paraît sans doute bien maîtresse de la feuille qu'elle dévore. Hé bien! il n'en est rien, elle-même est à la discrétion d'un autre petit insecte, une mouche, qui s'est établie sur elle ou plutôt dans elle, comme la chenille s'est établie sur la feuille.

— Vraiment! fit madame Pigache stupéfaite de ce discours insensé.

— Si j'avais une loupe, je vous montrerais comment la mouche introduit ses œufs dans la chenille. Les œufs introduits deviennent bientôt des vers et ces vers se nourrissent de la chenille elle-même, comme celle-ci se nourrit de la feuille. Seulement ces vers, au lieu de tuer la chenille tout d'un coup, ce qui est le cas ordinaire des bêtes, la laissent vivre et même s'engraisser, et ils ont l'intelligence de ne lui manger dans le corps que les parties qui ne sont pas essentielles à la vie, de manière à ce que ça dure plus longtemps et que la chenille travaille pour eux aussi longtemps qu'ils en ont besoin. Quand ils n'en ont plus besoin et lui ont mangé tout ce qu'ils pouvaient en tirer, ils la tuent; et au lieu que la pauvre bête se change en papillon vous, savez ces grands papillons de jardin qu'on voit partout, ce sont ces vers qui se métamorphosent en mouches. Ne trouvez-vous pas curieux qu'il y ait des insectes qui sachent ainsi vivre aux dépens des autres.

— C'est presque aussi fort que chez les hommes, dit madame Pigache, qui commençait à comprendre le but de cette leçon d'entomologie et ne voulait pas paraître embarrassée.

— Presque; seulement je ne crois pas que les hommes seraient aussi patients à se laisser dévorer; ils n'auraient pas l'inertie de la chenille, et ils sauraient se défendre de la mouche.

— Comment cela?

— Ils trouveraient bien un moyen de la mettre dehors.

— La mouche en trouverait peut-être un pour rester; quand on a habité l'intérieur d'une chenille on connaît sa partie faible.

— Enfin ce serait la guerre.

— Sans aucun doute. Mais ces chenilles et ces mouches nous emportent bien loin. Vous réfléchirez à ma demande, n'est-ce pas?

— Quand vous voudrez, nous en reparlerons.

# CHAPITRE V

## LA LOI.

---

### I

*A Monsieur Martel*

Green-House, Brompton, 5 juillet.

« Tu dois trouver que je mets bien du temps à te donner les renseignements que je t'ai promis de demander à Naples. Mais il n'y a pas négligence de ma part, cher ami, sois-en persuadé. Ces renseignements étaient plus difficiles à obtenir que nous ne pensions, et c'est aujourd'hui seulement, après bien des lettres échangées, que je les reçois; encore ne sont-ils pas parfaitement précis et laissent-ils trop de lacunes à remplir. Tels qu'ils sont cependant, ils ont un mérite, c'est d'être sincères, et, par ceux qui me les ont transmis, tout à fait dignes de foi.

» C'est à la suite de la Nicocera, et comme son amant déclaré, qu'il est arrivé à Naples ( si tu le veux bien, je ne désignerai pas autrement la personne qui nous occupe; et, pour tâcher de mettre un peu moins d'embrouillement dans mon récit, 'emploierai cet artifice typographique réservé aux têtes couronnées, Il, Lui, avec des lettres capitales : tu ne dois pas tenir à voir son nom, et l'on ne sait pas qui peut lire cettel ettre.

» Comment était-il devenu son amant ? je n'en sais rien. J'ai connu la Nicocera il y a six ans, nous avons chanté une saison ensemble ; c'était alors une femme de vingt-sept à vingt-huit ans ; plus de tempérament que de talent, pas du tout de savoir, mais une voix qui vous fait vibrer les nerfs et vous donne la chair de poule de la volupté, admirable, exécrable, selon qu'elle est animée, indifférente ou fatiguée. Elle est fatiguée souvent. Belle fille avec quelque chose d'africain ; bonne fille ; bêtasse dans la vie, supérieure dit-on dans la passion, où au naturel elle doit joindre de l'acquis et de l'appris. Ce que je sais, c'est qu'elle a du cœur et de l'honnêteté, je te conterai un jour comment elle s'est vengée d'un Velmoje tout-puissant qui avait fait tuer son amant à Saint-Pétersbourg ; cela la fait estimer.

» Il ne fut pas plutôt à Naples qu'il commença une vraie vie de polichinelle, si bruyante que, dans cette ville, où l'on sait ce que c'est que le plaisir, il a laissé un souvenir rue de Tolède, dans la rue la plus gaie du monde ; on parle encore, me dit-on, de l'amant de la Nicocera.

» On ne gagne pas à San-Carlo ce que l'on gagne à Covent-Garden ou à votre Opéra, cette vie ne pouvait pas durer longtemps.

» Son nom et sa réputation, et aussi des amitiés parisiennes Lui avaient créé d'autres relations que celles que pouvait lui donner sa qualité d'amant d'une chanteuse à la mode ; le jour il appartenait au monde du théâtre, le soir au vrai monde. Ce fut dans ce monde qu'il connut la princesse Schtipkine ; peu après il devint son amant.

» Il ne rompit point avec la Nicocera ; mais celle-ci, quoique aveuglée par la passion, ne tarda pas à voir qu'elle était trompée. Je t'ai dit son caractère, tu peux comprendre comment elle prit cette tromperie d'un homme qu'elle pouvait regarder comme lui appartenant. Il y eut lutte.

» Je ne fais point un roman, je n'ai donc pas à te parler de la situation de nos trois personnages ; d'ailleurs, tu peux l'analyser aussi bien que moi ; le fait c'est qu'elle se prolongea assez longtemps et qu'il sut se ménager ses deux femmes.

» Un beau jour cependant, il y eut rupture avec la Nicocera, bien entendu, et il s'en alla tout simplement demeurer à la Villa Carusi chez la princesse. Même à Naples, où l'on est assez indulgent, par habitude, pour les étrangers, la chose parut un peu forte. La princesse était connue, notre homme était plus connu encore, cela fit scandale.

» Comme tous les scandales, celui-là se serait de lui-même éteint, si la Nicocera n'avait pris soin de l'entretenir. Ce n'était pas a son amant qu'elle en voulait mais à celle qui le lui avait enlevé.

» Il serait trop long de te raconter tous les mauvais tours qu'elle lui a joués, ce qui lui était facile, car elle avait pour adorateurs presque tous les hommes du monde que la princesse recevait, ou qui la recevaient.

» Il fallait en rire, ou quitter Naples ; la princesse n'en jugea point ainsi, elle voulut au contraire que ce fut la Nicocera qui partit.

» Tu dois te rappeler quel était le système politique des Bourbons de Naples, et comment ils comprenaient la police, comment surtout ils la pratiquaient. La Nicocera ne faisait pas de politique, mais elle avait un oncle, Matteo Scarpa, qui était l'agent le plus actif des patriotes. Notre personnage connaissait Scarpa et Il savait que lorsque celui-ci venait à Naples, c'était pour se mettre en relations avec les hommes du parti de l'action. Il savait aussi que plusieurs réunions des chefs de ce parti avaient eu lieu chez la Nicocera.

» Que se passa-t-il ? C'est ce qu'il est assez difficile de savoir dans toute sa vérité ; et il m'est aussi impossible de le dire dans quelques parties qui me sont connues. L'honneur que j'ai d'être frère d'un homme qui a servi la liberté et la patrie m'a permis d'obtenir certaines confidences ; mais précisément par cela que ce sont des confidences, je ne puis les répéter dans ce qu'elles ont de compromettant.

» Sache donc qu'une nuit la Nicocera fut arrêtée, et que ehcz elle on mit la main sur Scarpa et sur dix patriotes.

» Il y avait eu une dénonciation, mais pas aussi grave cependant qu'on pourrait le supposer : on avait seulement laissé entendre au chef de la police que la Nicocera s'occupait de politique, et qu'on ferait bien de l'éloigner de Naples. La police est curieuse, elle avait voulu en savoir davantage. On avait surveillé la Nicocera, et, au lieu de l'éloigner de Naples, on l'y avait enfermée, arrêtant en même temps ceux qui se trouvaient chez elle, et le lendemain cent cinquante ou deux cents honnêtes gens plus ou moins capables de conspiration contre le Bourbon.

» Voilà, je crois, la vérité dégagée de toutes les exagérations qui s'élevèrent dans le premier moment : on avait voulu simplement éloigner une ennemie gênante, et on avait livré à la police tout un parti.

» Il y eut procès, et l'instruction n'ayant révélé aucune charge contre la Nicocera, d'ailleurs puissamment protégée, on la relâcha, en lui donnant douze heures pour quitter Naples.

» Avant de partir, elle alla trouver notre homme et elle l'avertit qu'on le croyait coupable de la dénonciation, et que si un seul des patriotes arrêtés était condamné, il pouvait être certain d'être poignardé.

» Quand on sait combien un coup de couteau coûte peu

à un Napolitain, un pareil avertissement donne à réfléchir. Notre homme réfléchit, et d'autant plus sérieusement que la condamnation n'était pas douteuse : un ennemi politique est toujours coupable, si ce n'est de ceci c'est de cela, et quand on le tient on profite de l'occasion.

» Se placer sous la protection de la police en révélant les menaces, c'était mettre une chance de plus contre soi; quitter Naples, c'était bien; mais où aller pour ne pas trouver d'Italiens?

» Dans ces conditions fut inventée la comédie que tu connais; elle était assez romanesque, cependant possible. Un homme qui travaillait dans les jardins de la princesse affirma qu'il avait vu le signor*** se mettre à la mer pour prendre un bain, que le signor était resté longtemps dans l'eau nageant vers le large, et que tout à coup il avait disparu. La princesse se livra à un désespoir très ostensible, se peignit en blanc pendant huit jours, se vêtit en noir pendant le même espace de temps. Et le monde accepta tout naturellement cette mort en la déplorant.

» Ceux qui avaient intérêt à ce qu'elle ne fût point naturelle se montrèrent moins confiants, et l'absence du cadavre augmenta les soupçons; mais, comme la princesse restait à Naples, ces soupçons devinrent de jour en jour moins précis, et quand elle partit, trois mois après l'événement, on ne pensait plus guère qu'il y avait un traître à punir. Comment se douter à Naples que le comte de Coët-Lao, qui habitait Belgravia avec sa tante, était... notre homme.

» Voilà, mon ami, ce qui s'est passé à Naples il y a quelques années. Ce qui s'est passé ici depuis ton départ est plus simple et plus clair, quoique étant cependant assez étrange.

» Il ne tient plus le piano dans le salon de Haymarket, où nous l'avons rencontré. Trahi par la jeune fille de Yellow-Lion-Court, trompé par son beau-père le *tipster*, qui Lui a fait perdre l'argent qu'il n'avait pas, Il n'a pas reparu à Londres. A Epsom, après sa double catastrophe, Il s'est engagé dans une troupe de musiciens allemands qui étaient venus camper sur la lande pendant les fêtes du derby.

» Où est-il ? Webster lui-même, le terrible Webster a perdu ses traces. « Comment suivre, me disait-il, des » gens qui ne couchent nulle part et ne reviennent jamais » au gîte ? »

» J'ai tardé à t'apprendre cette mauvaise nouvelle, car je voulais te dire en même temps que Webster l'avait retrouvé. Cependant il a toujours bon espoir, et si la troupe n'a pas déjà quitté l'Angleterre, il se dit certain de mettre la main dessus d'un jour à l'autre. Cet homme est décidément un roman. Quand je pense que l'auteur d'*Imogène*, le long des grands chemins, exécute lui-même sur la clarinette des airs de valse qu'il a composés, je crois rêver. Un de ces jours sans doute il s'associera avec des gypsies qui sont autrement drôles que ses Allemands. Après tout, la vie sous le ciel libre a ses charmes.

» Ce que tu crains, toi, c'est que cette vie errante ne le mène en France. Mais de cela, malheureusement, nous ne sommes pas maîtres. Cependant voici ce que Webster me disait, il y a quelques jours, comme moyen de conjurer le danger :

» Ceux qui m'ont chargé de cette affaire (c'est Webster qui parle) auraient intérêt, je crois, à ce que l'individu en question ne restât pas sur le continent. (Il dit cela avec cette autorité que tu lui connais et comme si nous lui avions fait confidence de nos craintes). Ce serait possible, facile même.

» Après avoir excité ma curiosité par ces quelques mots, il s'arrêta un moment suivant sa tactique habituelle, et ce fut seulement quand il vit que j'allais l'interroger qu'il continua :

» Le meilleur moyen de s'assurer d'une personne qui » nous gêne, c'est de la donner à garder au gouverne- » ment, il est organisé pour cela, il a des établissements » spéciaux, des gardiens, toute une armée.

» — Voulez-vous le compromettre dans une mauvaise » affaire ?

» — Quelle mauvaise affaire ! Est-ce qu'il y a de mau- » vaises affaires en Angleterre ? Je le voudrais que ce » serait impossible ; la constitution du Royaume-Uni, pas » plus que le caractère de votre personnage, ne se prê- » tent à une conspiration ; ceci ne serait bon que sur le » continent. Non, j'aurais eu cette idée que mon honneur » me l'eût fait repousser. Je n'ai jamais provoqué. Se » servir de ce qui existe, je ne comprends et n'admets » que cela.

» Or, dans les affaires du sujet que vous m'avez » confié, on trouverait, si on le voulait bien, matière à » le faire garder comme je l'indiquais. Il a des dettes, » et il est sans ressources pour les payer jamais. On » pourrait acheter quelques créances sur lui ; oh ! à très » bon compte, soixante-quinze ou quatre-vingts pour » cent de rabais, et le mettre sous clef. On l'aurait ainsi » sous la main tout le temps qu'on voudrait dans l'im- » possibilité de nuire. J'ai vu mourir à la prison de » Whitecross-street, à l'âge de soixante-dix-neuf ans, un » gentleman qui avait été enfermé à trente-deux ans » pour un motif analogue au nôtre. Si on ne voulait pas » le faire arrêter préventivement en Angleterre, alors » que peut-être il ne pense pas à mal, on pourrait se con- » tenter d'acheter en France ou en Italie, obtenir juge- » ment, et le jour où il rentrerait sur le continent avec de » mauvaises intentions, le coffrer. Quand on est en guerre, » il est bon d'avoir des armes de rechange, même lors- » qu'on ne pense pas s'en servir. »

» Voilà quel fut à peu près son discours. Naturellement

je ne répondis rien. Je te le transmets. A toi de décider ce que tu voudras.

» Réponds-moi aussitôt que possible pour que je donne les instructions à Webster; je vais aller passer un mois dans le pays de Galles et il faut que tout soit bien convenu avant mon départ.

» Pour la vie ton ami

» CARLO. »

## II

Pour Martel, la loi était sinon une ennemie, au moins une fatalité dont les circonstances l'avaient fait victime. Il n'avait jamais pensé que, dans sa condition désespérée, elle pourrait un jour lui venir en aide.

Elle était la maladie mortelle avec laquelle on est condamné à vivre jusqu'au moment où elle nous emporte, contre laquelle tout remède est d'avance reconnu impuissant, et qu'il faut supporter passivement, sans révolte comme sans espérance.

La lettre de Sepe lui donna à réfléchir.

Il ne songea pas un seul instant à mettre en œuvre l'idée de Webster; il lui convenait de se défendre, non d'attaquer; mais puisqu'on avait trouvé un moyen de sortir d'une situation qui lui avait toujours paru sans issue, peut-être pourrait-on en trouver un second.

De la loi il n'avait aucune connaissance positive, mais le sentiment vague que s'en font généralement les gens du monde, en y mêlant des idées de justice supérieure prises bien plus dans sa conscience intime que dans la pratique.

Ne s'étant jamais occupé d'affaires, la première fois qu'il avait senti sur lui la main de la loi ç'avait été lors de son mariage. On lui avait prouvé qu'on ne peut contracter un second mariage avant la dissolution du premier, que le mariage n'est dissous que par la mort naturelle de l'un des époux et que la femme dont le mari a disparu, même après dix ans, même après vingt ans d'absence, doit rester dans un éternel veuvage.

Un prêtre complaisant avait alors résolu cette impossibilité; pourquoi ne résoudrait-on pas aussi celle contre laquelle il se débattait maintenant. Jusqu'à ce jour il n'avait point essayé de lutter, parce qu'il ne croyait pas la lutte soutenable; mais puisqu'un moyen s'offrait pour se défendre alors que lui n'en avait aucun, il devait chercher s'il ne serait pas possible d'en trouver un second, loyal celui-là et acceptable.

Il avait pour ami une des jeunes célébrités du barreau de Paris; il se décida à lui demander conseil. Pour agir, il ne fallait pas attendre que Maurice fût en France.

## III

Favas n'était pas chez lui, il était au Palais; son secrétaire savait peut-être à quelle heure il rentrerait, seulement le secrétaire était en ce moment avec un client, mais il serait bientôt libre.

On fit entrer Martel dans une salle d'attente meublée avec un goût et un luxe qui disaient que Favas n'était point un avocat de la vieille école poussiéreuse et paperassière. Son talent lui avait fait une réputation. Son amour pour les arts et les artistes, et plus encore ses dettes l'avaient rendu célèbre dans un certain monde. Il avait fait deux parts de sa vie : de cinq heures du matin à six heures du soir il était aux affaires, étudiait ses dossiers, écrivait ses plaidoiries, recevait ses clients et plaidait; de six heures à minuit on le rencontrait aux premières représentations dans les foyers des petits théâtres, chez les barons de la finance, aux réunions de jeu des fausses comtesses des Champs-Élysées. Né de parents paysans, il avait reçu d'eux en héritage un long amas de force et de santé qui lui permettait de supporter toutes les fatigues et tous les excès.

Un jeune homme, un dossier sur les genoux, attendait déjà ; derrière Martel, un autre jeune homme entra une liasse de papier sous le bras.

— Tiens, Manet, dit celui qui attendait, j'allais aller à ton étude. As-tu présenté requête dans l'affaire de Brossole ?

— Oui, mon petit, et vous êtes fumés.

— Tu n'étais pas hier au Palais ?

— Non.

— Alors tu n'as pas entendu Favas aux assises ?

— Naturellement, il a une belle voix, mais pas assez forte encore pour parvenir de la Cité à la rue de la Michodière.

— Un succès, mon cher, qui lui donnera, s'il le veut, tous les filous intelligents de Paris. Te souviens-tu qu'il y a quatre ans les diamants de la petite Bouvery ont été volés.

— Celle des Variétés ?

— Oui, elle était alors au Vaudeville et tout à fait à la mode ; tous les journaux ont parlé du vol.

— Il y a quatre ans j'étais à Poitiers, et je ne connaissais pas ces dames.

— Hé bien, elle habitait à cette époque une jolie petite maison à Nogent, dans le bois, qui lui avait été donnée par cette canaille de Jozon, qui depuis a fait un fiasco de trois millions.

— A la Bourse, on dit ce pauvre diable de Jozon.

— Une nuit, note les circonstances, on escalada le mur du bois.

— Article 385 et 397.

— Précisément, et l'on s'introduisit dans la maison ; là en forçant une porte....

— Article 396, effraction intérieure, total dix ans de travaux forcés.

— On pénétra dans la chambre de la petite Bouvery, laquelle heureusement pour elle et malheureusement pour la morale, était en ce moment dans un autre lit que le sien, et l'on emporta ses diamants qui valaient plus de cent mille francs, plus des titres au porteur. Malgré toutes les recherches de la police, on ne trouva pas le coupable ; et c'est il y a deux mois seulement qu'il a été pincé par le plus grand des hasards. Mais ce hasard n'est pas l'affaire, je te le passe. Favas plaide donc pour le voleur. On avait trouvé chez celui-ci plusieurs des objets volés, le vol n'était pas niable. Aussi Favas n'essaie pas de l'envelopper du moindre doute ; il l'avoue même. Il ne cherche pas davantage à rendre son client intéressant ; il reconnaît que c'est un misérable. Non, c'est un intérêt plus élevé qui lui fait prendre la parole, l'intérêt de la justice et de la loi. L'acte d'accusation s'appuie sur trois circonstances qui, à ses yeux, constituent le crime ; l'escalade, l'effraction, la nuit. Favas commence par prouver qu'il n'y a pas eu d'escalade, le mur était en réparation, une brèche avait été faite par les maçons, les planches qui avaient la prétention de la fermer, ne la fermaient pas. Ensuite il prouve qu'il n'y a pas eu d'effraction ; la maison de mademoiselle Bouvery était neuve, les bois verts et de mauvaise qualité avaient joué, le pêne ne tenait pas dans la gâche, la porte s'est ouverte sous la plus légère pression. Ces deux circonstances écartées, reste la nuit, mais il ne faisait pas nuit. Le voleur a pris à Paris le train de minuit et demi, il est arrivé à Vincennes à une heure ; de Vincennes à Nogent, il y a cinquante ou cinquante-cinq minutes de marche. A deux heures et quelques minutes, il a été rencontré derrière le lac des Minimes par une ronde de gardes ; l'accusation l'a constaté et a fourni ainsi la preuve qu'il n'a pas pris le chemin direct. Avant de pénétrer dans la maison il a dû étudier le terrain, on accordera bien pour cela une demi-heure. On est donc tout près de trois heures. Or à trois heures du matin au mois de juin, il ne fait pas nuit. Il n'y a donc eu dans ce vol ni escalade, ni effraction, ni nuit, c'est-à-dire aucune des circonstances constituant le crime. Il y a un vol voilà tout : un vol qui doit être puni correctionnellement. Le jury adopte en plein le système développé par ce discours. Seulement le jury ne connaissait pas un certain article du Code d'instruction criminelle qui dit que les délits de nature à être poursuivis correctionnellement se prescrivent par trois ans. Si bien que, le verdict rendu, comme le vol remontait à quatre ans, notre homme se trouva hors d'atteinte. Est-ce assez joli?

— Parbleu, se dit Martel après avoir écouté cette histoire, c'est bien le diable si un homme aussi habile ne trouve pas moyen de me tirer d'embarras, puisqu'il rend les coupables blancs comme l'agneau, que ne fera-t-il pas pour les innocents.

Cependant il se sentait peu édifié, et ses idées sur la justice commençaient à être singulièrement troublées.

## IV

Quand Favas, en rentrant, aperçut Martel, il vint à lui les bras ouverts :

— Mon cher Favas, dit Martel, je m'adresse à vous dans des circonstances extrêmement sérieuses, désespérées même, et en faisant appel à votre talent qui, je le crains bien, va se trouver en face de l'impossible, je vous demande une discrétion absolue. Quand vous m'aurez entendu vous comprendrez de quelle importance est pour moi cette discrétion, et vous me pardonnerez d'avoir prononcé ce mot.

Il raconta alors sa longue passion pour Armande, la mort de Maurice à Naples, leur mariage célébré en Sicile, parce que l'absence d'un acte de décès régulier, le rendait impossible en France, enfin leur établissement au Plessis où leur vie, faite des félicités de l'amour et de la famille, avait été si heureuse et si belle jusqu'au jour où leur était arrivée la terrible nouvelle que Maurice était vivant. Puis il dit comment il était parti pour Londres afin de s'assurer de la vérité de cette résurrection à laquelle il ne pouvait croire, comment il avait vu Maurice de ses propres yeux, dans quel état.

Favas écouta cette longue histoire sans interrompre une seule fois, sans un seul geste, la tête appuyée dans une de ses mains, les yeux baissés et ce fut seulement quand Martel se fut arrêté qu'il le regarda :

— Et maintenant ? dit-il.

— Quelle est légalement notre situation, qu'avons-nous à craindre, ma femme, mon fils et moi, quels moyens avons-nous d'assurer votre vie ou de la défendre ? Voilà ce que je viens vous demander ; car, heureusement dans notre malheur, aucun danger ne nous menace aujourd'hui ; mais la journée de demain n'est pas entre nos mains, elle est entre celles de Berthauld ; s'il nous attaque armé de la loi, quels secours, nous, trouverons-nous dans la loi ?

— Avant de vous répondre, une question je vous prie, et précisons bien. Vous vous êtes mariés, n'est-ce pas, en Sicile, devant un prêtre ; votre mariage a-t-il été précédé de publications faites en France ? l'acte de célébration a-t-il été, au désir de l'article 171, transcrit, lors de votre retour en France, sur le registre public des mariages du lieu de votre domicile? Non, n'est-ce pas; vous ne vous êtes pas occupé de ces formalités.

— Nous mariant en Sicile, nous nous sommes conformés à ce que le prêtre sicilien a exigé, rien de plus, rien de moins.

— Alors aux yeux de la loi française vous n'êtes pas mariés; et dans les conditions où vous vous trouvez maintenant, c'est pour vous un grand bonheur. Au moins vous échappez à une action en bigamie; or, outre que la bigamie est punie d'une pénalité rigoureuse, elle est en plus pour le monde entourée d'un certain ridicule. Séduisez une femme adorée de son mari, adorant ses enfants, accomplissez cette séduction dans les conditions les plus révoltantes, s'il y a condamnation pour adultère, le monde sera très indulgent pour les condamnés; s'il ne les excuse point il les plaindra. Il ne plaindra pas, il n'excusera pas l'homme ou la femme qui, déjà mariés, se sont mariés une seconde fois, même si ce mariage a eu lieu dans les conditions les plus honnêtes, les plus innocentes, comme cela s'est fait pour vous; il rira d'eux.

— Ce n'est pas le monde que je redoute, mais la loi.

— Voilà donc un danger écarté précisément par la loi; seulement il n'est pas le seul. Si Berthauld rentre en France, et s'il veut attaquer armé de la loi comme vous dites, bien des moyens s'offrent à lui; mais est-il probable qu'il veuille employer un seul de ces moyens, je ne le crois pas. S'il a abandonné sa femme, c'est qu'il ne l'aimait plus. S'il a voulu disparaître et changer de nom, c'est qu'il y avait sans doute intérêt. Pourquoi supposer qu'aujourd'hui il veuille reprendre sa femme? dans quel intérêt braverait-il le ridicule de sa résurrection lorsque son suicide a été si éclatant. Madame Martel est sans fortune, je crois; depuis le départ de Berthauld elle n'a pas fait d'héritage?

· Non, et je ne lui en vois pas à venir.

— Pécuniairement, Berthauld n'a donc aucun intérêt à redevenir chef d'une communauté qui ne lui donnerait pas un maniement d'argent. Qu'il revienne, mon Dieu, c'est possible; mais qu'il veuille faire parler la loi, je vous le répète, je n'y crois pas, et l'absence d'intérêt que je démontre, appuie fortement mon opinion. Non, s'il revient, il acceptera sa position qui, après tout, est bien commune dans le monde. Il fera comme d'autres maris ont fait avant lui et il se taira.

— Et s'il parle? si un intérêt que nous ne pouvons pas prévoir aujourd'hui, mais qui peut naître, le pousse, si sa haine contre moi l'entraîne.

— Ce qu'il peut faire, n'est-ce pas? il peut faire enlever sa femme de chez vous par la gendarmerie; il peut requérir un commissaire de police de constater le flagrant délit; vous intenter un procès en adultère; vous traîner à l'audience; vous faire condamner tous deux à un emprisonnement de trois mois à deux ans; il peut entrer chez vous, la tuer sous vos yeux, vous tuer vous-même; il peut tout, la loi en fait votre accusateur, votre juge et votre exécuteur; mais est-il possible qu'un honnête homme...

— Il n'est pas un honnête homme.

— Est-il possible qu'un homme qui a eu un nom, une réputation, de l'honneur, se serve de pareilles armes?

— Voilà ce qu'il peut contre nous, n'est-ce pas; de notre côté que pouvons-nous, je ne dis pas contre lui, mais pour nous-mêmes? Car tout ce que vous venez de me dire, je le savais à peu près, ou le sentais d'instinct. Tandis que ce que je ne sais pas et ne vois nullement, c'est ce qui peut nous protéger; et c'est là ce que je demande à votre habileté en même temps qu'à votre amitié.

— Amitié, habileté sont, hélas! en défaut; vous êtes entre ses mains pieds et poings liés, car pour la loi vous êtes des coupables, et elle a tout prévu contre vous, rien pour vous.

— Ainsi un mari peut réduire sa femme à la misère, l'abandonner, disparaître, mourir à l'étranger, et la loi ne prévoit rien en faveur de cette femme qui doit rester à jamais veuve sans être veuve.

— La loi prévoit que le mari peut revenir, le mariage n'est dissous que par la mort naturelle bien prouvée, jamais par l'absence, si longue qu'elle soit; et vous voyez que, dans le cas présent, la loi est sage, puisque ce mari qu'on croyait mort a pu reparaître.

— Vous trouvez que la loi a été sage de sauvegarder les droits de ce mari indigne et misérable, qui a voulu se soustraire à toutes les obligations du mariage, qui l'a déserté, déshonoré, et ceux de la femme ne méritaient donc aucune considération? Il faut qu'elle attende! Attendre quoi? Qu'il revienne, s'il ne revient pas, soit parce qu'il est bien mort, soit parce qu'il ne lui plaît pas de revenir, elle attendra donc éternellement; les joies de l'amour, celles de la maternité lui sont défendues par la prévoyance de la loi, elle vivra seule. Qu'on soit fidèle jusqu'à la mort au mari qu'on aimait et qu'on perd, rien de plus grand et de plus noble; oui, je le crois, l'amour peut vivre de souvenirs; mais fidèle à l'homme qui vous abandonne après avoir fait couler toutes les larmes que des yeux peuvent verser. Allons donc! Fidèle à quoi d'ailleurs; est-il mort? est il vivant? Et si elle ne peut pas garder cette fidélité que la loi lui impose, si elle est jeune, si son cœur l'entraîne, elle sera une femme adultère; ses enfants seront des adultérins, elle et eux seront hors la loi?

Mais qui donc a fait cette loi?

— Des hommes qui au-dessus de l'individu ont placé les institutions, au-dessus du mari ou de la femme, si intéressants qu'ils pussent être, le mariage plus intéressant encore. Vous savez l'axiome du palais; *dura lex sed lex*, il faut la supporter.

— Et je ne veux pas me révolter contre elle; je ne veux même pas me plaindre. Cependant, plus large et plus prévoyante, combien elle serait plus intelligente et plus morale. Voici sa fille, l'enfant de son mari, qui au lieu d'entrer dans une famille régulière sera élevé par l'amant de sa mère. Voici un ménage, le nôtre, méprisable pour le monde. D'un côté, des innocents dignes d'intérêt, il me semble; de l'autre un coupable. Qui est protégé?

## V

Martel reprit le chemin du Plessis, plus inquiet, plus troublé que lorsqu'il était arrivé le matin.

Il en était de lui comme d'un homme qui, malade depuis longtemps, s'est décidé à consulter un médecin.

Aux symptômes qui parlaient on avait toujours trouvé quelque chose à opposer : l'enrouement continu, l'amaigrissement, les sueurs; ce n'étaient point les signes d'une maladie de poitrine; une tumeur sur le trajet d'une artère avec des pulsations; ce n'était point l'indice d'un anévrisme. On a tant de raisons pour ne pas se rendre à l'évidence et se faire illusion; la peur est si ingénieuse à se rassurer. La science a parlé, il faut admettre qu'on va mourir; il faut, malgré tout, la croire; les symptômes étaient vrais; les illusions étaient des illusions, l'enrouement, l'amaigrissement, l'affaiblissement, les sueurs indiquent une consomption, et non une faiblesse accidentelle, il faut, il faut mourir.

Pour lui aussi la science venait de parler, jusque-là il avait pu se dire que si le danger arrivait on aviserait, maintenant il savait qu'il n'y avait pas à aviser, mais à se résigner.

Le danger arriverait-il ? c'était là désormais l'inconnu. Mais qu'il arrivât, que deviendrait Armande ? que deviendrait Julien ?

Il n'osait se poser ces questions, et lorsqu'il le voulait, il ne pouvait les examiner jusqu'au bout. Il n'était pas maître de son attention, et lorsqu'il essayait de s'arrêter à une idée, une autre malgré lui l'emportait aussitôt capricieusement; elles passaient dans sa tête comme des vagues qui, frappant sur un rocher, alternativement l'engloutissent sous des montagnes d'eau et le laissent à sec; alternativement son cerveau s'emplissait à éclater sous un afflux de pensées, puis tout à coup elles se retiraient irrésistiblement comme elles étaient venues et brusquement le laissaient vide.

Sans s'en rendre compte, il pressait son cheval ruisselant de sueur, et machinalement il regardait défiler le long de la route les rangées d'ormes poudreux, au loin les moissons dans la plaine, et les groupes de maisons entourées d'arbres, de jardins ; et les ormes, les moissons, les maisons qu'il dépassait rapidement échappaient à ses yeux comme les idées à son esprit.

Quoique la campagne fût déserte, il lui semblait entendre une chanson, depuis Paris toujours la même; dans cette chanson toujours le même couplet : un couplet qu'un soir en se promenant avec Armande ils avaient entendu, auquel il n'avait jamais pensé depuis, qui maintenant lui revenait distinct et s'imposait à son oreille :

Cette réponse qui s'fait r'marquer,
Par sa grande simplicité,
Vous prouv' que les malheureux,
S'ils le sont, c'est malgré eux !

# CHAPITRE VI

## LE ZÈLE D'UNE BELLE AME

### I

Armande vint au-devant de lui comme il descendait de voiture.

Leurs regards se furent à peine croisés, qu'il sentit que quelque chose de grave avait dû arriver pendant son absence.

Mais le temps n'était plus où, en rentrant, il l'interrogeait sur tout et sans crainte, interrogations aussi bien que réponses ne pouvant porter que sur l'imprévu peu compromettant d'une vie où tout se passait au grand jour. Les enfants étaient accourus à la suite de leur mère, un domestique dételait le cheval, et les gens de la ferme allaient et venaient dans la cour vaquant aux travaux du soir.

Il lui prit le bras, l'emmena dans le jardin et renvoya les enfants à la maison.

Lorsqu'ils furent arrivés à un endroit où il se savait en sûreté contre les oreilles curieuses :

— Hé bien, dit-il, que s'est-il donc passé?

— Je crois que madame Pigache sait notre secret. »

Il respira. La tête remplie des paroles de Favas, il n'avait pas pensé à madame Pigache, mais à Maurice. Dans le peu de temps qu'ils avaient mis à venir au jardin, toutes les éventualités énumérées par Favas s'étaient présentées à son esprit, non plus comme des éventualités plus ou moins possibles, mais comme des réalités menaçantes : Maurice en France, Maurice au Plessis, Maurice qui peut-être avait vu Armande. Après une telle angoisse madame Pigache n'était rien.

Ce ne fut qu'un court moment; son soulagement fut à peu près celui d'un homme qui, tombant d'un troisième étage, se trouve heureux de n'avoir que les deux jambes cassées; car madame Pigache maîtresse de leur secret, c'était ce qu'il avait si vivement appréhendé, ce qui depuis deux mois l'avait tant inquiété, tourmenté; mais ce qui était bien plus grave encore c'était qu'Armande sût que ce secret était connu. Madame Pigache, on pouvait agir sur elle, la faire taire, si elle s'obstinait à parler, l'éloigner. Armande, comment la rassurer ou la consoler, si elle apprenait que la vérité était découverte, divulguée. Il la pressa de questions. Y avait-il des menaces, des allusions, quelque chose enfin.

— Voici comment tout s'est passé, dit Armande; j'étais dans l'atelier, madame Pigache était dans la chambre de travail des enfants avec Victorine, Julien et Adèle. Tout à coup j'ai entendu la voix de madame Pigache qui s'élevait; puis elle est entrée brusquement dans l'atelier tirant Victorine par la main. Elle était pâle et tremblante de colère, Victorine avait *cette* attitude obstinée et résignée que nous lui avons vue si souvent quand elle ne veut pas obéir. « J'espère que vous pourrez forcer votre fille à me « demander pardon. » Je m'attendais à voir Victorine se jeter sur moi et pousser des cris, elle ne bougea pas et me

regarda. « Elle a été grossière et insolente avec moi, con-
« tinua madame Pigache. — Non, dit Victorine, non
« maman. — Tu comprends que c'est madame Pigache
« que je dois croire, dis-je, elle est ta maîtresse. — Ma-
« man, je ne mens pas, je t'assure, je n'ai pas été inso-
« lente, j'ai dit que je voulais bien lui obéir parce que
« j'y étais forcée, mais que je ne la respectais pas. —
« Vous voyez ! s'écria madame Pigache. — Mais c'est une
« insolence, la plus grosse et la plus grave qu'on puisse
« faire à quelqu'un. Comment te permets-tu de ne pas
« respecter une personne que nous aimons et que nous
« respectons, nous. — Maman, elle ne t'aime pas, elle
« n'aime pas papa Martel. » Je voulus la faire taire; elle s'obstina à répéter : « Elle ne t'aime pas, elle est mé-
« chante, méchante. » J'essayai tous les moyens pour la forcer à demander pardon, la douceur, la raison, les menaces, elle regardait madame Pigache avec des yeux d'une dureté incroyable et répétait toujours : « Je lui
« obéirai, je ne la respecterai pas. » Madame Pigache était blême de colère. Enfin, j'envoyai Victorine à sa chambre en lui disant que nous déciderions sa punition à ton retour. Victorine partie, je voulus faire comprendre à madame Pigache que nous n'étions pour rien dans cet inexplicable caprice de l'enfant et que nous avions pour elle une vive affection et une sincère estime. Mais aux premiers mots elle m'arrêta : « Vous n'avez pas commandé
« à Victorine de me dire qu'elle ne me respectait pas, je
« le crois facilement ; mais je ne croirai jamais par contre,
« que cette distinction entre l'obéissance et le respect
« s'est présentée toute seule à l'esprit d'un enfant de cet
« âge. Elle n'a été qu'un écho. Elle a répété ce qu'elle a
« entendu. » Je ne pus m'empêcher de l'interrompre pour lui dire que personne ici n'avait jamais pu parler d'elle en ces termes; que dans tous les cas aucun de nous ne lui devait obéissance, tandis que tous nous lui donnions

journellement des témoigages d'estime. Elle me répondit d'un ton sec : « Je n'accuse personne individuellement, je « dis seulement qu'il est regrettable que l'enfant fasse « déjà cette distinction entre l'obéissance et le respect, « car plus tard elle pourra l'appliquer à ceux qui la lui « ont apprise. Je ne leur souhaite point ce châtiment. « Cependant il y a des situations qui commandent l'indul- « gence et même l'humilité. »

A ces mots, qui semblaient d'une application si directe, tu comprends si je fus bouleversée. Je lui demandai ce que signifiaient ces paroles.

« Tout simplement, dit-elle, que dans ma vie de jeune « fille, comme dans ma vie de femme mariée et légitime, « je n'ai jamais donné prise à un soupçon ou à un re- « proche, que je peux marcher la tête levée, et que je « saurai me faire accorder le respect auquel j'ai droit. »

— C'est là tout ? dit Martel.

— N'est-ce pas assez clair ?

— Rien n'est moins clair pour moi : ce n'est pas la première fois que madame Pigache parle de sa vertu, qui n'est comparable à nulle autre, c'est le mot qu'elle a sans cesse aux lèvres ; et dans tout cela je ne vois ni allusion à notre situation, ni menaces. D'ailleurs, où aurait-elle appris la vérité ? Avant de s'effrayer ainsi, il faut raisonner un peu.

De raisonnements en raisonnements il s'efforça de lui démontrer que madame Pigache ne pouvait rien savoir, que ses paroles ne s'appliquaient point à eux, et que si elles avaient un sens, ce dont il doutait, ils n'y pouvaient rien comprendre par cette excellente raison qu'ils y étaient étrangers.

## II

En réalité, il ne les comprenait que trop.

Madame Pigache maîtresse de leur secret, était dangereuse au Plessis, il fallait qu'elle le quittât.

Elle avait parlé, elle parlerait encore, Armande ne pouvoit pas rester exposée à l'entendre.

Tant qu'elle s'était contentée de vouloir exploiter ce secret, elle était jusqu'à un certain point supportable, c'était une affaire d'argent à régler entre elle et lui, à mots couverts; l'intérêt qu'elle avait à ne pas éventrer sa poule aux œufs d'or était presque une garantie de sa discrétion : connu, le secret n'avait plus de valeur, et son commerce cessait le jour où elle n'en avait plus le monopole.

Mais puisque la colère l'avait emporté sur l'intérêt, c'était assez de cette épreuve. Armande pouvait encore rester dans le doute; qu'une nouvelle indiscrétion fût commise, qu'une allusion échappât volontairement ou involontairement, il ne serait plus possible de la tromper.

Il fallait que madame Pigache partît.

Rompre la pousserait, il est vrai, à ne garder aucun ménagement, mais l'on pourrait peut-être l'éloigner sans rompre. D'ailleurs, la supporter maintenant qu'il se savait bien évidemment à sa discrétion, l'avoir sans cesse près de soi, trembler lorsqu'elle serait mécontente, n'oser la contredire, endurer les caprices de son humeur ou de sa santé, accepter tête baissée ses exigences, étudier ses désirs avant de parler, aimer ce qu'elle aimait, haïr ce qu'elle haïssait, n'avoir plus ni volonté, ni fierté, lui sacrifier la fortune ou l'honneur, les deux peut-être si elle voulait les deux, vivre dans sa dépendance comme une chose à elle en tout et pour tout, sans trêve et sans fin, il n'en aurait ni la force ni la résignation. Et danger pour danger, mieux le valait au loin que dans la maison.

Elle devait donc partir, mais elle partirait dans des conditions où elle ne pourrait ni se plaindre ni se fâcher.

Si, malgré cela elle parlait, qu'elle parlât. Il arrive un moment dans les batailles de la vie comme dans celles de la guerre, où quand on a mis de son côté, quand on a fait tout ce qui est humainement possible, il faut bien s'abandonner à la *fatalité*.

## III

Le mieux, il le sentait, eût été de traiter avec elle directement cette question, mais comme il sentait aussi qu'il ne garderait peut-être pas tout son calme et pourrait en trop dire, il aima mieux s'adresser à Pigache.

L'habitude était que tous les matins Pigache vînt s'entendre avec lui sur le travail de la journée. La nuit passée à arrêter sa résolution, le lendemain les affaires de la ferme expédiées en quelques mots, il entama cette négociation :

— Madame Pigache m'a fait, il y a quelques jours, une proposition, dit-il, le sais-tu ?

— Quelle proposition ?

— Considérant que si je fournis le capital pour l'exploitation de la ferme, toi, tu fournis le travail, elle voudrait qu'il y eût une association entre nous ou tout au moins un certain partage des bénéfices.

— Ne m'en veux pas, s'écria Pigache, je te jure que je n'y suis pour rien.

— Je ne blâme pas madame Pigache, continua Martel ; elle pense à votre fille, à votre avenir, rien de plus raisonnable. Seulement, quant à m'associer à toi ou à te faire une part dans mes bénéfices, c'est impossible.

— Ce serait insensé.

— Tu sais comment je me suis fait cultivateur, par plaisir et par goût, et aussi parce que j'ai cru que cela pouvait m'être utile de voir de près la terre et le paysan. Dans de pareilles conditions je n'ai donc pas tout sacrifié au produit. Prendre un associé me forcerait à changer de méthode; que nous formions tous deux une société, tu auras droit à ta part de direction; je ne serai plus seul maître. Et comme avec cela tu es plus compétent que moi dans l'exploitation pratique et théorique d'une ferme; comme tu as pour toi l'autorité de l'expérience, je ne serai plus rien chez moi : tu pourras me renvoyer à mon métier, et comme je donnerai à la peinture une partie du temps que je devrais à l'agriculture, pour être logique jusqu'au bout il faudra que tu viennes partager aussi dans le produit de mes tableaux. Je ne peux donc accepter cette proposition.

— Tu l'accepterais que je le refuserais. J'ai la faiblesse de laisser ma femme agir comme si elle était seule, mais dans les choses de conscience et de délicatesse nous sommes deux.

— En me décidant à faire cette réponse à la proposition de ta femme, je n'ai, comme tu le vois, considéré que ce qui m'était exclusivement personnel, c'est-à-dire mon intérêt et mes commodités. Mais il y a un autre point de vue dans la question, le vôtre. Est-il juste que je profite toujours de ton travail et de ton talent?

— Tu sais que je ne suis pas comme ma femme : je ne suis pas fait pour être maître, mon ménage te le prouve bien, ajouta-t-il en souriant doucement.

— Mais ta femme est faite pour être maîtresse, elle.

— Ne l'est-elle pas?

— Tu penses bien que je n'ai pas entamé cet entretien,

pour raisonner théoriquement sur le plus ou moins de danger qu'il y a à épouser une femme ambitieuse. J'ai un projet à te proposer. Si j'ai repoussé l'idée de madame Pigache, c'était en ce qui touchait le Plessis où comme je l'ai dit, je veux être maître; j'ai créé la ferme, elle est en partie en moi, nous demeurons sur nos terres, j'ai mes habitudes, Armande a les siennes, tout cela me fait repousser une association ou un partage; mais cette idée n'en est pas moins excellente, à condition, bien entendu, qu'on la mettra en pratique ailleurs qu'ici. Le métier de cultivateur n'est pas si maudit que les paysans veulent le faire croire : avec un capital suffisant, de l'ordre et de l'intelligence, on peut gagner de l'argent, notre inventaire de l'année dernière, et même ceux des années précédentes où tu n'étais pas là, le prouvent. J'ai le capital, tu as l'ordre et l'intelligence, veux-tu que nous réunissions les trois pour former l'association demandée par madame Pigache?

— Nous séparer!

— Oui, mais pour mieux nous unir. Il est vrai que si nous sommes unis par l'intérêt, nous serons séparés par la distance; car mon idée n'est pas une idée en l'air, j'ai une ferme en vue, à sept lieues de Paris, à Fontaine-le-Roi, ce qui nous mettrait à quinze ou dix-huit lieues l'un de l'autre. Elle appartient au Prince, et elle est, paraît-il, en très bon état.

Pigache, tout en remerciant cordialement Martel de cette proposition, se défendit longtemps de l'accepter : il avait peur de se laisser entraîner, il se connaissait lui-même; il n'avait pas l'esprit de direction; il n'était bon qu'à obéir; toutes les raisons d'un caractère honnête et timide et aussi un peu paresseux.

— Enfin, dit Martel, avant tout, va à Fontaine-le-Roi, emmène madame Pigache à qui tu voudras bien soumettre mon idée; visitez la ferme, et après nous déciderons. Seulement ne tarde pas.

Quand Armande descendit il lui dit ce qu'il avait fait mais en glissant sur le sacrifice d'argent.

— Ceci doit te prouver, ajouta-t-il en conclusion, que je ne crains pas madame Pigache. Si j'avais peur de ses indiscrétions je ne la pousserais point à bout : tu pourras donc vivre tranquille, dans huit jours elle sera partie.

## IV

En annonçant ce départ comme certain, Martel allait un peu vite; car, aux premiers mots de Pigache s'acquittant de sa communication, madame Pigache répondit net qu'elle ne quitterait pas le Plessis.

— Tu seras bien toujours le même, dit-elle à son mari, un enfant te duperait; tu ne vois pas qu'ils ont peur de moi et qu'ils veulent m'éloigner. Et tu prends cela pour de la générosité.

— C'est ainsi, dit Pigache, alors restons ici, je ne demande que ça.

— Rester ici pour qu'on me méprise, comme je l'ai été hier, n'est-ce pas?

— Si tu ne veux pas t'en aller et si tu ne veux pas rester, que veux-tu?

— Que tu me laisses réfléchir tranquillement.

Le résultat des réflexions de madame Pigache fut qu'il fallait aller à Fontaine-le-Roi voir la ferme proposée : cela n'engageait à rien.

Le résultat du voyage fut qu'il fallait accepter; la ferme était réellement avantageuse, et l'on pourrait tirer bon parti de l'association; dans tous les cas c'était l'indépendance : elle ne serait donc plus institutrice; elle allait être vraiment chez elle; elle pourrait, à son tour, diriger, commander, se faire obéir; Fontaine-le-Roi est un petit pays de culture, Pigache y aurait la position que Martel avait au Plessis, c'est-à-dire les ouvriers et les fournisseurs dans ses mains; il n'y avait pas de château, pas de maisons bourgeoise, personne de capable ou d'influent; on pourrait le faire nommer maire, un jour peut-être conseiller général.

C'étaient là des avantages qui valaient bien la perte de faire rougir Armande par une allusion plus ou moins directe.

D'ailleurs, pour être éloignés, on n'était point séparés à jamais, et puis pourquoi ne pas se donner la joie de laisser au Plessis quelqu'un qui pût la remplacer.

## V

Madame Pigache avait un trop grand respect de sa supériorité pour s'être créé des relations au Plessis : le maire était un marchand de grains en gros, riche de quatre ou cinq cent mille francs; mais malgré cette richesse il n'était qu'un paysan, disant : *J'avons*, *j'étons*, et mettant des *a* partout où il y a des *e*, *harse de far*, une *piace de tarre*, — deux anciens Parisiens occupaient les plus belles maisons du pays, mais l'un avait fait sa fortune dans la quincaillerie, l'autre dans la bonneterie, on ne pouvait voir ces gens-là. De tous les habitants du village un seul avec trouvé grâce à ses yeux, le curé; non qu'il fut d'une compagnie bien agréable, mais il était curieux et causeur, et puis enfin, il était le curé: la soutane était un pavillon qui couvrait la marchandise.

Il avait donc droit à une visite d'adieu, et elle la lui fit la veille de son départ pour Fontaine-le-Roi.

Il était à table et il s'excusa avec mille politesses de la recevoir dans une salle à manger, le couvert encore servi, mais elle le savait, on n'avait jamais voulu lui donner un salon ; les curés pauvres étaient bien malheureux d'avoir à subir les refus d'un conseil municipal.

Bâti à la mode ancienne, c'est-à-dire coupé au milieu par un corridor, le presbytère n'avait que deux pièces au rez-de-chaussée, d'un côté, une vaste cuisine, de l'autre, une grande salle. En arrivant au Plessis, l'abbé Blavier avait demandé qu'on prît, au moyen d'un refend, une petite salle sur la cuisine, ce qui lui permettrait de faire de l'ancienne salle un salon. Le conseil n'avait pas voulu voter cette dépense évaluée à soixante-cinq francs, et il avait été répondu au nouveau curé qu'il pouvait faire comme son prédécesseur, lequel mangeait dans sa cuisine et avait ainsi un salon. Ce qui pouvait convenir à un vieux prêtre, ne pouvait pas être si facilement accepté par un jeune. D'ailleurs il avait avec lui sa mère, et la vieille paysanne qui s'était faite la domestique de son fils, n'eût pas trouvé convenable de s'asseoir, vêtue de ses vêtements de travail, à la table d'un « monsieur curé. » Le dimanche seulement elle se permettait cet honneur, dont elle tâchait de se rendre digne en se récurant les mains et en mettant une coiffe plissée. Elle avait travaillé jusqu'à l'épuisement pour faire de son fils un monsieur qui ne travaillerait pas, à quoi bon avoir dépensé tant de fatigues, enduré tant de privations si ce fils n'était pas traité en monsieur. C'était son ambition, sa fierté satisfaite qu'elle servait en lui, et s'asseoir à sa table, c'était rabaisser jusqu'à elle celui qu'elle avait eu tant de mal à pousser.

Madame Pigache, qui connaissait ces petites douleurs depuis longtemps, ne pouvait guère compatir aux plaintes du curé, d'ailleurs, la compassion n'était pas son côté le plus développé.

— Je viens vous faire mes adieux, dit-elle en s'asseyant,

— Comment !

— Mon Dieu oui, nous quittons le Plessis.

— Il est donc vrai ; j'en avais entendu dire quelques mots, mais je ne pouvais y croire.

— Il n'y a là cependant rien que de bien naturel.

— Sans doute, sans doute ! voilà donc pourquoi en me promenant devant chez vous, je n'ai pas vu les rideaux aux fenêtres, et pourquoi ce matin j'avais vu passer une voiture de déménagements qui se dirigeait vers la ferme ; par discrétion, je n'ai pas cru devoir m'adresser à ceux qui auraient pu me renseigner, on est toujours si malheureusement porté à mal interpréter l'intérêt le plus légitime.

— Je vous attendais ces jours derniers.

— J'ai eu peur de vouloir paraître forcer une confiance à laquelle je n'avais aucun droit.

— Il n'y avait pas le moindre secret. Nous allons prendre une ferme qui n'avait plus de maître, et comme nous la prenons toute chargée, il est de notre intérêt de ne pas la laisser longtemps en souffrance.

— Est-ce loin d'ici?

— A cinq ou six lieues de l'autre côté de Paris, à Fontaine-le-Roi.

— A Fontaine-le-Roi ! vraiment, je connais beaucoup le curé, c'est mon ancien camarade. Il a le bonheur d'avoir une petite fortune, et il ne demande rien ni pour lui ni pour son église ; son sort est bien heureux ; et je l'envie, maintenant surtout, ajouta-t-il lourdement, qu'il va avoir le plaisir de votre société.

— Nous ne pouvions pas toujours rester au Plessis ; nous n'y sommes restés que trop longtemps.

— Pour vos intérêts, je le comprends.

— Et puis pour d'autres raisons encore.

Il n'était pas dans les habitudes de l'abbé Blavier d'interroger. Aussi malgré toute son envie de connaître ces autres raisons, n'osa-t-il pas les demander directement.

— Votre départ va être un grand chagrin pour madame Martel, dit-il, un grand vide pour l'enfant.

— Et pour moi aussi, madame Armande est une si excellente femme.

— Un modèle de bonté.

— Douce, affable.

— Et généreuse.

— Et facile à vivre.

— Aimée et estimée de tout le monde.

— Aussi suis-je bien sincèrement affligée de notre séparation ; ce sont ces qualités et l'affection que j'avais pour elle qui m'ont empêchée de partir depuis longtemps. J'étais prise par le cœur, mais pour ma fille qui grandit la situation devenait impossible. Nos enfants ont cela de bon, qu'ils nous forcent à une irréprochable régularité dans notre vie et nos relations.

— Quelle situation ? dit l'abbé entraîné par l'impatience.

— Mais la leur ; celle de madame Armande et de mon cousin.

— Hé bien ?

— Comment vous ne le connaissez pas. Ah ! mon Dieu, combien je suis fâchée.

Elle se tut ; puis bientôt, comme si elle prenait une résolution subite.

— Je ne dois pas peut-être me désoler d'avoir trop parlé, et j'en viens à croire que c'est un heureux hasard qui m'a entraînée, mieux qu'un hasard, la Providence. A qui, si ce n'est à vous, à un prêtre, confier ce secret, alors surtout que vos fonctions vous permettent de renouveler des tentatives qui, faites par moi, ont échoué, et qui, répétées par vous, appuyées par l'autorité de votre ministère, peuvent amener un résultat que je souhaite de si grand cœur.

L'abbé écoutait bouche béante, ne comprenant rien à ces paroles, véritable gâchis pour lui; mais qui, dans leur incohérence habile, n'allaient être que trop rigoureusement précisées.

Elle reprit :

— Je vois que, comme tout le monde vous vous êtes laissé prendre aux apparences ; il est vrai que jamais rien n'est venu les démentir; vous croyez mon cousin marié, n'est-ce pas?

— Pas marié! Est-ce bien possible?

— Ce n'est hélas, que trop certain.

— Pas mariés. Et j'ai dîné chez eux peut-être deux cents fois!

A cette exclamation, madame Pigache ne put retenir un sourire.

— Jamais, vous l'avez remarqué, sans doute, ni mon cousin, ni madame Armande n'ont parlé de leur mariage.

— Enfin, voilà des relations rompues, car je ne peux pas couvrir par ma présence cette situation déplorable.

— Si vous le permettez, je vous dirai ce que je croyais possible tout à l'heure quand j'ai achevé de vous confier un secret, dont la première partie m'avait si malheureusement échappé.

L'abbé fit un signe de contentement.

— Quand je suis arrivée au Plessis, poursuivit madame Pigache, je ne connaissais pas ce secret, bien entendu, sans quoi je n'y serais pas venue. C'est peu de mois après que des circonstances particulières et tout intimes, que je ne dois pas révéler, me l'ont fait connaître. Alors mon premier mouvement, comme le vôtre, a été de rompre. Mais j'étais prise par l'affection, je me croyais indispensable aux enfants, Pigache avait des intérêts engagés, et, mieux que tout cela, j'espérais pouvoir, par quelques observations amicales, faire cesser cette situation. C'est en voyant l'inutilité de mes observations que je me suis décidée à quitter le Plessis. Mais vous, monsieur le curé, vous n'êtes point placé dans les mêmes conditions. Votre ministère vous donne une autorité que je n'avais pas, votre caractère vous en donne une plus grande encore. Ne pourriez-vous pas reprendre ma tâche où je l'ai laissée.

— Mais pourquoi ne se sont-ils pas mariés jusqu'à présent? dit l'abbé.

— C'est là précisément ce que je me demande.

— Cela me paraît incompréhensible, ce sont d'honnêtes gens, et ils ont un enfant.

— Oui, mais les artistes sont si bizarres : ils se croient pétris dans une autre pâte que le vulgaire et veulent se mettre au-dessus de ce qu'ils regardent comme des préjugés. C'est par là seulement que je peux m'expliquer cette anomalie. Au reste vous n'aurez pas plutôt abordé la question avec madame Armande que vous saurez sans doute à quoi vous en tenir.

—C'est là une mission qui a ses difficultés et même ses dangers.

— Assurément, mais qui peut produire tant de bien, si elle réussit. Cette raison m'a décidée à vous confier toute la vérité. Naturellement je n'ai pas la sotte prétention de vouloir dicter votre conduite, malgré le désir que j'aurais de vous voir réussir. Tout ce que je me permets de vous demander, c'est le secret absolu.

Elle se leva.

— Quand partez-vous?

— Demain matin.

— Je ne pourrai pas vous rendre cette visite.

— Au Plessis, non, mais j'espère que vous voudrez bien nous la rendre à Fontaine-le-Roi. Ce sera une occasion de passer une journée avec votre ancien camarade. Vous me direz si vos tentatives ont mieux réussi que les miennes ou pour quelles raisons elles ont échoué. Oh! je vous en prie, mariez-les.

# CHAPITRE VII

## MADEMOISELLE MOI AUSSI

### I

Le départ de madame Pigache produisit un soulagement général, un sentiment de délivrance et de liberté analogue à peu près à celui qu'on ressent quand une épidémie qui a menacé un pays pendant plusieurs mois disparaît tout à coup.

Et Martel, après les avoir mis en voiture, rentrant dans son atelier avec Armande et les enfants, laissa échapper le mot involontaire qui caractérisait pleinement la situation :

— Cela semble bon, dit-il, de se retrouver chez soi.

Moins discrets, les enfants manifestèrent bruyamment leur joie :

— Ah! maman, s'écria Victorine en se jetant dans les bras de sa mère, elle est vraiment partie!

Cette joie ne fut pas un éclair, elle se continua et éclata dans tout; il y avait des mois qu'elle n'avait montré pareille égalité, pareille franchise dans la bonne humeur.

En la voyant ainsi, Armande sentit s'affaiblir les inquiétudes qui, dans ces derniers temps, l'avaient tourmentée ; quoique les changements observés dans Victorine fussent profonds, ce départ et le contentement qu'il provoquait les faisait comprendre; jusqu'à un certain point ils devenaient explicables.

Une enfant naturellement inquiète et susceptible, comprimée par une main trop lourde, avait dû nécessairement dévier de son vrai caractère; elle n'était devenue taciturne et cachée que parce qu'elle n'avait jamais rencontrée indulgence ou encouragement; la peur lui avait appris à ne pas répondre franchement : la dureté qu'on lui appliquait l'avait rendue dure envers les autres; et si elle était dans une étrange mobilité d'humeur; tantôt gaie jusqu'à rire et crier follement sans cause apparente; tantôt caressante avec sa mère et son frère jusqu'à les fatiguer d'une tendresse maladive; le plus souvent triste et morne jusqu'à rester des heures entières dans un coin sans vouloir répondre, sans regarder, comme si elle était insensible, il fallait chercher l'explication de sa conduite dans la crainte et la répulsion que lui avaient inspirées madame Pigache.

D'ailleurs où la chercher autre part et comment? si madame Pigache n'était pas la cause, la seule cause de ces changements, où était-elle?

La jalousie ! mais elle était jalouse avant que madame Pigache n'arrivât au Plessis; elle l'avait toujours été de tout, de tous et même avant que Julien ne fût né.

## II

Il avait été décidé qu'Armande prendrait la direction des enfants, et qu'une institutrice, donnée par madame

Aiguebelle viendrait de Paris seulement deux fois la semaine.

Elle les faisait donc travailler tous les jours exactement comme madame Pigache, suivant les règles et les heures adoptées par celle-ci.

Par là elle se trouva avec eux bien plus qu'autrefois et dans des conditions toutes différentes, non plus seulement pour les soigner et les cajoler, comme lorsqu'elle n'avait qu'à rire de leur rires, mais pour les contraindre à ce que les enfants subissent le plus difficilement, la régularité dans l'ordre établi.

Aussi ne lui fallut-il pas longtemps de ces nouvelles habitudes, pour sentir que les espérances fondées sur le départ de madame Pigache ne se réaliseraient pas.

La bonne humeur de Victorine ne dura pas deux jours; sans que rien en donnât la raison, elle redevint promptement ce qu'elle avait été durant les derniers mois.

C'était surtout dans ses rapports avec Julien qu'elle était tout à fait étrange, et telle qu'on pouvait se demander si elle ne le haïssait pas. Bien des fois en la voyant bousculer son frère, repousser ses avances, redire soigneusement en l'aggravant ce qui pouvait le faire gronder, Armande se posa cette terrible question, bien des fois elle crut à cette haine incompréhensible; mais bientôt Victorine revenait à lui, l'embrassait, le caressait, cherchait par tous les moyens à le faire rire, et paraissait aussi tendre qu'un instant auparavant elle avait été insensible

Tout enfant, et dès qu'elle avait commencé à ouvrir les yeux, Victorine avait trouvé chacun empressé autour d'elle, son père, sa mère, son grand-père qui en avait fait une idole, et elle s'était habituée à voir ses caprices toujours acceptés et le plus souvent prévenus. Les enfants, qui apprécient très justement le dègré de leur pouvoir sur ceux qui les aiment, savent très bien ce qu'ils peuvent tenter, comme ce qu'ils peuvent exiger. La naissance de Julien avait affaibli ce pouvoir, et elle avait été très surprise de voir qu'elle n'était pas seule à l'exercer. De là une jalousie qui, dans un caractère naturellement envieux, avait pris un rapide développement.

Jamais son frère n'avait demandé quelque chose sans qu'aussitôt elle ne tendît la main en criant : « Moi aussi. » S on caressait Julien, si on l'emmenait promener, si on lui donnait ou lui apportait quoi que ce fût, toujours, aussi bien pour un rien que pour ce qui en valait la peine, elle intervenait avec son « moi aussi. » Julien se plaignait-il? « Moi aussi, disait-elle, j'ai mal. » Cela était si bien passé en habitude et si frappant, que les domestiques en parlant d'elle ne l'appelaient que mademoiselle « Moi aussi. » Rien, ni observations ni moqueries n'avaient pu la guérir de cette personnalité exigeante et inquiète.

Mais depuis quelques mois, d'elle-même et tout à coup, elle avait cessé de dire son éternel « moi aussi. » Seulement il était trop visible que c'était une contrainte qu'elle s'imposait, car si les lèvres ne le disaient, ses yeux comme autrefois le disaient à propos de tout. A table elle ne quittait pas Julien du regard, observant si on le servait mieux qu'elle n'avait été elle-même servie. Lorsque Martel ou Armande le prenaient dans leurs bras pour jouer avec lui, elle venait se poser auprès d'eux comme pour attendre son tour. Mais elle ne le réclamait plus bruyamment comme autrefois ; sans un mot, sans une observation, elle s'en allait dans un coin, et si en l'appelant ou en allant à elle, on la forçait à se retourner, on la trouvait les yeux gros, les lèvres serrées, luttant pour ne pas pleurer.

Sa mauvaise volonté dans presque tout ce qu'on exigeait d'elle lui attirait des punitions, qui devenaient d'autant plus fréquentes, qu'on se croyait obligé envers elle à une certaine sévérité. Jamais elle ne se révoltait contre ces punitions et le plus souvent elle les subissait avec une morne insensibilité; mais quelquefois il arrivait que si c'était sa mère qui les lui imposât, après un premier moment de silence, elle s'élançait vers elle, se cramponnait à sa robe, l'embrassait, la serrait follement dans ses petits bras, et au milieu de sanglots, de larmes, criait : « Ne me punis plus, pardonne-moi, je t'aime bien, maman. » Puis c'étaient des caresses, des promesses. Et si Armande, la voyant attendrie, voulait la questionner, lui faire dire ce qu'elle avait, elle reprenait aussitôt son immobilité; invariablement elle faisait la même réponse : « Je n'ai rien, je t'aime bien. »

Ces alternatives de tendresse et de dureté, de franchise involontaire et de dissimulation, mais surtout son caractère taciturne et fantasque, déroutaient les raisonnements aussi bien que les observations. Son attitude rêveuse et triste, ses regards fixes qui paraissaient toujours chercher quelque chose, n'étaient pas d'une enfant de son âge. Qu'avait-elle? Pourquoi était-elle ainsi? Pour Armande elle était incompréhensible.

## III

Pour les autres qui n'enduraient pas ce caractère avec la tendresse indulgente d'une mère, elle était insupportable.

Elle n'avait jamais été facile avec les domestiques, ayant eu avec eux, dès qu'elle avait pu commander, les exigences impatientes d'une enfant gâtée, elle était devenue dure et méprisante.

Et comme lorsqu'elle pouvait échapper à la surveillance de sa mère au moment où mangeaient les gens de la ferme, c'était pour venir s'établir dans la cuisine, elle ne trouvait que trop d'occasions pour leur dire des insolences ou leur jouer de mauvais tours. Avec raison les paysans regardent l'heure du repas comme leur appartenant, ils n'aiment pas qu'on soit près d'eux comme pour la leur mesurer, pas plus qu'ils ne supportent qu'on vienne se mêler à leurs propos. Ils ne se gênaient donc pas pour la forcer à quitter la place; et leurs langues étant aussi lourdes que leurs mains, elle ne s'éloignait le plus souvent que pâle de dépit et tremblante de l'envie de se venger.

Méduline, Hutin et quelques autres avaient voulu la défendre; elle avait si mal accueilli leur aide qu'ils s'étaient lassés et peu à peu l'avaient laissée avec tout le monde contre elle.

Marie-Ange, sa bonne, qui l'avait élevée, avait seule persisté quand même.

— Malicieuse qu'elle est, disait-elle, mais c'est de son âge, il ne faut pas lui en vouloir.

— C'est-il de son âge d'être toujours derrière nous quand elle nous voit seulement deux à causer et de nous arriver sournoisement sur le dos comme pour surprendre ce qu'on dit. Est-ce qu'on parle mal de son père ou de sa mère, Est-ce que c'est eux qui lui commandent de nous espionner? Non; et son frère n'est pas comme elle.

— Ah! son frère, le bon chéri, est-ce qu'il pense à mal?

Cette manière de venir à son secours exaspérait Victorine; ainsi chacun l'abandonnait, lui préférait Julien, même Marie-Ange.

Dans une âme d'enfant qui ne raisonne que sous le coup de la sensation immédiate, de pareilles idées, une fois qu'elles se sont formées, germent vite et prennent un dangereux développement. Elle avait eu pour compagnon de ses premiers jours un grand chien de Terre-Neuve, et aussi loin que ses souvenirs remontaient, elle voyait Badaud auprès d'elle, esclave docile toujours prêt à ses caprices, elle l'avait attelé à sa première voiture dans son jardin de Chaillot et il avait nagé près d'elle dans les mers d'Italie. Mais Badaud devenu vieux, lourd et dormeur, ne voulait plus jouer; son caractère aussi avait vieilli; lorsque maintenant elle voulait le contraindre à quitter le tapis sur lequel il passait toutes ses journées, il grognait et sans mordre il montrait ses dents ébranlées; pour Julien seul, moins turbulent et qui d'ailleurs ne le tourmentait jamais, il avait encore un petit fretillement de queue qui semblait dire : « Tu ne m'ennuies pas toi, mais laisse-moi tranquille.

Ainsi, gens, bêtes, tous les uns après les autres se retiraient d'elle, et précisément au moment où elle avait le plus besoin d'affection démonstrative; car, par un contraste qui était son caractère même, elle passait sans transition de l'indifférence la plus morne à la tendresse la plus expansive. Successivement elle avait fait amitié avec chacun de ceux qui l'entouraient, non une amitié tiède et banale, comme on fait à trente ans, mais une amitié passionnée comme en font les enfants et qui ressemble si pleinement à l'amour avec toute sa foi, ses joies et ses douleurs. Il est vrai que cette amitié ne durait guère que quelques jours, rarement une semaine; mais pendant ces quelques jours c'était de sa part une véritable passion où elle mettait tout son cœur, puis tout à coup sans qu'on sût pourquoi, sans qu'il fût possible de lui faire dire ce qui l'avait blessée, elle revenait à l'indifférence.

Quoique le Plessis fût une ferme de produit où tout était dirigé en vue d'obtenir des céréales, dont les fourrages se vendaient avantageusement sur les marchés de Paris, on y élevait cependant quelques cochons destinés à utiliser les débris de toutes sortes, qui sans eux eussent été perdus.

Buffon, qui n'a guère parlé de nos animaux domestiques que pour les empailler superbement dans une attitude noble et fausse, a déclaré que, de tous les quadrupèdes, le cochon était l'animal le plus brut; que toutes ses habitudes étaient grossières, tous ses goûts immondes, toutes ses sensations réduites à une gourmandise brutale. La phrase a de la grandeur et de l'harmonie, malheureusement elle n'a que cela. Si Buffon, en étudiant les bois, avait pris la peine de les parcourir, il aurait vu que le cochon sauvage est de tous les quadrupèdes l'animal qui se rapproche le plus de l'homme par le sentiment de la famille, car il n'est pas rare de voir la laie accompagnée de ses portées de deux ou trois années successives, tout ce monde vivant en société, réuni par les liens de la parenté, ce qui ne se rencontre pas chez les autres bêtes. S'il avait quelquefois abaissé ses regards sur sa basse-cour, il aurait vu que le cochon domestique possède à un haut point l'esprit d'association, et que si l'on attaque un membre de sa bande, il prend aussitôt sa défense, soigne le blessé et poursuit l'assaillant. S'il avait quelquefois chassé, il aurait vu que le sanglier distingue très bien celui qui lui a envoyé une balle, se débarrasse des chiens, se précipite sur lui au lieu de fuir et l'éventre souvent d'un coup de défense, heureux de se venger avant de mourir. S'il avait interrogé le premier paysan venu ou le dernier de ses porchers, il aurait appris que les cochons aiment la propreté autant qu'aucun autre animal, et qu'ils ont pour leur loge des soins que les autres animaux n'ont pas dans leur étable. S'il s'était simplement renfermé dans son rôle de naturaliste, il aurait vu que cette brute possède un organe, le boutoir, qui, pour la délicatesse et la sûreté des perceptions, ne peut être comparé qu'à la trompe, ce merveilleux instrument qui a fait adorer l'éléphant comme un Dieu.

Parmi ceux qu'on engraissait à la ferme il y en avait un qui, moins brute ou plus intelligent, comme on voudra, s'était élevé à la véritable conception des choses de la vie, et en conséquence ne s'éloignait guère de la porte de la cuisine; un beau jour Victorine le prit en affection et, comme elle le bourra de fruits et de salades, ce fut bientôt un sentiment partagé.

Il la connaissait, et quand elle arrivait, il accourait au-devant d'elle en agitant sa queue en tire-bouchon. Si elle le caressait, il se couchait voluptueusement à ses pieds et fixait sur elle ses petit yeux ardents qui se fermaient à demi.

Elle apporta dans ce nouveau caprice la passion qu'elle avait mise dans toutes ses amitiés. Tout le temps qu'elle avait de libre, elle venait le passer avec lui. Elle l'emmenait dans un coin de la cour, et ils restaient là tous deux des heures entières: lui se laissant nettoyer, tripoter, caresser comme l'eût fait le chien le plus docile, mais avec un sentiment plus vif de jouissance égoïste; elle lui parlant, lui contant ses chagrins dans un parler enfantin, comme elle l'eût fait à une poupée, le transformant aussi en un confident et un consolateur.

Dans l'amitié qu'il lui rendait il y avait une bonne part de gourmandise, car elle l'empâtait de tout ce qu'il y avait de bon; mais, si l'on peut analyser les sentiments d'un cochon, il y avait aussi plus que cela, car sa gourmandise satisfaite, il restait étalé auprès d'elle, ou bien il la suivait docilement selon ce qu'elle voulait.

Elle avait une petite musique nouvellement inventée qu'on lui avait rapportée de Paris; c'était une espèce de cornemuse formée d'une poche en caoutchouc qui était un réservoir d'air; à ce réservoir était adapté un tuyau percé de trois trous pour le gonfler; lorsqu'il était plein on promenait les doigts sur ces trous comme on l'eût fait sur une flûte; le vent en sortant formait des sons.

Devenue assez habile sur ce singulier instrument, elle s'amusait durant des heures à en jouer pour son cochon; allongé près d'elle, les yeux demi-clos, grognonnant voluptueusement, il écoutait cette musique avec un évident plaisir, demeurant tranquille tout le temps qu'elle voulait bien le régaler.

S'il aimait la musique, le cochon aimait aussi la bourbe fraîche; et lorsqu'il venait de s'y vautrer, enfoncé jusqu'au groin, il n'était guère propre; Victorine portait souvent les traces odorantes de ses caresses, ce qui était pour elle une nouvelle occasion d'être grondée par sa mère, que cette intimité révoltait.

— S'il te faut une bête, lui disait-elle en tachant de la raisonner doucement, pourquoi ne prends-tu pas Badaud?

— Badaud ne m'aime plus.

— Ton cochon t'aime-t-il?

— Oui, et on ne l'aime pas.

Ainsi, c'était bien de jalousie que Victorine souffrait; elle croyait qu'on ne l'aimait plus, ni sa mère, ni personne, ni même le chien de la maison; mais que dire à une enfant qui vous écoute dans une attitude triste et résignée sans vouloir entendre? Comment la persuader qu'elle se trompe; fallait-il battre Julien pour convaincre sa sœur qu'elle était la préférée. Et d'ailleurs il n'y avait pas de préféré; Armande avait beau s'interroger elle-même, elle sentait qu'ils lui étaient également chers l'un et l'autre, son amour maternel était bien celui dont parle le poète; chacun en avait sa part, et tous l'avaient tout entier. Si Victorine était plus souvent punie que son frère, c'est que plus souvent elle le méritait.

Dans ces circonstances, punitions, observations, sévérité, douceur, rien ne fit. Plus on voulut la séparer de son cochon, plus elle fut empressée auprès de lui.

— Il y a un moyen bien simple de tout trancher, dit Martel, c'est de tuer le cochon, d'ailleurs son tour est venu. Seulement, pour ne pas la faire pleurer, on choisira un moment où elle ne sera pas là ; précisément tu vas avec elle mardi à Paris, on le tuera mardi, le lendemain elle n'y pensera plus.

Le mardi, Victorine, en rentrant de Paris, voulut, comme à l'ordinaire, aller voir son bon ami, ainsi qu'elle l'appelait; mais le dîner était servi, elle dut, en descendant de voiture, se mettre à table.

Pendant qu'elle mangeait, Julien, qui était resté à la maison, la regardait avec des yeux malicieux.

Enfin, n'y tenant plus :

— Le trouves-tu bon, ton bon ami ? dit-il.

— Julien ! dit Armand.

Il était trop tard, elle avait regardé son assiette, et le boudin qu'elle était en train de manger l'avait fait comprendre.

Elle pâlit, puis brusquement, se tournant vers son frère, elle leva sur lui son couteau.

Mais, avant qu'elle eût pu l'en frapper, elle se renversa sur sa chaise, prise de convulsions et de vomissements.

Pendant plusieurs heures elle ne fit que pleurer dans une crise de fièvre qui la soulevait. Ce fut seulement au milieu de la nuit, qu'à bout de forces, elle s'endormit d'un sommeil entrecoupé de sanglots.

Alors on comprit combien était grande et vraie cette amitié dont on s'était moqué.

## IV

Quoique Martel s'en occupât peu directement, il s'en préoccupait beaucoup; mais il se gardait bien de faire part de ses craintes à Armande ; lorsque celle-ci laissait voir son inquiétude, il tâchait de la rassurer.

C'était, ce ne pouvait être que la jalousie; et contre ce mal il n'y avait rien à faire qu'à maintenir une parfaite égalité entre le frère et la sœur.

Il est vrai que cette égalité était presque impossible, car autant Victorine était fantasque d'humeur, autant Julien était doux et gai, autant elle était rebelle, autant il était docile. De là naturellement une manière d'être avec eux qui n'était pas la même, et comme sans remonter à la cause le résultat matériel était là, ils voyaient pour l'une des punitions, pour l'autre des caresses.

Par lassitude de toujours gronder, par pitié maternelle aussi, Armande feignait souvent de ne pas voir ou d'ignorer bien des choses, mais Martel ne partageait pas cette faiblesse.

Sans aimer Victorine, comme Julien, d'un amour de père, il avait pour elle une très vive tendresse, il l'aimait surtout pour Armande. Et rendu attentif, précisément par cette tendresse, il était désolé de remarquer les mauvaises dispositions qui se manifestaient en elle; d'autant plus qu'elles lui semblaient un héritage paternel. Souvent, autrefois, au temps de sa liaison avec Maurice, réfléchissant au contraste de ce caractère d'une extrême mobilité qui allait de la bonté la plus grande à la dureté la plus révoltante, et qui dans la même heure trahissait des qualités excessives et des défauts monstrueux; il avait attribué l'envahissement de ces défauts à l'excessive faiblesse qu'avaient eue pour son enfance ceux qui l'avaient élevé, et il ne voulait pas que la même faiblesse produisît maintenant chez la fille les mêmes résultats. Pendant qu'il en était encore temps, il croyait que les germes de ces défauts devaient être sincèrement arrachés avant qu'ils eussent pris racine et sous leur foisonnement étouffé les qualités naissantes. Une autre raison encore le décidait à une sage sévérité, capitale, celle-là, et qui devait être désormais sa règle et sa loi.

— Par notre situation, dit-il à Armande quand il sentit qu'elle penchait vers l'indulgence, nous sommes en quelque sorte condamnés à une vie exemplaire. Nous le sommes pour le monde et plus encore pour nos enfants. Il faut, s'ils viennent à apprendre la vérité lorsqu'ils commenceront à raisonner, que nous puissions paraître devant eux sans qu'ils aient un reproche à nous adresser, malgré les préjugés qui pèseront sur eux d'un terrible poids, j'ai confiance que si nous n'avons jamais donné prise au blâme, ils seront indulgents pour une fatalité que nous avons subie et que nous leur transmettrons. Cette responsabilité ne m'effraie pas; je sais bien qu'elle sera lourde, car nous n'avons secours ni relais à demander, tout nous est obstacle : la loi, la religion, les convenances sociales; cependant il ne me déplaît pas de la porter; quand on est chargé on marche droit, on regarde à ses pieds et on ne fait point de faux pas. Pour toi, je la crains encore moins que pour moi. Voilà comment notre situation, si déplorable qu'elle soit, a cependant un bon côté ; mais nous ne sommes pas responsables de nous seuls, nous le sommes des enfants. A eux aussi le monde sera dur. Nous devons les armer pour qu'ils puissent supporter ses coups. Ils auront à se faire beaucoup pardonner ils n'y arriveront que si personnellement ils sont irréprochables. Nous devons donc les élever en prévision de cet avenir, et c'est mal commencer que de leur passer leurs caprices.

Martel avait été élevé sévèrement, durement même, par un père qui avait pour principe que les enfants ne doivent jamais faire leur volonté, et il trouvait tout naturel d'appliquer aux autres les idées qui l'avaient fait honnête homme. Il n'eût eu que son fils, ils eussent été dans la position de tout le monde, il eût élevé Julien sans parti pris, très probablement au hasard de la tendresse paternelle. Mais il avait charge d'un enfant qui n'était pas le sien, qui montrait des dispositions inquiétantes, qui, mal commencé, pouvait ressembler à son père; il raisonnait, il s'imposait une système et s'y enfermait étroitement.

Ce n'étaient pas les inspirations du cœur qui devaient diriger cette éducation, mais les règles précises d'une ligne inflexible tracée d'avance et rigoureusement suivie.

Victorine avait depuis quelque temps pris une habitude qui, plus que tout, contrariait singulièrement ce système, c'était de raconter des histoires dans lesquelles il n'y avait pas un mot de vrai. Comme beaucoup d'enfants qui ont l'imagination trop vive, elle inventait des fantaisies incroyables, extravagantes pour les personnes sensées, mais pour elle charmantes; ces fantaisies, elle les contait le plus sérieusement du monde, non précisément pour mentir, bien plutôt pour conter, se faire écouter, se rendre intéressante.

Sans démêler ces exigences d'une imagination impatiente et ces artifices d'une enfant qui veut attirer l'attention, précisément parce qu'elle se croit délaissée, Martel ne voyait que le fait, c'est-à-dire le mensonge, et comme il était la sincérité même, il s'en trouvait réellement blessé : cette fausseté était pour lui une cause d'irritation de tous les instants; aussi ne cessait-il de recommander à Armande de la combattre.

Il s'était donné la règle de ne jamais intervenir d'une façon directe; mais un jour la patience lui échappa.

Au dîner, Julien se mit à raconter qu'un grand oiseau s'était abattu sur les moutons de Hutin et avait voulu en emporter un.

— Tu l'as vu? interrompit Armande.

— Non, c'est Victorine.

— Tu l'as vu?

— Oui, dit Victorine sans hésitation, il avait des plumes

dorées à la queue, un grand bec crochu ; c'est Hutin qui l'a fait partir.

Et elle se mit à préciser par des détails particuliers, exactement comme un romancier qui veut donner la vérité à son récit.

— Hutin est précisément à la cuisine, dit Martel, qu'on le fasse venir.

Victorine ne montra pas le plus léger embarras.

— Vous avez vu un grand oiseau qui a voulu enlever un de vos moutons ? dit Martel à Hutin lorsque celui-ci fut arrivé.

— Notre maître se moque de moi.

— Non, c'est Victorine qui se moque de nous.

— Je n'ai pas dit que Hutin l'avait vu, interrompit Victorine, il l'a fait partir.

Dans un mouvement d'impatience et de colère, Martel tortilla si vivement sa serviette qu'on entendit la toile se déchirer ; puis quand le berger fut sorti :

— Tu sais, dit-il à Victorine, que je ne te punis jamais.

— Oui, mais tu me faire punir par maman, répondit-elle sans baisser les yeux et d'une voix sèche.

Il s'arrêta un moment pour regarder Armande, mais aussitôt reprenant :

— Hé bien ! aujourd'hui je vais te punir moi-même, et tu verras que tu n'as pas à y gagner.

— Puisque tu n'es pas mon vrai papa, tu ne dois pas me punir, dit-elle d'un ton de défi, c'est à maman de me punir.

C'était la première fois qu'elle montrait pareille résistance. Armande voulut intervenir ; Martel, assez maître de lui pour sentir les dangers d'une discussion sur ce sujet, lui fit signe de garder le silence.

Et, sans répondre directement à l'interruption de Victorine, il reprit :

— Je vous avais promis à Julien et à toi deux poneys, Julien aura le sien, toi tu n'en auras pas, ou au moins tu ne l'auras que quand tu ne mentiras plus.

Ces poneys étaient depuis un mois le sujet continuel de la conversation des enfants, ils en rêvaient, et, toute la journée, ils faisaient des projets; Victorine surtout en était folle de joie.

En entendant cet arrêt, qu'elle savait devoir être rigoureusement tenu, elle ne dit rien, ne laissa pas couler une larme, pâlit seulement et tressaillit de tout son corps, puis, se tournant vers sa mère sans même regarder Martel, elle attacha sur elle ses deux yeux longuement, fixement, avec une indéfinissable expression de douleur et de révolte, qui, remuant jusqu'au cœur la pauvre mère, la laissa pour longtemps troublée et inquiète.

## V

Depuis une huitaine Julien avait son poney, lorsqu'une après-midi Hutin le rapporta dans ses bras, à moitié évanoui; derrière marchait Victorine qui pleurait; il y avait à peu près trois heures que les deux enfants étaient sortis ensemble pour aller jouer dans un petit bouquet de bois qui joignait la ferme, et qu'on appelait le bois du Curé.

— Prevenez la maîtresse que le petit est malade, dit Hutin à la femme de chambre, qu'elle ne soit pas saisie.

Armande était dans l'atelier auprès de Martel, qui travaillait; elle ne fit qu'un bond pour venir au-devant de Hutin et lui prendre l'enfant.

— Qu'as-tu? lui demanda-t-elle.

— Mal au cœur, dit-il d'une voix confuse.

Elle le regarda; son attitude était hébétée, ses yeux

étaient rouges, hagards, ses pupilles dilatées et immobiles.

— Mademoiselle Victorine m'a appelé, dit Hutin répondant à une muette interrogation de Martel, j'étais auprès du bois du Curé avec mes moutons, M. Julien sautait, puis se roulait à terre, on aurait dit qu'il ne voyait pas devant lui, car il se cognait aux arbres; je l'ai pris dans mes bras pour l'apporter.

— Nous jouions dans le bois, dit Victorine en s'avançant, tout à coup Julien s'est mis à rire et à danser, en disant qu'il avait mal au cœur, et puis il est tombé en disant qu'il ne pouvait pas se tenir debout, j'ai eu peur, j'ai appelé Hutin.

Armande voulut faire parler Julien, elle n'en put tirer que des paroles incohérentes; tout à coup il riait aux éclats, puis il tendait vivement les bras devant lui, comme pour saisir un objet qu'il aurait vu. Ses bras et ses mains étaient agités de mouvements nerveux; bientôt il retombait dans un accès de faiblesse.

— Allez vite à Villeneuve, dit Martel à Hutin, prenez Fil-au-Vent et le tilbury, crevez le cheval s'il le faut; avant une demi-heure, soyez revenu avec M. Boucherot.

La demi-heure n'était dépassée que de deux minutes quand on entendit le trot précipité du cheval. Pour le père et la mère, le médecin c'était la vie. Pendant cette demi-heure Julien avait eu plusieurs crises de délire, et il avait été pris de vomissements : on avait voulu renvoyer Victorine, elle n'avait pas voulu quitter la chambre, et elle était restée immobile dans un coin. A un moment Julien ayant eu un peu de calme, elle s'était approchée de sa mère :

— Maman... avait-elle dit.

Mais Julien avait eu une nausée, et Armande l'avait repoussée pour soutenir la tête du pauvre petit.

M. Boucherot n'examina pas longtemps Julien.

— Votre berger m'a parlé de délire? demanda-t-il.

— C'est plutôt une gaieté folle que le délire; cependant il souffre, tout à l'heure en vomissant il chantait.

Il se fit montrer la cuvette.

— Ne vous effrayez pas, dit il, il a vomi, il est sans doute sauvé; c'est un empoisonnement par la belladone : pupilles dilatées, délire gai, deux symptômes certains; d'ailleurs nous retrouvons des débris de baies encore entières. Sa sœur était avec lui, m'a dit le berger, elle doit l'avoir vu en manger.

Et s'adressant à Victorine :

— Vous étiez avec votre frère dans le bois, il a dû manger des baies de belladone?

— Je ne sais pas, répondit-elle en le regardant fixement.

— Des petits fruits rougeâtres ou presque noirs, gros comme une petite cerise?

Elle resta un moment sans répondre, puis tout à coup comme si elle prenait sa résolution :

— Nous jouions au médecin, dit-elle, Julien était le malade, moi le médecin, il devait manger des petites cerises, il serait malade d'en avoir trop mangé, et je le soignais.

— Voilà bien ce que je pensais.

— En as-tu mangé aussi? dit Armande avec anxiété.

— Moi, non, j'étais le médecin.

Pendant deux jours Julien donna les craintes les plus sérieuses. On alla à Paris chercher Carbonneau. Il rassura les parents, mais il fut moins affirmatif avec son jeune confrère; le cas était grave; la quantité de fruits absorbée avait été considérable; si on le sauvait, cet empoisonnement laisserait des traces profondes dans l'organisme.

— Ayez pleine confiance dans Boucherot, dit Carbonneau en repartant, c'est un garçon intelligent, plus capable que moi de bien soigner Julien dans cette circonstance, car il a fait des narcotiques une étude approfondie, et sa thèse sur ce sujet est très remarquable. Ce n'est pas un médecin de champagne, il avait une belle place à prendre à Paris, si sa timidité et son honnêteté le lui avaient permis; échoué à Villeneuve, il ne la prendra pas maintenant dans la pratique, mais il se la fera dans la science pure, soyez-en certains; trouver ce garçon-là à deux pas de chez soi, c'est pour vous un vrai bonheur.

Le soir du troisième jour Boucherot déclara que l'enfant était sauvé. Cette nuit-là on dormit au Plessis.

Le lendemain matin Martel était dans son atelier, au travail, lorsqu'il vit entrer Hutin.

— Il paraît que M. Julien n'est plus en danger? demanda celui-ci avec embarras.

— Je vous remercie, répondit Martel, surpris que son berger entrât ainsi, il est maintenant sauvé.

— Ah! tant mieux.

Et Hutin se tut, paraissant plus embarrassé encore, mais en même temps décidé à ne pas s'en aller. Martel vint à son aide :

— Vous avez quelque chose à me dire, n'est-ce pas?

— Vous, vous êtes un homme, vous m'avez trouvé prêt à faire un mauvais coup pour en finir, vous m'avez ramassé. Si je me sens tranquille sans avoir peur des gendarmes, des commissaires, des juges, de toute la boutique, si je vis, si je mange, si je dors sans avoir un couteau ouvert dans ma poche, c'est à vous que je dois tout ça. C'est pour vous dire que je vous suis dévoué, à vous et votre famille : je voudrais que vous en soyez bien sûr, mais je ne sais pas vous le conter.

— Je vous crois.

— Vrai, eh bien vous devez croire aussi que relativement à vous je ne voudrais pas mentir; je n'ai pas le droit de jurer, si je l'avais je vous ferais serment.

— Quel serment? interrompit Martel, ne comprenant rien à ces protestations d'un homme habituellement taciturne, et qui, depuis qu'il l'avait à son service, ne lui avait jamais dit tant de paroles.

— Le serment que ce que j'ai à vous dire, c'est vrai comme la vérité, et que si je vous le dis, c'est parce que là je vous aime, quoi! et le petit M. Julien aussi.

Il s'arrêta encore un moment, comme pour reprendre courage.

— Voilà! reprit-il d'une voix précipitée, c'est relativement à l'affaire de cette mauvaise herbe dont il a mangé. Il y a huit jours j'étais encore autour du bois du Curé avec mes moutons. Voilà mademoiselle Victorine qui vient jouer au bois, c'est bien; mais voilà qu'en passant devant elle, je vois qu'elle avait dans sa robe des fruits de cette belladone et qu'elle jouait avec. On n'aime pas beaucoup à lui parler, vous savez, parce qu'elle n'est pas toujours facile; mais c'était pas le moment de faire le délicat, — Mademoiselle, que je lui dis, il faut jeter ça...

— Hé bien! interrompit Martel avec une horrible angoisse.

— Faut jeter ça, parce que c'est du poison. — Non, qu'elle me dit, c'est comme des guignes. — C'est du poison que je vous dis, et quand j'étais petit, deux de mes camarades qui en avaient mangé devant moi sont morts. Elle lâcha sa robe. Voilà.

De la paume de sa main il s'essuya le front.

Martel était livide, le cœur étreint, ne respirant pas. Durant plusieurs minutes il resta sans rien dire, comme si Hutin n'eût pas été là, devant lui, le regardant; ce fut seulement quand celui-ci fit quelques pas pour s'en aller qu'il secoua sa stupeur.

— Elle n'aura pas compris ce que vous lui expliquiez, dit-il avec hésitation.

— Ah! sûrement, et puis les fruits étaient rouges il y a

huit jours et noirs quand le petit monsieur en a mangé; elle ne les aura pas reconnus parce qu'ils avaient mûri. C'est bien ce que je me disais.

Et il sortit.

Il n'avait pas tiré la porte que Martel courut derrière lui.

— Ne parlez à personne de ce que vous m'avez dit, c'est inutile.

— Oh! sûrement, monsieur.

## VI

La convalescence lente de Julien, avec des alternatives de mieux et de pire, exaspéra la jalousie de Victorine.

Armande, Martel, tout le monde dans la maison, ne s'occupait que de Julien; et les inquiétudes, les craintes, le chagrin de sa mère venaient à chaque instant prouver combien tendrement il était aimé.

Cette jalousie avait cependant des intermittences.

Lorsqu'il était mal, elle disparaissait dans les effusions d'une tendresse passionnée; – Est-ce qu'il est bien malade? demandait-elle vingt fois par heure, il ne mourra point, n'est-ce pas? Si on le lui eût permis elle fut constamment restée auprès de lui.

Lorsqu'il était mieux, elle reparaissait; plus de tendresse, plus de caresse, une humeur morne, hargneuse.

— Maman, dit-elle un soir qu'elle était seule avec sa mère dans la chambre de Julien endormi, est-ce que si j'étais malade, tu aurais du chagrin aussi?

— Est-ce que quand tu as été malade dans notre petite chambre de la rue de Montmorency, je n'avais pas de chagrin?

— Oui, mais j'étais toute seule, tu m'aimais toute seule.

— N'es-tu pas ma fille, comme il est mon fils?

— Oui, mais il est le fils de papa Martel; moi, mon papa a été méchant pour toi, et Marie-Ange dit qu'elle n'aurait jamais aimé l'enfant d'un homme qui l'aurait battue, c'était à Méduline qu'elle disait ça, pour son bâtard.

— Tu sais que je t'ai déjà recommandé de ne pas dire ce mot là.

— Les gens le disent toujours eux; maman, c'est donc honteux d'être bâtard.

— C'est un grand malheur.

— Parce que tout le monde se moque de vous. ils se moquent tous de Méduline et de son petit; maman, bâtard, c'est quand on n'est pas marié, n'est-ce pas?

Armande qui ne voulait pas continuer une conversation ainsi engagée, ne répondit pas.

— Mais, reprit Victorine, pourquoi donc qu'elle ne se marie pas, Méduline, et qu'elle a refusé Hutin?

— Je ne sais pas.

— Ça ne lui fait donc rien qu'on se moque d'elle et qu'on la méprise? Marie-Ange disait que si elle ne se mariait pas pour elle, elle devrait se marier pour son petit. Elle avait raison Marie-Ange, n'est-ce pas?

Armande se leva, et passa dans la chambre voisine, où elle resta quelques instants; quand elle revint, Victorine, qui n'avait pas quitté sa place, paraissait absorbée dans une douloureuse réflexion. Elle ne recommença point ses questions; mais tout à coup quittant sa chaise et venant à sa mère contre laquelle elle se serra :

— Oh! maman, dit-elle, comme je voudrais bien être malade.

Puis elle fondit en larmes.

Armande la prit dans ses bras et la berça doucement en l'embrassant, lui disant de douces paroles; paroles d'amour maternel qui n'ont pas de sens, mais qui pour le cœur de l'enfant sont le miel le plus delicieux, la musique la plus douce.

Sans cesser complètement, les accidents nerveux de Julien diminuèrent peu à peu d'intensité, mais ils laissèrent derrière eux des traces inquiétantes, pâli, amaigri, les yeux creusés, les lèvres décolorées, il se soutenait à peine.

La première fois qu'il descendit dans le jardin, Victorine voulut venir jouer avec lui.

— Non, dit Martel, tu le fatiguerais.

Et s'adressant à Armande :

— Il faudrait, dit-il, que Victorine ne restât jamais seule avec lui, tu sais comme elle est, elle l'entraînerait à quelque imprudence; c'est à nous maintenant de ne jamais le perdre des yeux ; la leçon du bois du Curé, c'en est assez.

C'était un dimanche, les récoltes étaient rentrées depuis une huitaine déjà ; il y avait un moment de relâche dans les travaux, et les gens de la ferme avaient mis leur dimanche à profit pour aller à la fête de Villeneuve; les domestiques étaient aussi tous partis ; Armande et Martel restaient seuls à la maison.

Ils passèrent la plus grande partie de la journée auprès de Julien qui, à l'air libre, se trouva mieux ; ce fut seulement quand le soleil commença à baisser qu'on le rentra. On n'avait pas revu Victorine, Armande en fit l'observation.

— Elle est sans doute dans la cour, dit Martel, d'ailleurs elle n'a pas pu sortir, les portes sont fermées.

Armande alla dans la cour, elle ne la trouva pas ; elle fit le tour du jardin, parcourut toutes les allées, et ne la vit pas. Elle l'appela, personne ne répondit.

— Elle doit être dans sa chambre, dit Martel, je vais y monter.

Il redescendit, elle n'était pas dans sa chambre ; elle n'était pas davantage dans la salle de travail, dans l'atelier, nulle part où on la chercha en l'appelant.

— C'est étrange, dit Armande, prise d'une vague inquiétude.

— Victorine! Victorine!

— Elle est fâchée, dit Martel, elle boude dans un coin et ne daigne pas répondre, je vais la trouver.

— Ne la gronde pas, elle pleure peut-être de ce que nous l'avons renvoyée.

Martel la chercha dans la cour, dans les greniers, reparcourut le jardin comme l'avait déjà parcouru Armande, explorant les taillis, les bosquets, ne laissant pas un coin derrière lui sans l'avoir visité.

L'inquiétude à son tour le prit : où pouvait-elle être ?

Il revint dans la cour : au coin de l'écurie était un grand réservoir où l'on tirait l'eau d'avance pour qu'elle perdît de sa fraîcheur dans l'été. Instinctivement, en passant auprès, il se pencha par dessus pour voir dedans.

Armande, qui sortait d'une grange, vit son mouvement et le comprit :

— Ah! s'écria t-elle, tu as peur aussi!

Elle courut au puits qui était au milieu de la cour.

A peine se fut-elle penchée par-dessus la margelle, qu'elle poussa un cri déchirant, horrible, qui fit bondir Martel jusqu'à elle.

— Là, là, dit-elle, se penchant de nouveau.

Puis elle tomba affaissée, se tordant les mains.

Au fond du trou noir, sur l'eau qui miroitait, on apercevait une tache blanche, quelque chose comme un mouchoir ou un tablier d'enfant; en dehors du puits, au bas de la margelle, un soulier. Armande ne l'avait pas vu, mais il sauta aux yeux de Martel.

— Et personne, murmurait Armande, une échelle, mon Dieu!

— Du courage, dit Martel en la relevant, si tu as la force, on peut la sauver!

Elle se pencha en se cramponnant à la potence de fer, et d'une voix brisée :

— Victorine ! Victorine ! cria-t-elle.

— Rien ne répondit que l'écho sourd.

— Peux-tu te soutenir, dit Martel, peux-tu faire un effort?

Elle se redressa.

— Oui, quel effort ?

Tout en parlant, il avait tiré toute la corde et remonté un des seaux, une grosse voiture restée dans la cour était près du puits, il passa la corde autour du limon et lui fit faire un tour.

— Je vais me mettre sur le seau qui reste, dit-il, tu fileras doucement la corde.

— Tu veux descendre ?

— Oui.

— Et remonter?

— Quelqu'un finira bien par arriver, il n'y a que trois ou quatre pieds d'eau, la descente est tout ; pourras-tu retenir la corde ?

Elle hésita un moment, une seconde.

— Oui.

— Allons !

Il enjamba la margelle et, posant ses pieds sur les bords du seau, il prit la corde à deux mains.

— Lâche, dit-il, et doucement.

Elle commença à filer la corde qui, serrée autour du limon et mouillée, glissait difficilement ; mais il arriva un endroit où elle était sèche, et elle glissa vite en ronflant.

— Tiens bon ! cria la voix de Martel.

S'arc-boutant contre le limon, se roidissant avec une énergie désespérée, Armande serra les mains, la peau fut emportée, mais elle n'était pas en état de sentir la douleur. L'effort fut suffisant : la corde s'arrêta.

— File ! cria Martel.

Elle recommença à lâcher la corde doucement, par petits coups.

On entendit un bruit dans l'eau, la corde ne roidit plus. Il était descendu.

Elle était penchée au-dessus du puits, écoutant avec une épouvantable angoisse, lorsqu'elle se sentit tirée en arrière : elle se releva.

— Ah ! maman, dit Victorine, maman, tu m'aimes encore !

Sa fille, c'était sa fille qui était devant elle, et qui sortait d'une grange où, cachée, elle avait tout vu.

L'exaltation qui l'avait soutenue l'abandonna : elle s'affaissa comme sous un coup de foudre.

Au même moment, la grande porte de la cour roula sur ses gonds ; le charretier de garde rentrait pour donner aux chevaux le repas du soir.

## CHAPITRE VIII

### LA MÈRE

—

### I

Il fut décidé que Victorine irait en pension.

— Elle est malheureuse, dit Marcel, pourquoi, je n'en sais rien, et c'est inutilement que depuis deux mois j'en ai cherché la cause ; imaginaire on non, son mal existe et produit des conséquences funestes ; la cause de ce mal est ici ; l'éloigner sera donc commencer à la guérir. Il m'en coûte de te donner ce conseil ; j'aurai voulu qu'elle grandît près de nous ; précisément parce que je ne suis pas son père, j'aurais voulu être pour elle mieux qu'un père. Je m'y suis appliqué, je n'ai pas réussi. Aujourd'hui elle me hait. Est-ce pour la sévérité que j'ai dû lui montrer ces derniers temps? Je ne sais pas, car elle ne dit rien ; mais ses regards, le ton de sa voix parlent pour elle. Quand elle n'adore pas follement Julien, elle le déteste.

Quels sentiments aurait-elle pour toi dans quinze jours, un mois, un an, si elle demeurait près de nous? Pour moi, dans la crise présente, la pension est un remède; s'il n'est pas bon, nous en changerons; mais avant tout il faut l'essayer.

Armande n'osa pas faire d'objections à ces observations, dont elle sentait toute la justesse; seulement elle obtint que Victorine n'entrerait en pension qu'à Pâques, c'est-à-dire l'hiver une fois passé.

Cela lui donnait encore six ou sept mois. C'était l'expédient du débiteur qui veut gagner du temps : combien de choses pouvaient arriver pendant ces six mois.

## II

Elle avait cru qu'elle se ferait à cette idée de séparation, et que peu à peu en raisonnant, elle s'y habituerait.

Ce fut le contraire qui arriva, elle s'y habitua d'autant moins qu'elle y pensa davantage.

Ce caractère jaloux, aigre et volontaire de Victorine, ses révoltes, sa dernière aventure, tout cela était la conséquence d'un état maladif : la mettre en pension parce que cet état devenait incommode à tous, c'était exactement comme si malade de corps on l'envoyait dans une maison de santé pour qu'elle y fût soignée, guérie peut-être, dans tous les cas gardée.

Au fond, c'était à cela qu'allait se borner son séjour à la pension, être gardée hors de la maison.

Ce qui l'avait changée, c'était, ce ne pouvait être qu'un sentiment excessif de jalousie : n'était-ce pas exaspérer ce sentiment au lieu de le soulager que la mettre hors la maison, quand son frère y restait. Elle n'aurait plus le chagrin de le voir caresser; mais quand elle se lèverait le matin avant le jour dans un dortoir glacial, elle penserait que Julien à cette même heure dormait encore chaudement, qu'il serait éveillé par un baiser de sa mère, et habillé doucement devant un bon feu; quand elle mangerait son pain sec en courant pour se réchauffer, elle penserait que Julien était attablé devant une tasse de chocolat et des rôties beurrées ; quand elle serait obligée de travailler dans une salle d'étude sous l'œil d'une sous-maîtresse hargneuse, elle penserait que Julien faisait librement ce qu'il voulait, dénichait des nids, galopait peut-être sur son poney à travers champs et dans les chemins fleuris; — alors les douleurs de l'imagination ne seraient-elles pas plus dures que celles de la réalité; l'on avait la preuve de ce que l'imagination pouvait faire sur elle.

Les considérations de Martel étaient justes pour lui, il n'était pas son père. Mais elle? qu'elle n'eût point eu un deuxième enfant, et il ne serait pas question d'éloigner le premier. Si l'un de ses enfants avait plus de droits que l'autre c'était Victorine; une fois déjà ils avaient été sacrifiés, mais au moins dans des conditions d'ignorance, qui étaient presque une excuse; maintenant cette excuse n'existait pas.

Ces pensées s'imposèrent à son esprit et ne la quittèrent plus.

En même temps les craintes que lui donnait la santé de Julien, au lieu de se calmer, augmentèrent, car le mieux qui s'était fait sentir n'avait pas continué : l'enfant était resté exactement au point où il se trouvait le premier jour de sa convalescence; d'une faiblesse extrême, indifférent à tout, il tombait fréquemment dans des accès de stupeur suivis de fièvre et de tremblements nerveux qui pouvaient faire craindre une rechute.

C'était plus qu'il n'en fallait pour abattre une mère qui eût été dans une situation calme, heureuse du présent, sûre de l'avenir, c'en était trop pour Armande vivant depuis le voyage de Londres dans un état de trouble intérieur, d'inquiétude morale, d'effroi et de découragement, que la tendresse de Martel, ses soins passionnés, leur amour, le bonheur de ses enfants avaient pu jusqu'à un certain point combattre, qu'ils n'avaient pu guérir.

Aussi toujours obsédée des mêmes pensées, n'ayant pas une espérance d'avenir pour Martel, pour Victorine, pour Julien, pour elle-même qui ne fût incertaine et menacée, en vint-elle à croire que la maladie de ses enfants était un châtiment. C'est parce qu'elle était coupable qu'elle était frappée en eux.

On va vite et loin sous la pression de ces idées: et de toutes nos facultés c'est la conscience qui peut-être se laisse le plus facilement entraîner par l'imagination.

Si elle n'était pas dévote, son âme était religieuse. Élevée chrétiennement par une mère superstitieuse dans sa foi bretonne, c'était pour ne pas contrarier l'athéisme de son grand-père et plus tard l'indifférence de son mari, qu'elle avait abandonné les pratiques de la religion catholique, mais elle avait toujours subi l'influence de son éducation première, et au fond du cœur gardé les croyances de son enfance.

Malheureuse elle y revint désespérément. Dieu! Dieu seul pouvait être un refuge et une espérance.

## III

Les églises dans les campagnes ne sont pas, comme à Paris, ouvertes toute la journée; elle le sont seulement le matin pour la messe, le midi et le soir pour l'Angélus; le curé garde une clef, et le maître d'école, chargé le plus souvent de sonner la cloche, garde l'autre.

Toutes les fois qu'Armande voulait aller à l'église elle était donc obligée d'envoyer demander la clef du curé.

En choisissant l'heure de la messe elle eût évité ce désagrément, mais ce n'était point la prière en commun, avec sa décence et ses distractions, qu'il fallait à sa douleur, c'était la prière dans la solitude, avec ses élans et ses défaillances où le cœur se livre et s'abandonne.

Quoique l'abbé Blavier ne fût guère habitué à voir Armande dans son église que les jours de fêtes carillonnées, cette dévotion subite ne le surprit pas trop : la maladie de Julien était une explication qui s'offrait suffisante et toute naturelle.

Depuis le départ de madame Pigache, les relations avec les propriétaires de la ferme avaient été pour lui, pleines d'embarras. D'un côté il se croyait obligé de les rompre et de ne pas légitimer, par sa présence, une situation qu'il savait coupable : d'un autre il voulait les conserver, et pouvoir ainsi faire auprès d'Armande et même auprès de Martel, lorsque l'occasion s'en présenterait, des tentatives qui amèneraient un mariage. Avec les habitudes prises contenter l'une et l'autre de ces exigences était presqu'impossible et ce qu'il avait trouvé de mieux, ç'avait été sur deux invitations à dîner de n'en accepter qu'une, son refus condamnait le présent, son acceptation ménageait l'avenir.

Cette maladie et cette dévotion lui parurent être enfin l'occasion qu'il avait si laborieusement cherchée ; car il ne s'était pas contenté de l'attendre, il avait tâché de la faire naître. Pour cela n'osant essayer une tentative directe, il avait pris des chemins détournés ; il avait prêté à Armande, l'*Epouse chrétienne*, la *Mère religieuse*, la *Femme pieuse dans le mariage*, tous livres qui lui semblaient propres à éclairer une conscience coupable. A Martel il avait offert l'ouvrage du père Bridoux, *De l'ordre dans les sociétés par les vertus chrétiennes*. Malheureusement ces chemins ne l'avaient pas conduit au but espéré : Martel avait en riant refusé le livre du père Bridoux, et

Armande, tout en acceptant l'*Épouse chrétienne* et la *Mère religieuse*, n'avait point paru touchée par leur lecture.

Mais cette maladie devait être bien plus efficace que tous les livres du monde, évidemment c'était un secours du ciel; déjà elle avait effrayé le cœur de la mère, c'était le moment d'agir sur son esprit et sa raison.

Aussi quoiqu'on ne lui demandât ni secours ni avis, crut-il qu'il était de son devoir d'intervenir.

Il choisit son jour et son heure, car ne se dissimulant pas les difficultés de cette conversion il voulait mettre toutes les circonstances à profit ; ce jour-là Julien avait eu une rechute inquiétante et Armande sortait de l'église.

Il l'attendit au haut du village, à l'entrée du chemin qui conduit à la ferme.

— J'ai remis la clef chez vous, monsieur le curé, dit-elle quand il l'aborda.

— C'est une grande joie pour votre pasteur, dit-il en marchant près d'elle, de voir que maintenant vous vous en en servez si souvent ; comme pendant longtemps ça m'a été un grand chagrin de voir que vous ne vous en serviez jamais.

— Ah ! monsieur le curé, j'expie aujourd'hui mon indifférence, mais quand on est heureuse on croit que le bonheur sera éternel; j'ai oublié Dieu dans mon bonheur égoïste, aujourd'hui c'est lui qui m'oublie, mon pauvre Julien a été repris de fièvre.

— Et vous venez de demander à Dieu de vous le guérir ; mais demander sans rien donner soi-même, est-ce assez ?

— J'ai donné ma prière,

— Ce n'est pas cela que je veux dire ; ne croyez-vous pas lorsqu'on demande, que la première chose c'est de se rendre agréable à celui auquel on s'adresse. Et lorsque celui auquel on s'adresse est Dieu, la première chose n'est-elle pas de se soumettre à sa loi, de pratiquer ses commandements et de ne paraître devant lui que dans un état où il n'ait rien à vous reprocher.

Dans ces paroles entortillées elle ne vit que le blâme du prêtre condamnant un genre de vie qui n'était point conforme aux exigences de l'Église. Ce n'était pas la première fois qu'il abordait ce sujet, elle lui répondit ce qu'elle lui avait toujours répondu : qu'elle était une femme religieuse, non une femme pieuse; que Martel, tout en étant le plus honnête homme du monde, n'était ni pieux ni religieux, que cependant il respectait en elle des sentiments qu'il ne partageait pas, mais à condition qu'ils n'iraient pas dans leur manifestation extérieure, surtout dans leur pratique, au delà d'une certaine mesure; que, dans ces conditions, elle trouvait que son premier devoir était à elle de respecter ses idées, comme lui respectait les siennes.

— J'ai déjà eu la douleur d'entendre cette réponse, interrompit l'abbé, et vous savez que j'ai toujours condamné ces erreurs funestes; le premier devoir d'une femme est de plaire au Seigneur. Aussi n'est-ce pas de cela que je parlais : de plusieurs maux c'est au plus grave qu'il faut aller d'abord : c'est par lui qu'il faut commencer la guérison, les autres ne sont souvent que les conséquences de celui-là.

Cette insistance surprit Armande.

Il reprit.

— Vous regardez la maladie de ce cher enfant, comme un châtiment. Vous croyez que Dieu a voulu vous avertir, vous vous jetez au pied de son autel, vous vous humiliez, et vous dites : Seigneur, guérissez-le, je ne vous oublierai plus. N'êtes vous donc coupable que de cet oubli? N'est-il pas en vous, dans votre vie, quelque chose de bien plus grave encore dont vous ne vous repentez pas?

— Que voulez-vous dire? interrompit-elle stupéfaite.

— Je veux dire que vous pouvez tout sur le cœur de M. Martel, et que Dieu en vous frappant, vous averti d'user de ce pouvoir pour faire cesser en état qui l'afflige; n'admirez-vous pas sa bonté infinie et comme dans ses voies détournées ses desseins se font clairement voir : c'est par l'enfant qu'il touche la mère, c'est par l'enfant et la mère réunis qu'il veut éclairer le père jusque-là aveuglé par les vanités de l'esprit. Je ne sais pas quelles raisons ont pu jusqu'à ce jour, vous détourner de faire consacrer votre union par l'Église, quelles qu'elles soient peuvent-elles prévaloir contre les avertissements que vous avez reçus.

Quand Dieu parle, ne lui obéirez-vous pas? Épouse, vous n'aurez plus à rougir, et c'est alors qu'en état de grâce vous pourrez lui adresser vos prières.

Il eût pu continuer longtemps : Armande ne l'entendait pas.

En marchant, ils avaient dépassé la maison habitée par les Pigache, longé les bâtiments de la ferme et ils étaient presqu'arrivés devant la grande porte ; pendant la dernière partie de son discours l'abbé avait été forcé de baisser la voix. Il s'arrêta.

— Vous voulez que je décide M. Martel? que peut-il, que puis-je moi-même? que peut l'Église pour une situation comme la nôtre?

— Mais la légitimer et faire cesser un scandale dont vous êtes la première à souffrir.

Elle le regarda en face, fixement; tout à coup, prenant une résolution désespérée :

— Entrez, dit-elle, M. Martel est à la maison, vous lu répéterez ce que vous venez de me dire.

A cette proposition l'abbé fit un pas en arrière.

— Il vaudrait beaucoup mieux, essaya-t-il, qu'il fût préparé; doucement vous pourrez l'amener à co grand acte de réparation.

Et il allait s'engager dans des explications, lorsque Armande l'arrêta :

— Je vous en prie, entrez, répéta-t-elle.

Après tout, il s'était trop avancé pour reculer ; puisqu'il avait parlé, il était de son devoir d'aller jusqu'au bout.

## IV

Armande le précéda dans l'atelier.

— Voici monsieur le curé, dit-elle en s'adressant à Martel : il semble connaître la vérité de notre situation, et comme il m'en parlait, je l'ai prié de vouloir bien venir s'entretenir avec toi.

Et avant que Martel fût revenu de son étonnement, le curé de son embarras, elle sortit. Elle avait trop souffert depuis quelques minutes, pour assister à l'entretien qui allait s'engager.

Ce fut le curé qui, le premier, rompit le silence ; comme la plupart des gens timides, l'action commencée il trouvait en lui une certaine décision ; à brusquer, on a au moins l'avantage d'en finir plus vite.

— J'ai cru qu'il était de mon devoir de prêtre, dit-il, d'adresser quelques observations à madame Martel, sur.. sur l'irrégularité de votre position. Tant que madame Martel a vécu hors de l'église on peut admettre jusqu'à un certain point et en faisant la part des circonstances que j'ignore, on peut admettre que vous n'ayez point recouru aux sacrements de l'Église pour légitimer votre union, mais aujourd'hui ?

Le curé parlait de recourir aux sacrements de l'Église, de légitimer leur union, que savait-il donc ?

— Pardon, monsieur le curé, dit-il en interrompant, bien que je vous écoute avec toute l'attention possible, je vous avoue que je ne vous comprends pas. Que peut l'Église pour nous?

— Bénir votre mariage.

— Maintenant?

— N'est-il pas toujours temps de réparer une faute; vous laisseriez-vous arrêter par une vaine honte?

— Voyons, monsieur le curé, je vous en prie, parlons avec toute la précision possible; soyez assez bon pour me dire ce que vous savez, tout ce que vous savez sur nous, et comment vous l'avez appris, car je vous le répète, je ne comprends absolument rien à votre démarche.

A son tour l'abbé Blavier eut un moment de surprise.

— Mon Dieu! dit-il avec une évidente anxiété, m'aurait-on trompé?

Sans répondre, Martel fit signe qu'il écoutait.

— Ce que je sais, reprit l'abbé, se réduit à bien peu de chose : une personne, animée des meilleures intentions, au moins j'en ai jugé ainsi, m'a dit que vous n'étiez pas mariés, et elle m'a prié de faire auprès de vous toutes les démarches nécessaires pour vous décider à faire consacrer par le sacrement du mariage une position coupable.

— Cette personne?

— Malheureusement je ne puis vous en dire davantage; cette personne qui, je vous le répète, m'a paru guidée par un vif intérêt pour vous, m'a demandé le secret et je l'ai promis.

— Et là-dessus, sans rien de précis, sans preuves, alors même que les présomptions étaient pour nous, vous n'avez pas hésité à vous charger de cette mission; avant d'intervenir vous ne vous êtes pas demandé, quelle portée vos paroles pouvaient avoir sur une honnête femme.

— Il eût fallu pour cela, dit l'abbé en baissant les yeux, supposer chez la personne qui me mettait en avant une si grande noirceur d'âme, que cette pensée ne m'est pas venue : j'ai cru à l'intérêt, c'était plus naturel.

— Intérêt de curiosité, c'est possible, intérêt d'une autre sorte encore et plus coupables je peux bien l'admettre, car je crois connaître la personne dont vous voulez cacher le nom; c'est à ce mobile qu'on a obéi en vous trompant, non à d'autres.

— Est-ce possible?

Martel resta un moment sans répondre, paraissant suivre sa pensée intérieure.

— Monsieur le curé, reprit-il *bientôt, il y a du vrai* dans ce qu'on vous a dit; nous ne sommes pas mariés.

L'abbé respira.

— Nous ne sommes pas mariés légalement, c'est-à-dire aux yeux de la loi française, nous ne pouvons même l'être, et cela pour des raisons que je ne puis vous donner. Mais moralement, religieusement, aux yeux de l'Eglise, par le ministère d'un de ses prêtres, nous l'avons été.

Il se leva, alla à son bureau, fouilla dans une liasse de pièces, et en tirant une feuille de papier.

— Voici un extrait des registres de la paroisse de San-Stefano, à Palerme, dit-il, veuillez le lire.

L'abbé essaya de se défendre; Martel insista :

— Il faut que vous puissiez dire à la personne en qui vous avez eu confiance, que, de vos yeux vous avez lu cet acte qui a été fait conformément à la loi du pays où nous nous sommes mariés.

— Mon Dieu! dit l'abbé lorsqu'il eut achevé de lire, comment puis-je vous témoigner...

— Monsieur, le curé, je ne suis pas prêtre, je ne sens donc pas comment j'aurais agi à votre place; seulement je déplore votre intervention dans cette affaire; cependant il y a un moyen sinon de réparer, au moins d'atténuer ce qui est fait et ce moyen est en votre pouvoir; la personne.

— J'ai promis le secret.

— Je ne veux pas vous demander de le trahir. Cependant vous comprenez que maintenant il faut que je la connaisse; car dans le doute je puis soupçonner mes meilleurs amis, mes parents même. Hé bien! il me semble que vous pouvez lui demander de vous relever de votre promesse; si elle était de bonne foi, elle vous la rendra volontiers; si elle ne l'était pas, comme je le crois, elle vous la refusera; dans ce cas mes soupçons déjà fixés le seront tout à fait, et j'ai pour le présent comme pour l'avenir grand intérêt à cela. A l'avance je suis à peu près certain qu'elle refusera.

Après tout, cette proposition n'avait en soi rien de déraisonnable. L'abbé l'accepta. Il était assez malheureux de sa négociation pour avoir à cœur de la faire oublier, et il était assez indisposé contre madame Pigache pour ne pas tenir à la ménager.

## V

— Ainsi, dit Armande lorsque Martel l'eut rejointe dans sa chambre, maintenant la vérité est publique, demain elle sera connue de nos gens, elle pourra l'être des enfants eux-mêmes.

A ces mots prononcés avec un accent navré, il vit que la moitié de sa tâche seulement était accomplie et que le plus difficile restait à faire.

Il s'assit près d'elle, et la prenant doucement dans son bras.

— Ni des enfants, ni de nos gens, ni maintenant, ni demain.

Et il raconta en détail ce qui venait de se passer, sans rien omettre.

— Je devais dire au curé que j'étais désolé de son intervention; en réalité elle était heureuse pour nous. A n'en pas douter, c'est par madame Pigache qu'il a été averti et poussé. Je puis te l'avouer maintenant, il y a longtemps que je pensais qu'elle savait quelque chose; c'est parce que je craignais qu'elle en abusât que je l'ai tolérée si longtemps ici, que je lui ai payé ces dix mille francs que je ne lui devais pas, enfin que je l'ai envoyée à Fontaine-le-Roi en achetant encore sa discrétion au prix d'une association. Je vois aujourd'hui que ce quelque chose qu'elle a si habilement exploité, se réduit à rien. La vérité, elle ne s'en doute pas, car alors elle n'eût point engagé le curé à nous marier. Furieux de la mauvaise affaire dans laquelle elle l'a jeté, le curé va avoir une explication avec elle; et de cette explication il résultera clairement pour madame Pigache qu'elle a mal entendu ce qu'elle a cru entendre et que nous sommes bien mariés, puisque l'acte existe. Ainsi elle va se trouver arrêtée net dans ses indiscrétions. Voilà les conséquences de l'ambassade de l'abbé Blavier, elles doivent te sauter aux yeux.

## VI

Il avait cru qu'en lui démontrant que la vérité n'était pas connue, il lui rendrait sinon la sérénité dans le présent et la confiance dans l'avenir, au moins un certain calme.

Malgré la perspicacité passionnée avec laquelle il l'étudiait, il se trompait; elle était plus profondément atteinte qu'il ne le supposait : il avait rassuré sa pudeur d'honnête femme; il n'avait rien fait pour sa conscience; et c'était dans sa conscience qu'elle avait été atteinte par les paroles de l'abbé Blavier. Il ne tarda pas à s'en apercevoir.

Un matin elle entra dans son atelier, tenant à la main une lettre dont l'enveloppe n'était pas fermée.

— Voici une lettre, que j'écris à Mgr Hercoet; j'ai

longtemps hésité si je te consulterais avant de l'écrire, mais je me serais si mal expliquée que tu n'aurais sans doute rien compris à ce je voulais dire : maintenant voici la lettre ; lis-la, si tu penses qu'il est mauvais de l'envoyer, qu'elle ne parte pas, je m'en remets pleinement à toi.

« Le Plessis, 4 octobre.

« Monseigneur,

« Il y a bien longtemps que je ne vous ai écrit, et cependant dans ma vie si heureuse, il est survenu un épouvantable malheur qui devait me faire recourir à votre amitié toujours bienveillante et aux conseils de votre piété.

« Vous vous souvenez sans doute des difficultés qui ont empêché notre mariage en France ; légalement la mort de M. Berthauld n'avait pas été constatée, légalement on ne voulait pas l'admettre. La loi dans son exigence, qui nous paraissait alors monstrueuse, avait raison. M. Berthauld n'était pas mort : son suicide à Naples avait été une feinte.

« Il y a dix-huit mois, un de nos amis nous apprit qu'il était à Londres.

« Vous dire quel coup cette nouvelle nous porta m'est impossible, et ce que vous pourrez imaginer restera toujours au-dessous de l'horrible réalité : notre mariage rompu ; notre fils, un enfant naturel ; notre amour, un crime ; notre position, un mensonge pour les honnêtes gens, un remords pour nous, pour moi au moins, et encore la pensée incessante, qu'aujourd'hui, que demain, il pouvait revenir et nous séparer.

« De nous-mêmes devions-nous l'accomplir, cette séparation ? Mon second mariage, annulé par les circonstances, devait-il l'être par ma volonté ? Mon devoir était-il d'abandonner l'homme que j'aime, de lui enlever en même temps son fils, ou si je ne l'enlevais pas, de le perdre moi-même? Je vous le confesse, en apprenant la vérité, cette idée ne m'est pas seulement venue.

« C'est plus tard. On dit que les malheurs marchent en troupe, se tenant par la main ; si cela est vrai, il me semble que c'est Dieu alors qui les conduit pour nous éclairer ou nous punir.

« Victorine, que vous avez connue gentille et douce, a, depuis quelques mois, sans raisons apparentes, tellement changé que pour elle-même autant que pour nous, nous sommes forcés de l'éloigner, et d'essayer quelle influence la pension pourra avoir sur son humeur et son caractère.

« Julien, qui était superbe de force et de santé, s'est empoisonné avec des baies de belladone ; nous l'avons à grand'peine sauvé, il est resté dans un état qui nous inspire les craintes les plus grandes.

« Ne sont-ce pas là de ces malheurs qui s'enchaînent pour frapper et avertir ; et quand dans mes prières je demande à Dieu de guérir mon fils et de rendre ma fille ce qu'elle était, suis-je bien digne de lui adresser ces prières?

« C'est depuis cet enchaînement de calamités que je suis descendue dans ma conscience. C'est elle qui, à bout de forces, folle d'inquiétude et de tourments, vous demande aide et consolation.

« Mais en est-il pour moi, même dans notre religion qui a fait de si grands miracles? Dieu si grand, si miséricordieux qu'il soit, peut-il donner l'espérance, à qui tout d'abord n'offre pas un repentir absolu.

« Et ce repentir est-il possible pour moi? Souffrir, expier, acheter le bonheur de mes enfants et de celui que j'aime, par une vie de larmes ; oui, je le puis, je suis prête. Mais ce repentir?

« Voilà, mon père, pourquoi je tends vers vous mes mains. Vous voyez ma position dans toute son horreur.

trouverez-vous des paroles de paix pour me la rendre moins lourde?

« J'écris à l'ami, le prêtre peut-il m'entendre ; puis-je lui demander de faire la lumière dans les ténèbres où je me débats désespérément? »

Martel s'arrêta et pliant la lettre :

— Ainsi, dit-il, rien n'allégera la fatalité qui pèse sur nous ; mais puisque tes tourments s'exaspèrent au lieu de s'adoucir, tu as bien fait d'écrire cette lettre, il faut l'envoyer telle qu'elle est.

Il la glissa dans l'enveloppe et ferma celle-ci.

— Si notre position était autre, je te verrais avec épouvante appeler un prêtre entre nous; dans les circonstances présentes, je ne me sens pas la force de prendre la direction de ta conscience.

— Tu sais bien que tu n'as rien à craindre de lui.

— Je l'ai connu homme de cœur; j'espère que les grandeurs ne l'ont pas changé. Cependant l'évêque est-il ce qu'était le curé de village?

— Son amitié au moins est toujours la même.

— Ce n'est pas son amitié que tu veux, c'est sa sévérité, la plus dure et la plus implacable. Tu veux souffrir pour expier, voilà ce que tu demandes. Expier quoi? Hé bien, qu'il te fasse souffrir, si cela peut t'arracher à ton désespoir qui n'est ni d'une femme aimée, ni d'une mère.

Il la regarda quelques instants avec une tendre pitié, puis reprenant :

— As-tu pensé qu'il pourrait bien n'être plus tel que nous l'avons connu? Si, en s'élevant et en vieillissant son cœur s'était endurci, son intelligence fermée?

— Eh bien, que ma lettre ne parte pas ; c'est précisément pour que tu décides que je te l'ai remise.

— Il faut qu'elle parte, hélas! Je me flattais que mon amour, j'espérais que les enfants adouciraient l'amertume de notre malheur. Mais il te faut des miracles, et je me sens incapable d'en faire. Adresse-toi donc à cette foı qui jusqu'à ce jour a fait ton désespoir. M. Hercoet t'aime, je ne peux croire qu'il veuille se placer entre nous; s'il est toujours ton ami, il me semble qu'il sera mon soutien et non mon adversaire.

La réponse ne se fit pas attendre : elle était affectueuse et paternelle, mais elle marquait bien nettement la distinction entre le prêtre et l'ami; l'ami répondait par des paroles de compassion, le prêtre avait besoin d'entendre et d'interroger avant de donner un conseil.

Il eu coûtait à Armandre d'entreprende un voyage de trois jours dans l'état où était Julien. Cependant elle s'y décida.

Ils furent longs pour Martel ces trois jours, et son angoisse fut poignante lorsqu'il la vit descendre de wagon. Était-ce la fatigue de la route qui l'avait si terriblement pâlie et lui avait enfiévré les yeux?

— Eh bien? dit-il anxieusement.

— J'aurais mieux fait de ne pas entreprendre ce voyage; toi, toi seul.

Ils n'en dirent point davantage, mais c'en était bien assez.

—J'ai eu de mauvaises nouvelles de M. de Tréfléan, reprit Armande lorsqu'elle eut interrogé Martel sur les enfants; dans sa dernière campagne sur l'Amazone, il a souffert toutes les privations; il est rentré à Rio-de-Janeiro dans un état de faiblesse extrême; l'empereur l'a nommé commandeur de son ordre et a mis à sa disposition un vapeur et autant d'hommes qu'il lui en faudrait, mais il dit à M. Hercoet qu'il est trop sérieusement atteint et qu'il ne pourra pas mener à bonne fin son projet d'exploration. Il parle de nous très affectueusement, et envoie à Victorine un collier d'aigue-marine.

## VII

Lorsqu'ils arrivèrent au Plessis on prévint Martel que M. Lataste était dans l'atelier et l'attendait.

— Si c'est une invitation... dit Armande vivement.

— Eh bien?

Elle hésita un moment :

— Eh bien, reçois-le tout seul, reprit-elle, je voudrais voir les enfants.

Évidemment ce n'était pas la conclusion de sa première pensée, et il ne comprit que trop ce qu'elle avait dit tout d'abord.

Lataste, qui était d'ordinaire l'homme le plus fleuri dans sa toilette et ses manières, se montra sombre et embarrassé :

— Mon cher ami, dit-il, j'ai bien des défauts et ne me fais pas illusion sur ce que je peux valoir; mais j'ai une qualité à laquelle je tiens beaucoup : c'est la franchise. Est-ce vrai?

Martel fit un signe affirmatif, se demandant ce qu'allait amener ce singulier exorde.

— Eh bien, je viens à toi, poussé par cette franchise qui me fait peut-être commettre une sottise; enfin, c'est toi qui seras juge. Es-tu marié?

Cette demande, formulée d'une façon si brutale, produisit sur Martel à peu près l'effet d'un coup de fusil qui lui serait brusquement parti dans le dos; cependant il se remit aussitôt de ce moment de surprise.

— Avant de répondre à ta question, dit-il, fais-moi savoir, je te prie, pourquoi tu me la poses; c'est la moindre des choses, n'est-ce pas?

— Mon cher ami, tu sais que ma femme a offert des

cloches à notre clocher ; elle en est la marraine, et à cette occasion nous donnons une fête qui sera en même temps l'inauguration officielle de notre maison complètement terminée. Hier nous avons discuté notre liste d'invitation avec le parrain ; le parrain c'est Lassave. Arrivés à ton *nom*, Lassave me dit : « *Êtes-vous sûr qu'ils soient mariés?* » C'était très drôle, tu comprends ; je me mets à rire, il insiste ; je ne l'écoute pas et j'inscris ton nom avec celui de madame Martel. C'était devant ma femme que ça se passait. Lassave reste à dîner, et le soir, quand je le mets en voiture, il revient sur toi en m'affirmant que la chose est très grave ; qu'on dit, et qu'il y a tout lieu de le croire, *que tu n'es pas marié* ; que si *nous t'invitons* avec madame Martel cela fera scandale. Tu connais la nature de mes relations avec Lassave ; quoique plus jeune que nous, il est notre ami intime, il nous a suivis partout, et c'est nous qui l'avons fait nommer ici. De sa part, je devais tout entendre sans me fâcher. D'ailleurs je ne me suis pas fait illusion sur la gravité de son observation ; si je me connais, je connais aussi notre position. Pour ce qui nous est arrivé à Bordeaux, par le bruit qu'on a fait autour de notre malheur, nous sommes obligés de n'avoir que des amis irréprochables aux yeux de la société, ou bien nous nous exposons à ce qu'on dise que nous recevons tout le monde parce que les honnêtes gens ne veulent pas venir chez nous ; justement nous aurons des Bordelais qui ne manqueraient pas de colporter là-bas cette interprétation. Dans ces conditions, il m'a paru que je n'avais que deux moyens : ne pas t'inviter, ce qui était te faire une sottise, ou bien venir à toi te demander une explication, ce qui était peut être faire une bêtise. J'ai préféré la bêtise qui, en somme, n'engage que moi, et je suis venu.

De tous côtés, et successivement, le cercle dans lequel il se débattait se resserrait. Fallait-il lutter ou reculer ? Ce fut la double question que Martel agita confusément pendant que Lataste achevait son récit. Lutter? contre qui? contre le monde, contre un être insaisissable? Dans quel but? de s'imposer et après de reculer; mais jusqu'où reculer? jusqu'à dire la vérité à tous ceux qui auraient le caprice de la demander, jusqu'à la crier par-dessus les toits? Cependant il fallait répondre.

— Mon cher Lataste, dit-il, si je n'avais pas été marié lorsque tu es venu nous inviter pour la première fois, je te l'aurais dit tout simplement.

— J'en étais bien sûr, s'écria Lataste sans le laisser continuer; alors tu ne m'en veux pas et tu acceptes; c'est pour samedi, je vais adresser en forme une invitation à Madame; fais-la prévenir, je t'en prie.

— Je ne t'en veux pas, je t'en donne ma parole; mais je n'accepte pas.

— Comment!...

— Mon ami, on t'a dit que je n'étais pas marié; je ne sais qui fait courir ce bruit, et je dois croire qu'il est très répandu puisqu'il est venu jusqu'à toi. Je ne veux pas être exposé chez toi à l'entendre, je ne veux pas surtout que ma femme y soit exposée,

— Mais personne ne s'avisera...

— Qu'en sais-tu? Si quelqu'un en nous voyant dit : « Tiens, voilà Martel; il paraît qu'il n'est pas marié », iras-tu affirmer le contraire? ou bien mettras-tu sur tes invitations ; « Nous aurons M. et madame Martel, qui sont bien véritablement mariés et non pas... etc. »

— Dès là que vous serez reçus, cela prouvera...

— Rien du tout.

Lataste voulut insister, Martel se renferma froidement dans cette réponse.

— Voyons, là, franchement, dit Lataste prêt à sortir; j'ai donc fait une bêtise.

— Mon brave Lataste, tu as une singulière façon de comprendre la franchise; tu veux que ceux que tu interroges te répondent franchement et tu appelles çà être franc toi-même.

— Je voudrais ne pas t'avoir fâché, dit-il tristement, voilà ce que je voudrais.

— Alors, donne-moi ta main.

Il le reconduisit jusqu'à sa voiture, puis il rejoignit Armande.

— Lataste venait nous inviter au baptême de ses cloches; j'ai refusé.

Son regard reconnaissant parla pour elle.

Ce lui fut un grand soulagement que de ne pas aller à cette fête, mais en même temps un tourment aussi : devait-elle lui faire rompre ainsi toutes ses relations!

## VIII

Au milieu de ses inquiétudes et de ses tourments, Martel avait eu l'énergie de mener à fin les douze toiles commandées par le prince de Coye; et c'était pendant qu'il tremblait pour la vie de Julien, qu'il souffrait de la souffrance d'Armande, qu'il avait trouvé l'inspiration et la concentration pour achever un grand plafond, *le Matin*, qui était le couronnement de son œuvre. A regarder cette vaste composition d'où se dégageait une sérénité robuste, on ne devinait guère les angoisses de l'esprit qui l'avait conçue, les agitations de la main qui l'avait exécutée.

Le prince était trop peu homme d'argent pour croire que l'argent paye tout; les tableaux terminés, il voulut donner à Martel un témoignage marquant de sa satisfaction; pendant tout le temps qu'avait duré le travail, il était fréquemment venu au Plessis, et des rapports presque intimes s'étaient établis entre eux.

— Mon cher ami, lui dit-il avec une exquise bonne grâce qui doublait le prix de ses paroles, vos tableaux sont en place. Si j'étais le gouvernement je vous décorerais : si j'étais l'Académie des Beaux-Arts je vous nommerais ; si j'étais critique je vous consacrerais un volume, mais je ne suis, hélas ! rien du tout. Cependant je veux faire quelque chose pour vous remercier ; ce que je peux. On aime assez venir à Villiers, précisément sans doute parce que les occasions d'y venir sont assez rares. Je vais donner une petite fête pour l'ouverture de votre galerie et j'y inviterai ceux qui tiennent une place importante dans le monde artistique. Vous êtes, laissez-moi le dire, d'une négligence et d'une maladresse déplorables pour vous faire rendre justice, je veux m'en charger. D'aujourd'hui en quinze j'aurai réuni le tribunal le plus compétent qu'un artiste puisse souhaiter, et je ferai moi-même le rapport. Je compte donc sur vous et sur madame Martel à qui je voudrais bien, si cela est possible, adresser ma demande.

Martel connaissait assez le prince, ses habitudes et ses principes pour sentir tout le prix d'une invitation faite en ces termes. Elle le désola. Il ne pourrait donc jamais échapper au monde. Accepter, refuser ? A ces deux impossibilités son esprit se heurtait sans trouver une issue. Il prit son parti. Sous l'agitation incessante et continue de la même pensée, sa conscience d'ailleurs s'était troublée, il n'y voyait plus clair. A quel autre demander la clarté, si ce n'est à ce représentant du monde, le plus élevé et le plus pur.

Franchement, sans rien omettre, sans rien exagérer comme sans rien atténuer, il s'ouvrit à lui.

— Mon cher ami, dit le prince en lui tendant la main, s'il s'agissait d'un conseil à vous donner, je serais fort embarrassé, je l'avoue, mais comme il n'est question que de moi seul, je me sens à mon aise. Pour moi, vous êtes le ménage le plus parfait, le plus honnête que je connaisse. C'est vous dire que je persiste dans mon invitation. Mais il y a plus, je crois que vous ne devez rien négliger pour décider madame Martel à accepter. Par ce que vous m'avez dit, je vois qu'elle s'exagère jusqu'à la souffrance les difficultés de sa situation. Pour elle, pour sa propre estime, pour sa conscience, il est bon qu'elle soit reçue la tête haute dans une maison respectable, par un homme qui jusqu'à un certain point domine le monde. Ce n'est pas le cas de faire ici de la fausse modestie, je crois que Villiers est cette maison, et puisque ma naissance et les circonstances m'ont donné une certaine position, il faut que cette position serve à protéger une honnête femme. Seulement, comme c'est sur elle surtout qu'il faut agir, je crois que vous devez la prévenir que je sais la vérité. Elle en souffrira tout d'abord, cela est certain, mais quand elle verra un homme à qui elle accorde quelque estime, lui témoigner publiquement le respect qu'elle mérite, cette souffrance ne sera rien dans l'apaisement qui se fera en elle. Fiez-vous en moi, je veux qu'elle sorte de Villiers, sinon heureuse, au moins calme et confiante. Préparez-la, je reviendrai demain lui faire mon invitation.

Mais toutes les raisons plus ou moins habiles étaient inutiles, elle en avait une elle-même, pour la décider, plus puissante que toutes celles qu'on pouvait lui donner.

Cette fête n'allait-elle pas être un jour de triomphe pour Martel? Elle voulut être près de lui.

## IX

Lorsqu'elle descendit de l'appartement qui lui avait été réservé et qu'elle arriva avec Martel à la porte du salon de réception, elle ne put se défendre d'un sentiment d'effroi. Elle avait à traverser ce vaste salon dans toute sa longueur, vide au milieu ; il lui sembla que tous les yeux se levaient sur elle. Le prince, qui était adossé à la cheminée faisant face à la porte, vint au-devant d'elle et lui offrit le bras, il la conduisit auprès d'une vieille femme poudrée, à l'air noble, malgré le rouge dont elle était horriblement peinte. C'était la duchesse de Nitrimière, célèbre sous la Restauration par ses aventures et son esprit.

— Madame ma mère, je vous présente madame Martel, dit-il en faisant asseoir Armande auprès d'elle, je vous la confie, vous me remercierez de vous l'avoir fait connaître.

Ceci fut dit avec une extrême douceur de parole, puis il alla au-devant des invités qui arrivaient.

— Le prince va passer sa revue, nous pouvons la passer d'ici, dit la duchesse, ce sera moins ennuyeux et cela pourra peut-être vous être utile : il est toujours désagréable de parler de corde à un pendu ; et quoique mon petit-fils ne reçoive pas tout le monde, il se trouve tout de même des pendus dans le nombre. Tenez, cette jeune femme blonde qui entre en riant est la marquise de Firfol ; si vous lisez les chroniques des journaux prétendus élégants, vous la connaissez, et ses toilettes, et ses amants, et ses dettes, et ses mots ; c'est la lionne de la coquetterie ou de la cocoterie, comme le disait mon petit-neveu de Vaubéril, ce grand garçon, avec une fleur blanche à sa boutonnière, qui s'est ruiné pour elle, a reçu un coup d'épée de son successeur, et l'adore toujours. Celle à qui elle tend la main est son amie intime, la comtesse d'Esterle, les deux font la paire, la brune et la blonde. Ah ! voilà madame Hohenadel, la femme du banquier ; elle ne ruine pas ceux qui l'aiment, c'est elle qui se ruine. On trouve ça plus grossier, moi non, et cette bourgeoise l'emporte, il me semble, sur les filles des preux.

De chacun de ceux qui entraient, la duchesse faisait ainsi le portrait, sans se soucier qu'on l'entendît.

— Est-ce donc là le monde ? se demanda Armande en l'écoutant, ces femmes marchent la tête haute, le sourire sur les lèvres.

— Mon enfant, continua la duchesse, l'honneur et le devoir sont aujourd'hui dans la médiocrité ; ça fait bien rire mes amis quand je dis ça, mais je le crois ; il est vrai que je ne connais pas la médiocrité. Vous êtes sage, voyez-vous, de vivre dans l'obscurité ; mon petit-fils m'a dit que vous étiez la meilleure des femmes et maintenant que je vous vois, je le crois.

Le salon s'était rempli ; et c'était par-dessus la tête des invités se détachant sur le paysage d'une tapisserie de Flandre, qu'on apercevait maintenant la statue de bronze de Boémond de Coye, le chef de la maison, qui prit Antioche avec Raymond de Toulouse et fut seigneur de Krac.

Il y avait peu de femmes ; mais en moins d'une demi-heure Armande avait entendu les plus beaux noms de la naissance, de la fortune et du talent. Au milieu d'un groupe elle apercevait Martel, et parmi ceux qui l'entouraient elle reconnut des figures amies, Verdole le critique, et quelques artistes.

— Ah ! voilà notre voisine, madame Lataste, dit la duchesse, et son ombre, M. Lassave ; c'est pour vous que le prince l'a invitée, il a pensé qu'il vous serait agréable de trouver dans ce monde une amie. Ah ! mon Dieu, qu'elle sent l'argent ; conseillez-lui donc de prendre votre faiseuse, vous vous habillez à merveille.

Lorsqu'on passa dans la galerie nouvellement décorée, le prince lui offrit son bras.

— Je veux que vous ne perdiez rien de son triomphe, dit-il.

Ce triomphe fut complet : pendant une heure, elle entendit les plus belles paroles, les plus douces comme les plus enivrantes qui puissent résonner dans un cœur sincèrement épris.

Ah ! comme elle avait hâte d'être seule avec lui.

Malgré les instances du prince, elle avait voulu rentrer au Plessis le soir même et ne point passer la nuit loin de Julien.

Ils étaient à peine sortis du flot de lumière qui illuminait la cour d'honneur, qu'elle se jeta dans ses bras et le serra longuement.

La nuit était déjà éclairée des lueurs blanchissantes du matin. Ils firent la route sans parler, leurs cœurs étaient pleins; les mains dans les mains ils se comprenaient.

En arrivant ils furent rappelés à la réalité.

— Une lettre pour madame, dit Marie-Ange.

— Un grand malheur, dit-elle après l'avoir lue; Mgr Hercoet m'écrit que notre pauvre M. de Tréfléan est mort à Rio-de-Janeiro. Il laisse la plus grande partie de sa fortune à Victorine.

Triste pour Armande qui amait tendrement M. de Tréfléan, cette nouvelle était plus terrible pour Martel.

A ce mot « il laisse sa fortune à Victorine » lui revint le souvenir des paroles de Favas : — Berthauld ne sera à craindre que le jour où il aura un intérêt d'argent à se faire connaître comme chef de la communauté. »

Cette mort et ce testament n'allaient-ils pas donner naissance à cet intérêt?

Le rêve avait été court: l'espérance avait moins duré que l'aube matinale.

# CHAPITRE IX

## LA FEMME

### I

On était au printemps ; le moment était arrivé pour Victorine d'entrer en pension, et Armande et Martel étaient allés à Villeneuve pour s'entendre définitivement avec les demoiselle Hochemolle.

Jusqu'au dernier jour Armande avait espéré garder Victorine auprès d'elle. Mais Martel avait persisté dans sa résolution.

— Si son caractère s'était amélioré, ce serait peut-être possible, mais il n'en est rien. Depuis qu'elle se sait riche elle est plus dure encore. Elle ne parle que de sa fortune. Je l'entendais l'autre jour bavarder avec Marie-Ange : toute sa préoccupation est de savoir si elle sera plus riche que Julien. Elle veut être marquise en se mariant, parce que Julien ne pourra jamais être marquis. Maintenant plus que jamais il faut que nous nous en séparions.

Il avait fallu se résigner.

Les enfants étaient restés seuls à la maison, et à peine leur mère était-elle partie que, trompant la surveillance de Marie-Ange, ils s'étaient échappés pour rejoindre Hutin, qui gardait ses moutons dans le champ joignant les bâtiments de la ferme.

Les agneaux nés en février, commençaient à être forts, ils accompagnaient les mères au pâturage : c'était pour les enfants un plaisir dont ils ne se lassaient pas, de jouer avec eux et de leur attacher des rubans au cou ; ils ressemblaient ainsi à un grand tableau de la salle à manger, sur lequel on voyait des bergers en veste de satin, gardant des moutons roses dans des buissons bleus.

Hutin les laissait faire, et pourvu qu'ils n'épouvantassent pas les brebis, il s'amusait lui-même à cet amusement ; assis au bord du chemin, ses chiens auprès de lui, il les regardait et souriait placidement.

Il y avait à peu près une heure qu'Armande et Martel avaient passé devant lui en voiture, lorsque dans le chemin du village il aperçut un étranger qui semblait se diriger vers la ferme.

C'était un homme qui paraissait avoir quarante ans à peu près ; il était assez misérablement vêtu, son paletot était sali plutôt qu'usé, son pantalon gris faisait une large poche à l'endroit où le genou force, son chapeau était rougi et bossué ; lorsqu'il approcha, Hutin remarqua que son teint était d'une pâleur plombée, sa barbe brune qu'il portait longue, commençait à blanchir par place.

— C'est ça la ferme de M. Martel ? dit-il lorsqu'il fut arrivé devant le berger.

— Oui.

— On m'a dit dans le village qu'il n'était pas chez lui, ni madame non plus.

— C'est vrai, ils sont sortis.

— Est-ce qu'ils vont revenir bientôt ?

Hutin qui avait été dix ans au bagne et qui pendant un an avait vécu au milieu de repris de justice et des forçats en rupture de ban, se connaissait en mauvaises figures ; celle qu'il avait devant lui l'impressionna désagréablement ; et quoiqu'on pût voir une certaine beauté dans les lignes principales, il y avait dans l'expression générale, dans les yeux surtout et dans la bouche, une insolence, une dureté qui mettaient mal à l'aise.

— Je suis le berger, dit Hutin, ce n'est pas à moi qu'ils content leurs affaires.

A cette réponse bourrue, l'étranger, qui avait posé assez durement ses demandes, changea de ton.

— Ne vous fâchez pas, mon brave, dit-il familièrement, sans qu'on vous rende de compte, vous pouviez bien savoir quand vos maîtres rentreraient.

— Je n'en sais rien, mais les gens de la maison doivent le savoir, si vous voulez-y aller c'est tout droit, la première grande porte.

— Merci, vous pouvez tout aussi bien que les gens de la maison faire ce que j'ai à vous demander.

Son ancienne vie avait habitué Hutin à la défiance, et il était disposé à voir dans tous ceux qu'il ne connaissait pas des gens de police ou des huissiers, ce qui pour lui était tout un. Il croyait bien que son maître n'avait rien à démêler avec ces gens-là, mais après tout on ne pouvait pas savoir

— C'est selon, dit-il sans s'engager.

— C'est bien simple, et ce que j'attends de vous ne vous donnera pas beaucoup de peine.

— Je ne crains pas la peine, les maîtres sont de braves gens qui savent la payer.

— Cela ne vous compromettra pas non plus.

— Dites, qu'on voie.

— Voulez-vous remettre cette lettre à madame Martel en particulier, vous comprenez, en particulier.

— En cachette, quoi ?

— Sans la montrer à personne, sans que personne vous voie.

Il réfléchit un moment.

— Cette lettre, dit-il avec hésitation, c'est le piéton de la poste qui remet les lettres.

— Oui; mais j'aime mieux qu'elle ne passe pas par la poste.

— Çà, c'est pas l'embarras, c'est pas trop sûr la poste, donnez-la.

Et il tendit la main pour prendre la lettre; dessus était une pièce de cinq francs. Il la repoussa.

— La lettre, oui; l'argent, non. Si madame est contente que je lui remette ce papier, elle me dira merci, si elle n'est pas contente, je ne veux pas avoir votre argent en poche.

— Hé bien, mon brave, je vous dis merci d'avance, puisque vous aimez mieux cette monnaie-là que la vraie; à votre choix.

A ce moment des crix joyeux retentirent au bout du champ; les enfants avaient noué avec une même faveur deux agneaux, et ils s'amusaient de les voir tirer en sens contraire.

— Voulez-vous bien les détacher, cria Hutin, ou je vais vous renvoyer à la maison! Mademoiselle Victorine, je le dirai à votre maman!

— C'est la fille de madame Martel? demanda l'étranger d'un ton qui parut singulier à Hutin.

— Oui, c'est la fille de son premier mari; elle nous fait assez enrager, on dit qu'elle ressemble à son père.

— Ah! et ce petit garçon!

— C'est le fils du maître.

— Merci.

En quittant Hutin, il reprit la route du village : les enfants, qui s'étaient sauvés en entendant Hutin les gronder et qui commençaient à être fatigués de jouer avec les moutons, étaient assis au bord de la route sur le tronc d'un arbre renversé. Hutin vit l'étranger s'arrêter auprès d'eux et leur parler, mais il était trop loin pour entendre ce qu'ils disaient.

## II

— Mon enfant, dit l'étranger à Victorine, savez-vous quand votre maman reviendra.

La politesse n'était pas la qualité dominante de Victorine et quand des gens qu'elle ne connaissait pas ou n'aimait pas l'interrogeaient, elle leur tournait souvent le dos avec mépris. Ce fut son premier mouvement en voyant cet inconnu se permettre de lui parler sans l'avoir salué; mais il y avait dans le regard qu'il attachait sur elle quelque chose de doux, dans sa parole une certaine tendresse qui l'arrêtèrent.

— Maman ne sera pas bien longtemps maintenant, dit-elle, une heure, deux heures peut-être.

— Elle n'est pas partie loin ?

— Non, à Villeneuve, avec papa Martel, voir la pension où je vais entrer.

— Ah! vous allez en pension.

— Oui, papa Martel le veut, et maman n'ose pas dire non.

— Il est donc méchant pour vous, votre papa Martel?

Elle ne répondit pas.

— Cela vous ennuie d'aller en pension, dit l'étranger quand il vit bien qu'elle ne voulait pas répondre.

— Non.

— Vous êtes donc malheureuse ici!

Elle garda encore le silence.

Julien avait tout d'abord écouté cette conversation, puis comme elle ne l'amusait pas, il avait quitté l'arbre et il cueillait des primevères sur le talus du chemin.

— Si vous ne voulez pas aller en pension, il faut le demander à votre maman; elle saura bien vous garder.

— Je ne tiens pas à rester, et puis maman fait ce que veut papa Martel et il veut que j'y aille. Est-ce que vous le connaissez, papa Martel?

— Oui.

— Alors vous savez bien qu'il faut qu'on lui obéisse toujours.

— Il n'est pas votre papa.

— Non, mon premier papa est mort.

— Vous le rappelez-vous, votre premier papa?

— Oui; il faisait toujours pleurer maman: depuis qu'il est mort, elle ne pleure plus.

— Cela vous a fait de la peine quand vous avez appris sa mort.

— Oui, et à maman aussi; c'était dans notre petite chambre où il y avait un arbre devant la fenêtre et où maman travaillait toujours; le domestique de papa Martel est venu apporter une lettre, maman l'a lue, et puis elle a fait : « Ah! mon Dieu, mon Dieu! » Je lui ai demandé ce qu'elle avait, elle m'a dit : « Ton pauvre père est mort, » et elle m'a pris dans ses bras; j'ai pleuré aussi. Mais j'étais bête parce que j'étais petite; c'est heureux qu'il soit mort, il prenait tout l'argent de maman, et s'il était encore vivant, nous serions toujours dans la misère. Et ce n'est pas amusant, la misère, on ne mange pas ce qu'on veut, et on va à pied.

— Qui vous a dit cela, que vous seriez malheureuse si votre papa vivait.

— Marie-Ange qui l'a bien connu, et tout le monde.

— Martel?

— Non, papa Martel dit que c'était un malheureux, et quand je fais mal, il dit que je lui ressemblerai; mais ça ce n'est pas vrai, je ne ferai jamais pleurer maman; si elle n'avait pas d'argent, je lui en donnerais, car je suis riche, moi.

— On parle donc souvent de lui!

— Jamais, c'est défendu d'en parler devant maman.

— Pourquoi ?

— Je ne sais pas ; mais un jour que Marie-Ange en avait parlé, papa Martel le lui a défendu, il a même dit, si vous rappelez jamais le passé, il faudra nous séparer, votre maîtresse a été malheureuse avec ce misérable, laissez-la oublier. Il était très en colère, si en colère qu'il a cassé le vase bleu.

— Et votre maman, elle n'en parle donc jamais, elle ?

— Non, jamais.

— Même à vous ?

— Oh ! si, à moi elle en parlait autrefois, elle me faisait toujours dire dans ma prière : « Mon Dieu, ayez pitié de mon pauvre père et pardonnez-lui. »

— Autrefois, mais maintenant ?

— Maintenant elle ne me fait plus ajouter ça.

— Pourquoi ?

— Ah ! je ne sais pas, moi.

— Et depuis quand ne vous fait-elle plus dire cette prière ?

— Il y a longtemps, un an, peut-être deux ans, oui, deux ans.

— Et vous, vous ne l'ajoutez pas de vous-même ?

— Non.

— Vous n'avez donc pas gardé souvenir de votre père ?

— Si, je m'en souviens ; il avait la barbe noire bien douce, et de grands yeux, comme vous, mais plus beaux ; il était toujours parti, il ne nous aimait pas.

— Qui vous a dit cette infamie ?

— Ce n'est pas une infamie, c'est la vérité ; s'il nous avait aimées, il ne nous aurait pas abandonnées ; c'est sûr ça. Quand on aime les personnes, on reste avec. Papa Martel, qui aime bien maman, reste toujours à la maison, et, quand il sort, tout le monde sort avec lui. Mais papa Martel n'a pas de maîtresse, lui, et mon premier papa en avait une, une gueuse qui nous a ruinés, dit Marie-Ange, et qui a fait manger du pain sec à maman.

Cette conversation eût pu se continuer longtemps encore, car Victorine était comme tous les enfants qui, lorsqu'ils ont rencontré un auditeur et un questionneur, bavarderaient toute la journée, racontant leur histoire, celle de leurs parents, celle de leurs amis. Mais Hutin, surpris de la voir se prolonger ainsi, descendit du champ vers la route, et en le voyant s'avancer, l'étranger interrompit ses questions.

— Vous n'attendez donc pas maman? demanda Victorine.

— Non, je reviendrai.

— Alors, adieu, monsieur.

— Voulez-vous m'embrasser? dit-il en s'avançant vers elle et en lui tendant les bras.

— Non, je n'embrasse pas les messieurs que je ne connais pas, et je ne vous connais pas, vous.

— Moi, je veux bien vous embrasser, dit Julien, survenant les mains pleines de primevères et se dressant sur ses petites jambes.

Mais il le repoussa, et en même temps recula de quelques pas.

— Pourquoi repoussez-vous mon frère, dit Victorine, vous êtes donc méchant? Viens, Julien.

Et elle lui tourna le dos.

— C'est un ami de papa Martel? demanda-t-elle à Hutin, lorsqu'elle eut rejoint celui-ci.

— Je n'en sais rien.

— Il est tout drôle, il vous adresse des questions, des questions; et puis, quand on lui répond, ça à l'air de lui faire de la peine.

## III

Hutin était embarrassé de sa commission et il se demandait s'il devait s'en acquitter.

Cet étranger ne lui plaisait pas; ses manières, sa tournure, sa longue conversation avec Victorine; tout cela n'était pas clair. Que pouvait-il vouloir à madame Martel; pourquoi ne s'adressait-il pas franchement à elle; pourquoi ce mystère?

Enfin il avait promis de remettre la lettre, il devait la remettre; une lettre n'était pas une machine infernale, s'il ne l'avait pas prise un autre s'en serait chargé; il n'avait qu'une chose à faire, exécuter adroitement ce qui lui avait été recommandé.

Cela lui était assez difficile, car vivant presque constamment dehors, il restait quelquefois pendant plusieurs jours sans voir madame Martel.

Cependant, le soir même, comme il sortait de la cuisine où il était venu arranger sa lanterne; il se trouva face à face avec elle dans le vestibule de service. Elle était seule, les gens dînaient, et l'on entendait Martel qui jouait dans le jardin avec les enfants.

— Madame, dit-il, voilà une lettre qu'on m'a dit de vous remettre.

— Merci, Hutin.

Elle la prit et la mit négligemment dans sa poche.

— C'est qu'elle est peut-être bien pressée, dit-il.

— Hé bien ! je vais la lire tout à l'heure.

— C'est qu'on m'a dit de la remettre à madame toute seule.

Elle le regarda, surprise de cette insistance singulière.

— C'est pour ça que j'ai attendu jusqu'à ce soir.

Elle tenait un bougeoir à la main; elle le posa sur une table et ouvrit la lettre.

A peine avait-elle jeté les yeux dessus qu'elle poussa un cri étouffé. Hutin, qui s'en allait, se retourna. Elle était appuyée d'une main sur la table, et dans son autre main la lettre tremblait comme une feuille au bout d'une branche secouée par une bourrasque de novembre. Elle était si affreusement pâle, qu'il eut peur.

— Madame, dit-il en s'avançant, est-ce qu'il faut appeler?

— Non, n'appelez pas, allez-vous en.

Il fit quelques pas pour obéir. Elle le rappela.

— Quand vous a-t-on remis cette lettre? demanda-t-elle d'une voix saccadée et tremblante.

— Aujourd'hui, tantôt vers deux heures de relevée.

— Qui!

— Un monsieur de trente-huit à quarante ans; il porte toute sa barbe et de longs cheveux noirs; il se dandine un peu en marchant et rejette sa tête en arrière.

— De grands yeux, un signe brun sur la joue droite?

— Oui.

— Mon Dieu, dit-elle d'une voix basse... que vous a-t-il demandé?

— De remettre cette lettre à madame quand elle serait seule, que c'était pour une affaire particulière.

— C'est bien. Ah! si monsieur me demande vous direz que je suis là, dans le chemin, à prendre l'air.

— Oui, madame.

Elle sortit. Elle était tête nue, en toilette d'appartement, elle ne se donna pas le temps de prendre un vêtement, ou tout au moins elle n'y pensa pas.

— C'était donc un rendez-vous, pensa Hutin.

Il fit quelques pas derrière elle et regarda par où elle allait, elle longeait le mur du jardin et suivait le chemin opposé au village ; au bout du mur elle tourna à droite et disparut.

— Elle prend le chemin des champs ; tonnerre de chien je jurerais que ce gars-là a dans les mains de quoi la faire chanter. Avec une face comme ça c'est sûr. Et elle y va, elle n'a pas peur, faut-il qu'il la tienne !

Il resta un moment pensif ; puis tout à coup soufflant sa lanterne et retirant ses sabots qu'il prit à sa main, il suivit le chemin où Armande s'était engagée. Arrivé au bout du mur, il vit confusément dans la nuit une ombre, c'était elle.

Elle allait à grands pas droit devant elle sans se retourner ; de temps en temps on entendait le bruit d'un caillou qui roulait sous ses pieds. La nuit était sans lune, mais il faisait un beau clair d'étoiles, c'était une soirée d'avril chaude et parfumée. La plaine était déserte.

Une double rangée de pommiers tortueux comme ceux qu'on cultive dans l'Ile-de-France, jetait des ombres capricieuses dans le chemin. Protégé par ces ombres où se confondait la sienne, Hutin s'avançait pieds nus et suivait Armande à une prudente distance ; on ne rencontrait pas de croisée de route avant au moins cinq minutes, il était sûr de l'avoir devant lui. Pourvu qu'il fût à portée d'entendre sa voix si elle appelait à l'aide, cela suffisait à son dessein.

Il fut bientôt forcé de s'arrêter ; la rangée de pommiers ne se continuait pas ; et le chemin qui jusque-là avait été à moitié encaissé, courait maintenant à plat, à travers les champs parfaitement de niveau. Quelques pas de plus il arrivait à l'arbre du petit Ramona, ainsi nommé dans le pays parce qu'un petit ramoneur s'y était appuyé dans une journée d'hiver pour se mettre à l'abri d'une rafale de neige, et qu'il y était mort de froid. C'était là sans doute que le rendez-vous avait été fixé.

Il ne se trompait pas. Bientôt on entendit un bruit de

voix qui lui arrivait confusément, assez distinct pour reconnaître que c'était un homme et une femme qui parlaient, mais trop faible à cause de la distance pour entendre ce qu'ils disaient.

La plaine étant entièrement découverte, il n'y avait pas moyen d'avancer plus loin, il quitta le chemin, où il était en vue, et se blottit dans une pièce de seigle déjà assez haut pour le cacher facilement.

## IV

Lorsque Armande arriva au carrefour des chemins, elle aperçut une ombre qui se détachait de l'arbre et qui s'avançait au-devant d'elle.

— C'est vous? dit-elle d'une voix si basse qu'elle était à peine intelligible.

— Oui, il y a une heure que je vous attends, mais la nuit est belle.

— Je n'ai pas pu venir plutôt ; c'est tout à l'heure seulement qu'on m'a remis votre lettre.

— Je n'avais pas d'inquiétude, j'étais bien certain que vous viendriez. Ah çà, vous n'avez pas eu peur en recevant ma lettre, vous n'avez pas cru qu'elle était écrite par un revenant.

— Je savais que vous étiez vivant.

— Vraiment.

— On vous avait vu à Londres.

— Ce prétendu frère de Sepe, stupide bête que je suis, si je n'avais pas été gris comme un alderman je l'aurais reconnu. Dites donc, savez-vous que pour une femme qui avait la preuve que son mari était vivant, vous ne vous êtes guère occupée de lui : c'est léger ça.

— Vous étiez-vous occupé de moi ?

— Oh ! oh ! si nous récriminons nous passerons la nuit au pied de cet arbre : et ce n'est pas pour cela que je suis venu.

— Au fait, que voulez-vous ? demanda-t-elle avec une résolution impatiente.

— Voilà qui est parler : j'aime ce courage ; mais il ne m'étonne pas, vous avez toujours été brave quand il le fallait. Ce que je veux est bien simple. Je suis votre mari.

Elle fit un geste pour interrompre.

— Je suis votre mari pour vous avoir épousée, après toutes les formalités remplies, devant M. le maire de Plaurach. Il n'y a pas de mari plus légal que moi ; ceci est bien certain et vous ne pouvez pas le contester. Pour que je ne fusse pas votre mari, pour que vous ne fussiez pas ma femme, il faudrait que je fusse mort, et précisément je suis ressuscité. Vous avez pu croire que vous étiez veuve ; cela est sûr ; maintenant que je suis là devant vos yeux en chair et en os, plus en os qu'en chair, cependant, vous êtes forcée de reconnaître que c'était une erreur.

— A qui est-elle due cette erreur.

— A moi, j'en conviens, mais j'avais mes raisons. Aujourd'hui ces raisons n'existent plus. Je rentre dans ma peau et dans mon nom. Et je viens vous réclamer.

— Vous, vous ?

Et elle fit quelques pas en arrière.

— Voilà une surprise qui n'est pas flatteuse. Cependant en recevant les quelques mots où je vous priais de vous rendre ici, vous deviez bien prévoir un peu ce que je viens de vous dire, et vous ne me ferez jamais croire que vous aviez pensé qu'il était question de nous entretenir des étoiles et du printemps. Je vous ai demandé un rendez-vous secret, parce que, pour vous et pour moi, il me plaisait d'éviter le scandale. Mais j'ai le droit de faire ma réclamation hautement, ne l'oubliez pas.

Il dit cela d'un ton dur et impérieux qui la fit frissonner ; combien elle était changée cette voix qu'elle avait entendue si douce; combien elle était effrayante cette parole sèche dans sa netteté et son cynisme. C'était là l'homme qu'elle avait aimé. L'obscurité l'empêchait de bien distinguer ses traits ; mais elle ne le reconnaissait ni dans ses gestes, ni dans son attitude.

Il reprit :

— Vous connaissez maintenant mes intentions, j'espère que vous ne ferez pas de difficulté pour les suivre.

— Jamais ! s'écria-t-elle désespérément.

— C'est là un grand mot ; ne nous emportons pas, et parlons raisonnablement. Depuis que vous êtes ici, j'ai tâché de cacher mon émotion; mais en vous revoyant j'ai été ému, Armande, très ému. On n'a pas vécu comme nous avons vécu ensemble sans qu'il soit resté des souvenirs dans le cœur, et je suis surpris qu'ils n'aient point parlé chez vous comme ils ont parlé chez moi. Depuis que nous sommes séparés, ma vie n'a pas toujours été heureuse, je n'ai pas toujours mangé quand j'avais faim, je n'ai pas toujours dormi sous un toit, j'ai fait bien des choses, bien des métiers et j'en ai souvent souffert. Pendant ce temps-là vous étiez vous, heureuse et riche, et quand j'errais dans les rues de Saint-Gilles sans un paletot et sans une croûte, j'ai pensé bien souvent à vous. A cette vie-là les passions s'usent et la raison vient. Elle est venue pour moi : je me suis dit que tout misérable que j'étais, sans un ami, comme sans le sou, j'avais une femme et un enfant. Croyez-vous, Armande, que j'aie vécu sept ans sans penser à ma fille. Je suis rentré en France, et je suis venu à vous. Me voilà. A tout péché miséricorde. Vous avez des reproches à m'adresser, c'est vrai, je le confesse. Moi, votre mari, j'ai un compte sévère à vous demander. L'un et l'autre oublions. Pour vous aussi, l'âge des passions doit être passée et la raison doit être venue. Vous avez été coupable.

C'était lui qui accusait ! Elle était confondue et ne trouvait pas un mot à répondre.

— Ce que je vous propose, dit-il en continuant, ce n'est pas une vie d'amour, ce mot ne peut plus être prononcé entre nous; c'est une vie honnête et calme telle qu'elle convient à ceux qui ont été éprouvés comme nous. Nous avons des devoirs à remplir envers notre fille, il est temps d'y penser, s'il n'est déjà trop tard. Car je l'ai vue, ma fille, j'ai causé avec elle : j'ai appris qu'on l'avait élevée à mépriser son père. Ah ! de toutes les souffrances qui m'attendaient ici, celle-là m'a été la plus cruelle. Vous me croyez peut-être tombé bien bas, mais, quand j'ai entendu ma fille me dire : « Mon père était un misérable et c'est heureux qu'il soit mort, » pensez-vous que je n'ai rien ressenti là ?

Il se frappa la poitrine; et pour la première fois depuis qu'il parlait, Armande reconnut son accent d'autrefois.

— Vous alliez la mettre en pension, paraît-il ; je comprends, elle était gênante. Heureusement j'arrive à temps. Si plus tard elle a des reproches à adresser à son père, elle se souviendra au moins qu'il a su empêcher son exil. Autrefois vous aviez horreur des pensions, vous avez changé. Il est regrettable que ce changement arrive précisément au moment où Victorine se trouve riche.

Comme elle étendait la main pour repousser cette accusation.

— Oh ! ce n'est pas vous que j'accuse; mais celui qui vous a inspiré cette idée.

— Ainsi vous savez que Victorine est riche ?

Parfaitement, car bien qu'éloigné de vous, je n'étais pas si étranger que vous pouviez le croire à ce qui vous touchait. Je sais que M. de Tréfléan a par son testament laissé à Victorine une vingtaine de mille francs de rente, dont vous avez l'usufruit jusqu'à sa majorité. Je sais comme cela beaucoup d'autres choses encore. N'est-ce pas mon devoir et mon intérêt de tout savoir.

— Votre intérêt, oui, s'écria-t-elle avec véhémence, mais ne parlez pas de devoir. J'étais confondue tout à l'heure d'entendre ces mots dans votre bouche. Au nom de la morale et du devoir, vous m'accusiez, vous accusiez l'homme que j'aime; vous parliez de dignité, de raison, et je me demandais si c'était bien vous. Maintenant vous parlez d'intérêt, je vous retrouve. Que ne m'avez-vous dit plus tôt que vous vouliez l'usufruit de cette fortune, dont je ne profiterai point, comme vous le croyez, mais que je lui garderai pour doubler ce qui lui a été donné? Voilà l'idée qui m'a été inspirée par celui que vous accusiez, par celui qui depuis sept ans a pris soin de votre fille que vous abandonniez.

Il s'avança et lui posant la main sur l'épaule,

— Pas de reproches, dit-il, je ne suis pas d'humeur à les entendre; ici c'est à moi d'en faire, non d'en recevoir, ne l'oublions pas : vous avez fait des progrès depuis que nous nous sommes quittés.

A ce contact elle se sentit faiblir et trembler; elle recula.

— Donc, reprit-il, vous trouvez surprenant qu'alors que je n'ai rien et que je meurs de faim, il faut bien dire la vérité, vous trouvez surprenant que je veuille ma part de la fortune qui arrive. A qui d'ailleurs a-t-elle été donnée cette fortune, est-ce à la petite-fille de M. de Keïrgomar ou à celle de madame Berthauld? Tout à l'heure je vous disais que j'avais réfléchi et que la vie m'avait durement enfoncé l'expérience dans le cœur, et c'était vrai. J'ai fait des folies, de mauvaises actions, si vous le voulez, mais de tout cela je suis las et dégoûté. J'aspire, oui j'aspire à la tranquillité et à l'honnêteté. Avec vingt mille francs de rente, je peux trouver cette tranquillité et redevenir l'homme que j'étais il y a dix ans, l'artiste que j'aurais pu être. Ces vingt mille francs de rente, vous les avez, je suis votre mari, j'en veux ma part. Vous voyez que je suis franc. Parce que l'argent se mêle à mon devoir, vous ne pensez qu'à l'argent; il faut penser à tout.

Elle n'était plus au temps où de pareilles paroles pouvaient l'émouvoir; et en y recourant il était resté de sept années en arrière. Autrefois elle avait pu croire à la sincérité de ces regrets de ces projets; pour les éprouver, pour le mettre à même de les réaliser, pour faire des tentatives qu'elle savait désespérées, elle s'était imposée une épouvantable vie. Aujourd'hui l'expérience était pour ces paroles, ce que la lumière du grand jour est pour les oripeaux de théâtre, elle leur donnait leur vraie valeur.

— Hé bien, dit-il, vous ne répondez pas?

— Que puis-je répondre? Si je suis votre femme, ne suis-je pas aussi celle d'un autre?

— Sa maîtresse, ce qui n'est pas du tout la même chose; aux yeux de la loi au moins.

— Vous auriez pu m'épargner cette injure; vous savez bien que je n'aurais jamais été la maîtresse de personne.

— Ah çà, de quel nom appelez-vous donc une femme qui aime un homme et qui en a un enfant? S'il n'est pas son mari, il est son amant peut-être.

— Il est mon mari; après votre mort supposée, mais que nous croyions vraie, nous nous sommes mariés en Italie; c'est à mon mari, à celui que j'aime, que je suis et serai fidèle.

Il resta un moment sans répondre, mais bientôt avec une ironie insolente :

— Ceci est bon pour la morale, dit-il, et j'avoue même que personnellement j'en suis heureux, quand on reprend sa femme, mieux vaut la reprendre dans ces conditions; au fond il n'en est ni plus ni moins, mais enfin les apparences sont sauvegardées. Je serai à la fois votre premier et votre troisième mari; le second aura été un usurpateur, voilà tout. Ce que vous m'avez dit là c'est votre conscience qui vous l'a inspiré, et je l'ai reconnue; mais franchement vous savez bien que ce mariage étranger est absolument nul, n'est-ce pas; qu'il n'y en a qu'un qui est et peut être valable, le nôtre. Je vous l'ai dit et vous le répète, je suis votre mari et veux l'être.

— Mon Dieu ! dit-elle en se tordant les mains, n'aurez-vous donc pas pitié. .

Il l'interrompit.

— Écoutez, je comprends que vous soyez bouleversée, et vos réponses me prouvent que vos idées se troublent. Vous ne sentez pas la force de ma situation ; je vous donne jusqu'à demain pour réfléchir et vous déterminer, seulement n'oubliez pas que la loi est pour moi, et que je peux vous faire prendre de force de cette maison — il montra la ferme aux fenêtres de laquelle brillaient quelques lumières — pour vous ramener dans la mienne. Si vous ne vous décidez pas de bonne volonté, je vous jure que je le ferai.

Elle écoutait tremblante.

— On doit être inquiet de votre absence, vous pouvez rentrer.

Elle était retombée sous la domination de cette parole ; elle fit quelques pas pour s'éloigner.

— Armande ! fit-il.

Elle revint.

— Il est regrettable que cette nuit soit sombre ; les années paraissent avoir passé sur vous sans vous atteindre ; j'aurais voulu vous voir. Demain ici à la même heure, et souvenez-vous que si vous n'êtes pas décidée, j'ai les moyens de vous contraindre.

Elle s'éloigna à grands pas du côté de la ferme; il la regarda jusqu'à ce qu'elle eût disparu dans l'obscurité, puis il prit lui-même le chemin qui, à travers la plaine, conduit à Villeneuve.

Alors le seigle, immobile sous le calme de la nuit, s'agita avec des froissements ; et, au pied même de l'arbre, Hutin se dressa.

— Ah ! tu veux la faire chanter, dit-il entre ses dents, eh bien, à demain !

Et il se secoua comme un chien mouillé : il était ruisselant de rosée ; il avait dû faire une longue route dans le seigle en se traînant à plat ventre.

## V

— Où étais-tu donc ? demanda Martel à Armande lorsqu'elle rentra.

— Là, dans le chemin, je prenais l'air ; la soirée est belle, j'ai été jusqu'au village.

— Je t'ai cherché partout, dans le jardin, dans la cour.

— J'avais dit à Hutin de te prévenir que j'étais dans le chemin.

— Hutin, je l'ai cherché aussi, je ne l'ai pas vu. Comme tu es pâle ; tu auras eu froid ; tu ne devrais jamais sortir sans te couvrir la tête. Veux-tu que je demande du feu ?

— Non, merci.

— Mais tu trembles

— Il prit une brassée de sarments dans le coffre à bois, a jeta dans la cheminée et l'alluma.

Pendant qu'il était baissé, la tête dans les cendres, Armande faisait effort pour arrêter les palpitations de son cœur et se remettre un peu.

— Je ne sais pas ce que Victorine m'a conté, dit-il, tout en promenant le papier enflammé sous les sarments, elle a rencontré tantôt, pendant que nous étions à Villeneuve, un monsieur qui lui a fait toutes sortes de questions : elle dit qu'il n'est jamais venu ici.

Il se releva,

— Mais tu as les pieds tout mouillés, tu as marché dans la rosée; assieds-toi, donne-moi tes bottines que je les délace.

Il la fit asseoir presque de force en face le feu, et se mettant à genoux, il défit les lacets.

Puis continuant.

— Elle est toute stupéfaite de la curiosité de ce monsieur. J'ai cru un moment que c'était une histoire qu'elle me contait comme à l'ordinaire ; mais Julien dit que c'est vrai, que c'était un monsieur avec des grands cheveux et une grande barbe. Il paraît que Hutin aussi l'a vu, et même qu'il lui a parlé. C'est peut-être un fanatique, dit-il en riant ; en voilà un triomphe : un amant des beaux-arts qui vient de Paris exprès pour avoir le plaisir de contempler le toit qui abrite ma gloire. Tu vois que les journaux servent à quelque chose. Veux-tu tes pantoufles.

Il sonna ; Marie-Ange parut.

— Madame, dit-celle-ci. M. Julien vous demande il fait le diable dans son lit, et ne veut pas dormir sans que vous l'ayez bordé.

— J'y vais.

— Es-tu réchauffée au moins ?

— Oui, merci.

Il était temps qu'elle sortît : elle étouffait, elle avait besoin d'être seule, sa tête éclatait.

Quoique Martel ne se préoccupât que très peu de ce monsieur qui questionnait tout le monde, il avait cependant la curiosité de savoir qui ce pouvait être. Et Armande montée à la chambre des enfants, il sortit pour aller interroger Hutin.

Précisément celui-ci venait de rentrer; il était en train d'emplir les râteliers de trèfle rouge.

— Quel est donc ce monsieur qui tantôt rôdait autour de la ferme? demanda Martel.

— Dame, notre maître, je ne sais pas, je ne lui ai pas demandé son nom; c'est un monsieur pas tout à fait si fort que vous, avec des cheveux noirs et une grande barbe brune ; c'est un monsieur qui a été un monsieur pour sûr, mais qui n'a plus l'air d'être un monsieur.

— Il vous a parlé?

— Oui.

Hutin s'arrêta.

— V'là du trèfle qui est bien humide, dit-il en détournant la conversation; il faudrait que Jacques ne le fauche pas quand le soleil a lui.

— C'est bon, je le préviendrai, dit Martel, voyant qu'il ne voulait pas répondre et lui tournant le dos.

Mais il n'avait pas fait quelques pas que Hutin le rappela.

— Notre maître?

— Hé bien!

— Notre maître, je ne suis pas une bonne tête, ça c'est sûr, mais le cœur n'est pas mauvais, allez. Ce que j'ai à vous dire, faut-il vous le dire, j'en sais rien et j'en sue de me le demander; mais si je vous le dis, c'est parce que madame, c'est le bon Dieu et qu'elle ne peut pas faire mal; si c'était une autre, je ne le dirais pas. Après tout si j'ai tort je m'en irai, mais il me semble que j'aurais plus tort si je ne vous le disais pas. Pour lors voilà que ce monsieur qui rôdait tantôt, me demande si je veux remettre une lettre à madame, en cachette. Ça ne m'allait pas, pourtant je la prends tout de même; je voudrais brûler la main qui l'a prise, — et il se donna un vigoureux coup de poing sur la main droite. — La lettre, je l'ai remise à madame, et voilà qu'elle a paru toute versibulée. Et puis voilà qu'elle a été à l'arbre du petit Ramona où le monsieur l'attendait. Ce qu'il lui a dit, ce qu'elle lui a répondu, je ne le sais pas. Mais en la quittant il lui a dit comme ça, d'une voix pas douce : « Demain ici à la même heure, et souvenez-vous que si vous n'êtes pas décidée, j'ai les moyens de vous contraindre. »

Hutin avait parlé les yeux baissés; quand il les releva sur Martel il le vit aussi affreusement livide qu'Armande au moment où elle avait ouvert la lettre; il les rebaissa aussitôt.

Martel demeura assez longtemps immobile comme s'il était seul et n'avait rien entendu : puis d'une voix qui deux ou trois fois s'arrêta dans sa gorge :

— Hutin, dit-il, vous êtes un brave homme, je crois que vous nous êtes dévoué, je vous demande un service, ne parlez à personne de cette lettre, ne dites à personne que vous m'en avez parlé.

Lui! c'était lui. Il n'eut pas un moment d'hésitation. Comme le disait Hutin, Armande ne pouvait pas faire mal, et le soupçon de la jalousie ne se présenta même pas à son esprit. L'émotion, la pâleur, le tremblement d'Armande étaient expliqués. C'était là qu'elle s'était mouillé les pieds. Mais pourquoi n'avait-elle pas dit franchement d'où elle venait? Pourquoi ce silence, cette dissimulation? Et elle devait le revoir le lendemain. Qu'espérait-elle donc, ou plutôt quel était son désespoir? Avait-elle une résolution arrêtée, si oui, pourquoi ne la lui disait-elle pas franchement, si non, pourquoi ne le consultait-elle pas? Le danger était assez grand pour qu'ils se réunissent; étaient-ils donc séparés d'esprit et d'action?

Il la retrouva dans la chambre de Julien, assise auprès de son lit.

La nuit fut épouvantable pour tous deux : ce fut la nuit de naufragés battus sur une misérable épave par le vent et la mer; mais au moins les naufragés ont une dernière espérance, le jour qui leur montrera une voile ou la côte; eux qu'avaient-ils à attendre du jour?

Toutes les idées possibles et impossibles lui traversèrent l'esprit. S'il allait lui-même au rendez-vous; s'il le tuait; s'il faisait appel aux sentiments d'honneur qu'il avait autrefois trouvés en lui; s'il lui offrait une somme considérable et une rente annuelle pour quitter la France.

Il la vit peu dans la journée; elle l'évitait.

Cependant cette mortelle journée s'avança vers le soir, et l'espérance qu'il avait toujours eue, qu'elle viendrait se jeter dans ses bras, ne se réalisa pas.

Comme le soleil commençait à baisser, il la vit, de la grande fenêtre de son atelier, marchant fiévreusement dans le jardin. Elle suivait une allée droite de tilleuls, puis arrivée à un bout, elle revenait sur ses pas, et toujours ainsi. Assurément elle se croyait seule, et elle agitait sa résolution, bien certainement non encore arrêtée.

Caché derrière le rideau, il resta à la regarder pendant plus d'une heure.

Sur sa figure on lisait les angoisses de sa préoccupation, dans ses gestes, son attitude, le mouvement de ses yeux et de ses lèvres, les résolutions qu'elle balançait sans pouvoir se fixer. Il la connaissait si bien qu'il devinait ce qui se passait en elle presque aussi clairement que si elle eût pensé tout haut et qu'il eût entendu ses paroles. Deux fois elle se dirigea vivement vers la maison pour venir à lui et demander son appui, et deux fois elle reprit lentement l'allée où elle marchait. Elle ne parlerait pas, cela était bien certain, elle irait au rendez-vous, cela était plus certain encore. Mais pourquoi ne parlerait-elle pas? c'était ce qu'il ne pouvait deviner.

Les idées se heurtaient, se confondaient en elle, et bien certainement aussi, quoique décidée à aller à ce rendez-vous, elle ne savait ni ce qu'elle y dirait, ni ce qu'elle y ferait.

Il avait cru qu'elle lui donnerait un prétexte pour sortir; l'heure venue elle se leva. Il s'était promis de ne rien dire, cependant il ne put retenir une parole.

— Où vas-tu?

— Je reviens tout à l'heure.

Son premier mouvement fut de s'élancer après elle. Mais arrivé à la porte il s'arrêta, et, après quelques secondes d'hésitation, il la ferma au verrou. Quoiqu'elle fît, il fallait qu'elle le fît librement.

Il s'assit, en s'enfonçant la tête entre ses mains, il se mit à compter tout haut, un, deux, trois; cela peut-être l'empêcherait de penser.

Si elle allait ne pas revenir, et partir avec lui! Cette angoisse fut la plus horrible et le fit défaillir.

Mais non, il avait foi. Elle l'aimait. Elle reviendrait. Elle lui dirait tout.

Il alla à la porte, tira le verrou et appela les enfants.

## VI

La veille, Armande était arrivée en retard; ce soir-là elle arriva la première.

Il y avait déjà un quart d'heure qu'elle attendait, se flattant presque que Maurice ne viendrait pas, lorsqu'elle entendit un bruit de pas dans le chemin; bientôt elle le vit paraître marchant doucement sans se presser et cinglant les épis de sa canne.

— Allons, dit-il, j'aime ça! de l'exactitude, c'est bon signe; je retrouve ma petite femme d'autrefois. On n'a pas été inquiet de l'absence d'hier soir, on n'est pas jaloux alors : tant mieux, tant mieux. La femme qui n'excite pas la jalousie, est celle qui n'a jamais donné prise au soupçon. Voilà qui me rassurerait pour l'avenir, si j'avais besoin de cette nouvelle assurance.

Elle tremblait comme la veille sous cette parole insolente; mais le premier moment de surprise et d'effroi était passé, elle ne se sentit plus que du dégoût en l'écoutant.

— Oh ! si je pouvais, moi, retrouver l'homme d'autrefois, dit-elle?

— Eh bien ! interrompit-il d'un ton tout différent, que feriez-vous?

— Je le prierais d'interroger sa conscience, et quand il l'aurait fait en toute sincérité, je lui demanderais si je suis coupable. Et s'il me disait non, je lui demanderais si malgré tout je dois être punie, si mes enfants doivent l'être, si celui que j'aime doit l'être aussi.

Elle pensait à ceux qui étaient sa vie, et dans sa préoccupation passionnée elle en parlait à celui-là qui précisément devait être le plus mal disposé à l'entendre. Ces paroles lui avaient à peine échappé, qu'elle sentit sa faute.

— Quel malheur, dit-il en reprenant sa voix railleuse, que l'homme d'autrefois ne puisse pas vous entendre, vous lui diriez, j'en suis sûr, des choses extrêmement touchantes; l'homme d'autrefois a gardé le souvenir de votre éloquence; il se rappelle que vous avez la corde larmoyante, et que vous êtes sans rivale pour arracher une résolution. Mais, hélas ! l'homme d'autrefois n'existe plus. Le monde marche, l'âge aussi, on vieillit, on s'endurcit, on ne pleure plus. L'homme d'autrefois est mort, c'est celui qui s'est suicidé à Naples; l'homme de maintenant vous parle et vous écoute. Qu'avez-vous décidé.

—Rien.

— Alors nous causons d'inspiration; ce sera plus long, mais qu'importe, nous avons le temps. Nous n'avons donc pas réfléchi?

— Toute la nuit, toute la journée j'ai cherché; avec quelle angoisse, Dieu le sait ! Mais à quoi me résoudre? Puis-je abandonner mes enfants?

— Et qui parle de les abandonner; ai-je dit cela? Je les prends?

— Et Julien?

— Ah! il se nomme Julien! Soit, hé bien, je prends Julien aussi.

Elle fit un geste d'horreur.

— Oh! mon Dieu! s'écria-t-elle.

— Ah ça? que veut dire cette indignation. Pendant que je voyage vous me donnez un fils. Je viens et je l'accepte. Et vous poussez des cris d'horreur. Quand vous devriez être à mes pieds à me remercier, vous me regardez comme un monstre.

Stupéfaite d'indignation et d'épouvante, elle le regardait sans trouver une parole : Julien, il voulait prendre Julien, et machinalement elle serrait ses bras sur sa poitrine comme s'il eût été là pendu à son sein, comme si elle eût pu le retenir.

— Sérieusement, dit-il, croyez-vous que, me décidant à vous reprendre malgré votre faute, je puisse permettre que le fils que vous avez eu d'un autre, vive auprès de cet homme, proclamant ainsi hautement ma honte et la vôtre. Non *Pater is es quem nuptiæ demonstrant* enseigne la loi : autrement dit, le mari d'une femme est le père de ses enfants. Or, comme je n'ai jamais cessé d'être votre mari, je suis le père de Julien.

Ces explications lui parurent tellement monstrueuses qu'elle n'en crut pas un mot. C'est une ruse pour m'effrayer, se dit-elle. Et au moment où il espérait qu'il l'avait vaincue, il fut tout surpris de la voir se relever.

— Seule je pourrais peut-être me sacrifier encore, jamais mes enfants ne verront l'homme qui est capable de faire ce dont vous venez de me menacer.

— Allons, décidément, vous n'avez pas réfléchi, et c'est toujours l'inspiration qui parle. Je vous ai dit hier que si vous ne vous exécutiez pas de bonne volonté, j'aurais la force de vous contraindre. Vous ne savez donc pas que vous êtes entre mes mains, vous et votre amant, plus faibles que cette paille de seigle. Je puis entrer dans cette maison qui lui appartient et vous tuer tous deux; je puis vous faire amener chez moi par les gendarmes; je puis vous faire emprisonner l'un et l'autre; je puis vous prendre vos enfants sans vous prendre vous-même, car je suis votre mari; tant que je vivrai, Martel, malgré votre prétendu mariage, ne sera que votre amant; il ne pourra rien pour vous défendre. Et c'est quand je peux tout cela, quand je viens à vous, vous proposant amicalement ce que j'ai le droit, — entendez bien ce mot : — le droit d'exiger, c'est dans ces conditions que vous me répondez par des injures ! Ces jours-là sont passés, il y a longtemps. Quand rentrerez-vous chez moi?

— Ah! mieux vaut mourir.

— Je ne le crois pas, et puisque nous réfléchissons ensemble, je vais vous dire pourquoi. Si vous mourez, vos enfants héritent de vous, et comme je suis leur père, c'est moi qui administre leur fortune. Avec vous pour me conseiller et me retenir, je peux devenir sage : mais seul? C'est si vite mangé, une fortune. Allons, résignez-vous, croyez-moi. Tout ce que je vous ai dit, ce n'est pas pour vous épouvanter, mais seulement pour vous montrer qu'il est impossible de m'échapper. Je comprends qu'il vous en coûte. Vous l'aimez, et votre cœur saigne; mais l'amour n'est pas éternel; plus tard vous me remercierez d'avoir fait cesser cette situation honteuse.

Elle ne répondit pas. Il crut qu'elle était touchée.

Tout à coup elle se jeta à ses pieds :

— Maurice, s'écria-t-elle, au nom de votre mère qui m'aimait, au nom de votre fille, je vous en supplie, ayez pitié!

Il la releva.

— Ah! pas de cela, dit-il, pas de cela, il faut obéir.

Et il se détourna pour cacher un frisson d'émotion qui le trahissait.

Elle lui saisit la main; il la retira brutalement.

— Votre dernier mot?

— Que la fatalité s'accomplisse.

— Hé bien, c'est vous qui l'aurez voulu; vous verrez si j'ai parlé en l'air.

Sans se retourner, il s'éloigna du côté de Villeneuve.

## VII

Il marchait assez lentement; car, dans ces mauvais chemins qu'il ne connaissait pas, il avait peine à se diriger; souvent la terre s'éboulait sous ses pieds, et il glissait dans une ornière dont l'eau croupie lui sautait jusqu'à la figure.

Il y avait des nuages au ciel; la nuit était moins belle que la veille; elle ne s'éclairait que par instants, quand les nuages se déchiraient.

De la plaine il était descendu dans une cavée qu'on appelle dans le pays le Creux-des-Marnes, parce qu'elle conduit à une marnière autrefois en exploitation, maintenant abandonnée.

Au milieu du chemin, qui n'a que juste la voie d'une voiture et qui est encaissé entre deux berges gazonnées, il lui sembla dans l'obscurité apercevoir debout un homme, un paysan sans doute qui regagnait le village. Mais, en avançant, il vit qu'il se trompait; l'homme ne marchait pas, il était immobile, appuyé sur un bâton, et comme la lumière, tombant au caprice des nuages, l'éclairait par derrière, il dessinait sur le fond lumineux une haute silhouette noire.

Maurice n'était point peureux, il avait assez roulé par les chemins pour ne pas s'effrayer d'une rencontre la nuit; il continua donc d'avancer. D'ailleurs, qu'avait-il à craindre dans ce pays où il n'était connu de personne. Un voleur ! il se mit à rire en y pensant.

Lorsqu'il fut arrivé à quelques pas de l'homme, celui-ci ne se dérangea pas pour lui céder passage, mais, étendant vers lui son bras armé de son bâton :

— Je vous attendais, dit-il.

Instinctivement Maurice fit un bon en arrière ; quelque brave qu'on soit, cette manière de se présenter étonne au premier moment et frappe les nerfs ; mais il se remit aussitôt, et crut reconnaître cette voix.

— N'êtes-vous pas le berger à qui j'ai remis une lettre hier ? dit-il ?

— Oui, c'est moi.

— Hé bien, vous avez une singulière façon de réclamer le prix de vos commissions ; si vous travaillez comme ça, vous ne ferez pas une clientèle.

— Je ne vous réclame rien, je vous attends.

— Pourquoi faire ?

— Pour causer.

— Ah çà ! vous êtes un drôle de particulier, savez-vous ?

— Hé bien, et vous, vous êtes une fichue canaille.

Maurice recula d'abord de quelques pas; il comprenait que cette rencontre n'était pas due au hasard, comme il avait pu le croire tout d'abord.

— Il ne faut pas reculer, dit Hutin, ou j'avance, et je cours bien, j'ai mes bottes. J'étais là-bas à l'arbre du petit Ramona : hier je n'ai rien entendu; aujourd'hui comme je m'étais caché d'avance aux premières places, j'ai tout entendu; quand vous avez eu fini, j'ai pris par le raccourci à travers champs pour venir vous attendre ici; j'ai choisi mon endroit; des deux côtés, il n'y a pas moyen de se sauver, la pente est trop roide ; retourner en arrière, je vous attraperais ; me passer sur le corps il ne faudrait pas l'essayer ! oh ! mais non.

Disant cela avec une assurance où il n'y avait pas la moindre fanfaronnade, il donna sur la terre un coup de bâton à assommer un bœuf.

Maurice se demanda, avec une certaine inquiétude, si ce grand diable d'homme n'était pas posté là pour l'assassiner. Au fait cela simplifiait tout. Mais il connaissait trop Martel et Armande pour s'arrêter à cette idée ; il retrouva bien vite son sang-froid.

— Hé bien, que me voulez-vous ? fit-il avec autorité.

— Je vous l'ai dit, causer. Voilà. Moi, qui vous parle, j'ai tué le garde du château de chez nous d'un coup de couteau. Je tendais des collets. Il m'est tombé dessus. On s'est manié, il avait son couteau de chasse, il a voulu s'en servir. Le coup a été donné. J'avais vingt-six ans. Cela m'a valu dix ans de Toulon. Je les ai faits. Quand je suis sorti, il fallait vivre ; j'ai vécu comme les autres. C'est vous dire que je suis un vieux fagot. Il y a deux ans, un soir, je suis arrivé ici. Je n'en pouvais plus. Depuis un an je crevais de faim, je cherchais un gendarme pour lui planter mon couteau dans le ventre et finir. M. Martel ne m'a pas mis à la porte, il m'a donné à manger, il m'a fait travailler ; il m'a obtenu de rester ici au lieu d'aller à ma résidence. Aujourd'hui je salue les gendarmes qui m'appellent par mon nom ; je me sens honnête. C'est pour vous dire que j'ai pour lui l'amitié d'un chien, et que s'il me faisait signe, j'étranglerais un homme comme rien du tout.

— Décidément, pensa Maurice, Martel est plus fort que je ne croyais ; voilà un chenapan qui est payé pour me supprimer.

Il regarda autour de lui ; mais, ainsi que l'avait dit Hutin, il n'y avait pas moyen de s'échapper. Quant au secours, il n'y en avait à attendre que du hasard; on était loin du village, et dans la campagne on n'entendait pas le moindre bruit, ni une voix, ni un cri, ni le cahot d'une voiture.

— Quand je vous écoutais tout à l'heure avec Madame, continua Hutin, je me disais : voilà un gueux qui est plus canaille que je ne l'ai jamais été; et je cherchais un moyen pour vous administrer une bonne tripotée, quand voilà *que tout à coup, vous avez dit que tant que vous se*riez vivant, vous seriez leur maître. Ça, c'est votre jugement; c'est vous qui l'avez rendu. Pour sûr que de M. Martel et de vous, il y en a un de trop sur la terre. Ça ne peut pas durer comme ça. Celui qui est de trop, c'est vous. Ce n'est pas moi qui le dis, c'est le sort. Alors, tout en vous écoutant, je me suis dit dans moi que ce n'était pas un crime de débarrasser le monde d'un brigand de votre espèce, que c'était comme qui dirait tuer un chien enragé. Car pour sûr que si on ne vous tue pas, vous les ferez mourir, eux, et les enfants aussi peut-être bien. Quand un homme a tué, on le tue après, je connais ça, je me le suis entendu expliquer aux assises, m'est avis pourtant qu'il vaudrait mieux le tuer avant. C'est pour ça que je vas vous tuer.

Hutin parlait difficilement, comme un homme qui cherche à exprimer des idées confuses, mais en même temps avec un calme effrayant. On sentait qu'il était aussi fermement convaincu de la nécessité et de la justice de son action, que le juge qui prononce un arrêt de mort.

— En venant ici, mon idée était de vous sauter dessus quand vous passeriez là au ru, et de vous saigner d'un coup de couteau. Mais ça c'est lâche, ce n'est pas mon affaire. Un homme vaut un homme , pour lors il va falloir voir lequel de nous deux vaut mieux que l'autre. Si c'est vous, vous n'aurez qu'à vous sauver en étranger d'où que vous n'auriez jamais du revenir, et y rester, parce que si vous reparaissiez dans le pays, les curieux sont malins, ils pourraientbien vous pincer rapport à ma mort, et dame! ce serait la guillotine ou Cayenne. Alors, comme ça les maîtres seront tranquilles. Si c'est moi, et j'ai idée que ce sera moi, je vous jetterai dans la marnière qui est là, avec quelque brouettées par-dessus; on vous croit déjà mort, ça sera vrai, voilà tout. Comme vous n'êtes pas du pays, ni vu ni connu, personne; voilà.

Maurice écoutait, bien plus préoccupé de trouver un moyen de se sauver, que de faire attention à ces singuliers raisonnements. Cependant ces dernières paroles le frappèrent; c'était peut-être son salut, car d'engager une lutte avec cet Hercule il ne fallait pas y songer : d'avance le résultat était sûr : en quelques secondes il serait écrasé, broyé. Dix années plus tôt il n'eût pas eu cette patience, et depuis longtemps déjà il serait tombé coûte que coûte sur celui qui lui barrait le chemin; mais l'âge du courage imprudent était passé; dans sa vie de bohémien, il avait appris la tactique des vieux loups qui rusent jusqu'à la fin et ne font tête aux chiens qu'à la dernière extrémité.

— Tout ça c'est bien combiné, dit-il, et ça promet de l'ouvrage assez propre; on reconnaît un vieux fagot.

— Mais oui, dit Hutin content de lui.

— Seulement il y a quelque chose d'oublié : c'est que le procureur impérial sait que je suis venu aujourd'hui ici demander à ma femme de rentrer près de moi. Si je disparais on me cherchera. Nous n'allons pas nous tuer sans laisser de traces, il y aura du sang répandu.

— Non, je vais vous étrangler.

— Oui: mais moi je vais te saigner, et il montra un couteau-poignard qu'il tenait dans sa main; quand on aura trouvé la place où nous nous sommes battus, on ira tout droit à la marnière, ce n'est pas bien malin, on trouvera mon corps. On cherchera qui avait intérêt à ma mort, et il ne sera pas non plus bien difficile de trouver que c'est ma femme et son amant.

— Eh bien, et moi, je dirais que c'est moi.

— Toi tu n'auras eu intérêt à tuer un homme que tu ne connaissais pas, que si sa mort t'était payée; tu auras été l'instrument, eux les instigateurs ; tu les entraîneras avec toi en cour d'assises comme tes complices. Toi, le récidiviste, tu seras guillotiné ; eux en auront au moins pour vingt ans. Cela te va-t-il ?

— Tonnerre ! s'écria Hutin.

— Allons, laisse-moi passer.

— Oh ! ne passez pas, je vous assomme.

— Tu n'as donc pas compris ?

— Restez là, ne bougez pas.

Et levant, son bâton, il demeura immobile devant Maurice comme le chien en arrêt sur son gibier. Dans sa tête bouillonnait confusément ce qu'il avait imaginé et ce qu'il venait d'entendre. Quoique son intelligence ne fût pas bien vive, elle l'était encore assez pour comprendre tout de suite que son moyen, au lieu de sauver Armande et Martel comme il le voulait, pouvait les perdre. Fallait-il donc le laisser échapper, quand il n'avait qu'à faire tomber son gourdin pour les en débarrasser à jamais. Il haletait d'impatience et de colère. La lune qui se dégageait l'éclairait en pleine figure, et Maurice pouvait suivre sur son visage crispé le trouble de sa préoccupation. Patiemment il attendait, car maintenant il se sentait sauvé.

Enfin, Hutin abaissa son bras.

— Si vous faites le mort, dit-il, c'est comme si vous étiez vraiment mort. Il faut donc le faire et vous en aller d'ici. Si vous donnez signe de vie, si vous les tourmentez, je vas à vous, et, sans crier gare ! je vous plante mon surin entre les deux épaules. Je m'arrangerai pour faire croire que je voulais voler ; enfin, je trouverai bien quelques chose; comme ça ne sera pas ici, ça sera plus facile; si je ne trouve pas, il y a d'anciens camarades qui ont la main sûre, quoi. Voilà. Vous pouvez vous en aller.

Maurice ne se le fit pas dire deux fois; mais au moment où il passait à côté de Hutin, celui-ci lui posa la main si brutalement sur l'épaule qu'il le fit fléchir sur les jambes.

— Voyons, là, dit Hutin, vous êtes bien certain, pas vrai, que je suis un homme à faire ce que je promets?

— Parfaitement; je vous crois homme d'honneur, répondit Maurice à qui l'insolence était revenue.

— Vous connaissez mon histoire, ça doit vous donner confiance; maintenant il faut que vous connaissiez ma force, ça vous fera rêver.

En disant cela il prit son bâton aux deux bouts : c'était une énorme trique en chêne de la grosseur à peu près de quatre doigts, et l'appuyant sur son genou, il la cassa net, sans effort, sans paraître raidir ses muscles :

— Voilà, dit-il, quand un couteau est emmanché au bout de ce bras-là, il entre bien.

— C'est très fort, dit Maurice; si je redeviens jamais saltimbanque, il y aura pour vous une place d'Hercule dans ma troupe.

## VIII

Lorsque Armande rentra, elle rencontra Marie-Ange à la porte :

— Où est Monsieur? dit-elle.

— Dans l'atelier.

— Les enfants?

— Ils sont avec lui.

— Venez les prendre et couchez-les ; je monterai tout à l'heure.

Les enfants jouaient dans un coin ; Martel, la tête plongée entre ses mains, était assis devant le feu ; un tison avait roulé et lui fumait dans la figure sans qu'il s'en aperçût.

Au bruit de la porte, il se leva vivement et attacha sur Armande ses yeux brûlants d'angoisse.

Les enfants sortis, elle se jeta dans ses bras ;

— Il est ici, dit-elle ; je l'ai vu hier, je viens de le revoir.

Un frisson de bonheur lui courut dans les veines ; il la serra fortement contre son cœur :

— Je le savais, dit-il.

— Eh bien?

— Je voulais que tu fusses libre.

— Il demande que je retourne près de lui : il veut les enfants.

— Les enfants !

— Oui, Julien ; il dit que la loi le reconnaît comme le père de Julien.

— Oh ! ça, je l'en défie !

— N'est-ce pas que c'est impossible? C'était pour m'effrayer. Il dit qu'il peut entrer ici nous tuer tous deux, qu'il peut nous faire enlever par les gendarmes, nous faire emprisonner.

— Qu'as-tu répondu?

— Rien ; que pouvais-je répondre?

— Et alors?

— Il est parti en me faisant les plus terribles menaces.

— Tu ne lui as pas offert de l'argent?

— Oh !

— Crois-tu donc qu'il veuille autre chose? Il doit savoir que Victorine a hérité de M. de Tréfléan.

— Il le sait ; il veut l'usufruit de sa fortune.

— Alors, rien n'est désespéré.

— Que veux-tu faire?

— Je n'en sais rien. J'irai demain à Paris voir Favas et nous aviserons. Ce n'est qu'une affaire d'argent; nous trouverons bien quelque chose.

Combien cette nuit fut différente de la précédente. Ils savaient que les dangers les plus terribles étaient suspendus sur eux, même la mort. Mais ils étaient deux maintenant, unis de cœur et de pensées.

## CHAPITRE X

### L'OMBRE

#### I

Le lendemain matin, Hutin se leva d'autant plus tôt qu'il s'était couché plus tard et qu'il avait mal dormi.

Il avait besoin de respirer en plein air. Il était mécontent de lui. Il avait peur de s'être laissé prendre à un piège : « Personne ne savait la présence de ce brigand-là au Plessis, pensait-il en gesticulant sur son lit, on ne prévient pas les gens quand on veut faire un mauvais coup ; il m'aura mis dedans. Pendant que je le tenais, je n'aurais pas dû le laisser échapper. Où le retrouver maintenant? Aura-t-il assez peur pour se tenir tranquille? » Il s'accusait d'être un imbécile : « Le bras est bon, disait-il, mais le coco... » et il se donnait de grands coups de poing sur le crâne.

Quand il descendit, le crépuscule commençait à poindre; le ciel jaunissait du côté du levant; les coqs chantaient dans le poulailler, par les fenêtres de ventilation des étables et de la bergerie, on voyait sortir une buée blanche; dans les écuries, les chevaux, réveillés par le matin, s'ébrouaient en faisant résonner leurs stalles; sur les tas d'ordures, les pierrots matineux s'étaient déjà abattus, et ils picotaient en piaillant.

Il alla au puits, et se plongea la tête tout entière dans un seau d'eau; il avait besoin de se rafraîchir.

Tout à coup il lui sembla entendre des voix étouffées; il écouta; il entendit aussi des pas : on semblait marcher légèrement avec l'intention de ne pas faire de bruit. C'était dans le chemin devant la grande porte.

Il se tint lui-même immobile, assis sur la margelle du puits.

Bien certainement il ne se trompait pas; on marchait et on causait. A pareille heure, qu'est-ce que cela voulait dire. Ce n'étaient pas les gens du pays, il n'était pas encore l'heure; et puis les gens du pays ne prenaient pas de précautions pour se cacher.

Les bruits de pas se firent entendre en même temps du côté opposé; c'est-à-dire le long du mur sur la plaine; puis il sembla à Hutin qu'on grattait ce mur comme si on voulait l'escalader. Il quitta vivement le puits et se blottit sous une voiture, d'où il pouvait voir sans être vu.

Le jour était venu, et quoique le soleil ne fut pas encore levé, il faisait une de ces belles aurores d'avril plus lumineuses qu'en plein midi d'hiver.

A peine était-il sous sa voiture qu'une tête parut au-dessus du chaperon du mur, puis, se penchant vers la plaine :

— Personne de levé, dit-il, le commissaire peut frapper à la porte.

— On vient m'arrêter, pensa Hutin, le gueux m'aura dénoncé, il faudra voir.

L'homme qui avait regardé se mit à califourchon sur le mur, il était vêtu d'un paletot gris, et d'un pantalon vert à la hussarde; avec cela une vraie face de mouchard. Il se retourna, se suspendit des deux mains au larmier, se laissa glisser dans la cour, et rabotta le mur avec la pointe de ses bottes pour rendre sa descente moins rapide.

Il n'avait pas touché le sol que Hutin était sur lui.

Au même moment on frappa fortement à la grande porte.

En se sentant saisi l'homme se jeta vivement de côté, mais il n'eut pas le temps de se mettre en garde; de sa botte ferrée Hutin lui allongea sur la jambe un de ces formidables coups de pied qu'enseignent les professeurs de chaussons, et qui cassent net l'os qu'ils rencontrent.

L'homme fit un mouvement en avant, mais il ne put se tenir et tomba en poussant un cri.

— Bon, *crible à la grive*, dit Hutin qui, en face de la police, était redevenu le forçat libéré, *si t'es de la rousse à l'arnache tu as toujours le fumeron cassé, le quart d'œil ne me tient pas!*

Et il s'élança par-dessus les brancards de la voiture, son dessein était de traverser la maison et de se sauver par-dessus les murs du jardin; une fois en plaine il aurait bien peu de chance si, dans les seigles et les colzas déjà hauts, on le découvrait. Pour cela il était obligé de contourner les étables et de passer devant la grande porte.

Lorsqu'il arriva en face de cette porte, il vit le maître charretier qui était en train de l'ouvrir.

— N'ouvre pas! cria-t-il.

Mais il était trop tard; la porte, à peine entre-baillée, le commissaire de police de Villeneuve, ceint de son écharpe, et que d'ailleurs Hutin connaissait bien, se glissa dans la cour.

— Conduisez-moi à la chambre de M. Martel, dit-il au charretier, et au nom de la loi que personne ne bouge.

— C'est le maître qu'ils veulent arrêter ! se dit Hutin, le gueux tient ses menaces.

Les mots formidables « au nom de la loi » ne produisirent pas sur lui le même effet que sur le charretier, qui restait stupide, regardait le commissaire, les agents et ne bougeait pas ; il les avait déjà entendus plus d'une fois ces mots terribles ; ils avaient perdu le pouvoir de le paralyser.

Il continua sa course, s'élança dans le passage qui faisait communiquer la cour avec le jardin, poussa les portes qui ordinairement restaient ouvertes, les barricada, et, arrivé dans le jardin, se mit à lancer une volée de cailloux dans une des persiennes de la chambre où couchait Martel.

Ce bombardement amena Martel immédiatement à la fenêtre.

— Notre maître, dépêchez-vous, dit Hutin d'une voix étouffée, on vient vous arrêter, ils sont en bas.

L'apparition de Hutin, sa disparition, la porte fermée au nez des agents, avaient jeté du désarroi parmi les gens de police.

— Je n'ai pas la clef de la maison des maîtres, dit le charretier, qui commençait à se remettre et à retrouver sa finesse de paysan pour ne compromettre personne, ni lui-même, ni ses maîtres.

— Comment entrer alors ?

— Dame, il faut frapper.

On frappa, on refrappa.

— Le tour est heureusement manqué, dit le commissaire à son principal agent.

Ce fut Martel lui-même qui vint ouvrir.

— Monsieur Martel, dit le commissaire, j'ai commission

rogatoire de M. le juge d'instruction pour constater que vous vivez maritalement avec la dame Armande de Kergomar, épouse de M. Maurice Berthaud, compositeur de musique, demeurant à Londres, King-George-Street, résidant en ce moment à Paris, rue Lamartine, n° 9. Veuillez me conduire à votre chambre.

— C'est bien, monsieur, suivez-moi.

— Restez ici, dit le commissaire à son monde.

Dans l'escalier il s'arrêta, il avait dîné plusieurs fois au Plessis; et n'avait jamais eu que les meilleurs rapports avec Martel.

— Voilà une mission qui m'est bien pénible, dit-il, mais nous appartenons à la loi.

Armande était levée; elle se tenait au haut de l'escalier tremblante et confuse.

Martel courut à elle.

— N'aie pas peur, dit-il, ce n'est rien, une simple constatation.

Le commissaire la salua poliment; et s'adressant à Martel à voix basse:

— Si madame voulait bien ne pas nous accompagner, ma mission m'est assez désagréable; il m'en coûterait d'avoir à blesser madame dans sa dignité.

— Nous revenons tout de suite, dit Martel.

Il ne fit qu'entrer dans la chambre.

— Deux oreillers, dit-il, merci, c'est assez.

Il ne promena même pas partout ce regard curieux et interrogateur qui appartient aux gens de police, et qu'ils gardent toujours, même chez leurs amis.

Lui, l'homme de loi, il était plus embarrassé, plus mal à l'aise que les coupables.

— Où puis-je dresser mon procès-verbal? demanda-t-il.

— Faut-il que madame y assiste?

— Vous le signerez?

— Parfaitement.

— Madame peut se retirer; je la prie d'agréer toutes mes excuses.

Quand le commissaire descendit, il trouva tout son monde en émoi; l'homme qui avait escaladé le mur était couché sur une botte de paille, et Hutin, placé entre deux agents, le regardait d'un air gouailleur.

L'explication ne fut pas longue à donner.

— C'est vous qui avez frappé cet homme? dit le commissaire au berger.

— Oui, j'ai vu un homme qui escaladait le mur, je l'ai pris pour un voleur, j'ai tombé dessus; il faut croire que j'ai tombé trop fort ou que ses os sont en verre; c'est une chance que je ne l'aie pas tué. Pourquoi qu'il n'avait pas un uniforme. Voilà ce que c'est que de ne pas être gendarme; les gendarmes, je les respecte. Mais un homme en paletot gris qui saute d'un mur dans une cour, à quatre heures du matin, si on ne l'assomme pas il peut bien vous assommer.

— Laissez-le aller dit le commissaire à ses agents.

Puis, quand il se fut éloigné.

— Fradin, dit-il au blessé, je vous avais prévenu que votre zèle vous jouerait un mauvais tour, vous ne m'avez pas écouté. Pourquoi n'êtes-vous pas resté en dehors, comme je vous l'avais recommandé?

— Le gredin savait bien qui j'étais, il m'a appelé *rousse à l'arnache.*

— Qui l'a entendu?

— Personne. Oh! ma jambe.

— Si vous voulez déposer une plainte, vous la déposerez; je ne vous le conseille pas cependant; enfin on verra.

Et s'adressant à Martel.

— Peut-on faire reporter le pauvre diable à Paris?

— C'est facile; on le mettra sur de la paille dans le char-à-bancs, avec des oreillers.

Le procès-verbal fut promptement dressé; il était des

plus simples, à toutes les questions Martel répondant affirmativement.

C'était un homme intelligent que ce commissaire, qui tâchait, quand il était bien disposé, et il l'était souvent, d'adoucir ce que ses fonctions avaient de pénible. Il approchait de la cinquantaine. Il avait fait de la police toute sa vie, et il avait une certaine expérience du monde.

— Si vous vouliez me permettre un conseil, dit-il, mais un conseil tout à fait en dehors de mes fonctions, ce serait de vous arranger avec ce M. Berthauld.

— Vous pensez ?

— Je crois que c'est du chantage. J'ai vu le personnage. Un chenapan, monsieur. Il avait demandé que vous et madame fussiez immédiatement arrêtés; la commission rogatoire pour le flagrant délit a été délivrée, elle ne pouvait pas ne pas l'être ; le mandat d'arrêt a été refusé. Cette manière de procéder indique une grande douleur ou des intentions peu honnêtes ; je ne crois pas à la douleur d'un homme qui fait le mort pendant huit ans et se réveille tout à coup sans qu'on sache pourquoi.

— Nous le savons, ce pourquoi ; sa fille a hérité de vingt mille francs de rente.

— Hé, hé, j'avais le doigt dessus alors. Est-ce qu'il vous a fait déjà des propositions ?

— Non.

— C'est qu'il y a déjà trois jours que je devais faire cette déplorable constatation, et il m'a retenu; puis hier soir il m'a requis de nouveau; j'ai pensé qu'il avait employé ces trois jours à vous tâter. Vous savez que la plainte du mari peut toujours être retirée ; je crois qu'il ne demande que ça, contre finance bien entendu.

## II

Il y avait une crainte qui, pour le moment, préoccupait cruellement Martel. Comment Armande allait-elle accepter cette divulgation de la vérité, qu'elle avait toujours tant redoutée? Allait-elle oser reparaître devant les gens de la maison? Comment allait-elle supporter leurs regards curieux? Comment eux-mêmes allaient-ils se conduire envers elle? Il se dit que plus on attendrait, plus l'angoisse serait grande, grossie qu'elle serait, exaspérée par la réflexion et l'inquiétude; et que, puisque la souffrance devait être endurée, mieux valait l'aborder tout de suite que la différer.

Le travail de la journée réunissait précisément ce matin-là à la ferme un certain nombre de femmes du village; on devait échardonner les blés.

Lorsqu'elles furent toutes arrivées et réunies dans la cour où elles s'entretenaient naturellement de l'événement du matin, il voulut qu'Armande descendît et se montrât avec lui.

Ce fut pour elle une poignante minute que celle où elle sentit tous ces yeux qui la regardaient; peu à peu elle se remit; sans doute il y avait une mortifiante curiosité dans ces yeux, mais on y sentait aussi un intérêt, une compassion qui lui firent du bien. Ce n'est pas pour ce genre de malheur que les paysans ont de la malveillance. Ah! si au lieu d'un commissaire de police, ç'avait été un huissier, si on avait fait une saisie, combien elles eussent été plus moqueuses et plus insolentes.

Lorsqu'elle rentra dans la cuisine, Marie-Ange, plus libre avec elle que les autres domestiques s'approcha.

— Est-ce que c'est vrai, madame, que M. Maurice n'est pas mort?

— Oui, ma fille.

— Ah! madame, pour sûr que c'est le diable.

Au moment où Martel allait partir pour Paris afin de consulter Favas, on lui apporta une lettre, elle était de Maurice et ne contenait que ces quelques mots :

« J'ai été menacé de mort cette nuit par votre berger;
» si cette menace est mise à exécution vous serez mon
» assassin. Cet homme est à vous. Il ne peut être que
» votre instrument. S'il ne l'est pas, instruit comme vous
» l'êtes maintenant, vous seriez son complice. »

Précisément Hutin traversait la cour, encore tout fier de son coup de pied, qu'il avait déjà raconté dix fois. Il l'appela.

— Que signifie cette lettre? lui demanda-t-il.

Hutin raconta franchement ce qui s'était passé.

— Mon pauvre garçon, lui dit Martel, je sens tout votre dévouement, mais vous m'auriez perdu, et vous vous seriez perdu vous-même.

— Ah! monsieur, le cœur est bon, c'est la cervelle qui est mauvaise.

— Hé bien, quand vous voudrez faire quelque chose pour moi, venez m'en parler avant.

Il était désespéré de cette intervention malencontreuse; mais pouvait-il malmener un pauvre diable qui avait risqué sa vie pour lui.

## III

Favas était au Palais, Martel courut l'y rejoindre; mais il plaidait, il fallait attendre.

C'était précisément un procès en séparation de corps, la femme demandait la séparation. Favas plaidait pour elle. Dans une précédente audience il avait fait l'histoire de sa cliente, il faisait maintenant celle du mari. Il portait, ce mari, un des beaux noms de la France, mais il avait eu une éducation plus que négligée; et Favas était en train de démontrer qu'une honnête femme ne peut pas aimer un homme qui ne sait pas l'orthographe. Dans cel but, il lisait au tribunal toutes les lettres que ce pauvre garçon avait écrites à sa femme pendant la première année du mariage, et le tribunal, malgré sa gravité, souriait des lèvres, pendant que le public, qui était nombreux, se tenait les côtes. C'était un vaudeville, jamais Cassandre n'avait été aussi ridicule, aussi grotesque que ce malheureux mari.

— Est-ce donc là ce qui attend Armande? se demanda Martel.

Il sortit, il n'y pouvait plus tenir; jusque-là il n'avait vu dans son affaire que le côté sévère, celui de la justice, il n'avait pas songé aux plaidoieries.

Enfin Favas descendit dans la salle des Pas-Perdus; il était entouré de ses jeunes confrères, qui le portaient presque en triomphe; jamais on ne s'était tant amusé; sous les voûtes sonores de la grande nef partaient encore des éclats de rire qui devaient bien étonner le vertueux Malesherbes.

— Les journaux seront drôles, dit un jeune stagiaire en passant à côté de Martel.

Favas allait disparaître, Martel courut après lui.

— Ah! c'est vous, mon cher, je suis à vous; rentrons ensemble si vous le voulez.

— Voilà un curieux chenapan, dit-il lorsque Martel lui eut tout raconté, pourtant il n'est pas le seul de son espèce; ça devient un bon état d'être mari. Ainsi, il y a flagrant délit?

— On ne peut le nier.

— Règle générale, on peut tout nier, mais la question n'est pas là pour le moment. Puisqu'il a fait constater le flagrant délit, c'est qu'il veut une condamnation pour adultère avec emprisonnement pour vous, dommages-intérêts pour lui. Cela est aussi sûr que s'il nous avait fait part de ses projets. Dans ces conditions, trois voies nous sont ouvertes : avouer, nier, expliquer. Nier la chose, j'en conviens, est assez difficile ; cependant on peut citer des témoins, attaquer le procès-verbal du commissaire, le mettre en contradiction, etc., etc.

— Non, pas cela.

— Vous aimez mieux l'explication ; au fait, c'est plus habile et plus légal, nous avons les premières années du mariage de Berthauld, qui, racontées, expliquent bien des choses.

— Non, pas de cela non plus.

— Alors, vous ne voulez pas vous défendre.

— Je veux me défendre sans attaquer ; je vous ai entendu tout à l'heure raconter la première année de mariage de...

— Eh! mon cher, le cas n'est pas le même ; nous n'avions rien, il fallait bien trouver quelque chose, mais vous ?

— Moi, je veux dire franchement la vérité entière : là est ma force, et, il me semble, ma dignité. Si je n'avais pas ma femme à défendre, je me renfermerais même strictement dans mon interrogatoire, je ne plaiderais pas ; mais je ne veux pas de prison pour elle, il faut la défendre.

— C'est là le difficile : la loi est formelle, le délit est constaté, cela dépend du tribunal ; il est bien rare que, dans l'espèce, les tribunaux n'appliquent pas la prison. A mon sens, l'emprisonnement de la femme sur la plainte du mari, comme l'emprisonnement de l'enfant sur la plainte du père, sont de malheureuses traditions du droit féodal, mais c'est la loi ; telle qu'elle est il faut la subir. Cependant il y aurait peut-être un moyen d'éluder cette loi : ce serait de ne pas y recourir. Certainement Berthauld n'a qu'un but de spéculation : tirer de vous une bonne somme, et reprendre sa femme pour administrer les vingt mille francs de rente de sa fille. Quel âge a-t-elle, sa fille?

— Bientôt dix ans.

— Vingt mille francs par an, de dix ans à vingt et un ans, cela fait deux cent vingt mille francs, plus une dizaine de mille francs que vous pouvez être condamné à payer, cela fait deux cent trente mille francs qu'il pourrait avoir à dépenser, en reprenant sa femme et en vous faisant condamner. Mais sa fille peut se marier à seize ans; alors il n'a que six années de revenu, c'est-à-dire cent mille francs. Nous pouvons faire prononcer la séparation de corps, nous réclamons la dot et les apports de la femme. Alors c'est lui qui est notre débiteur. Il aurait donc intérêt à transiger immédiatement si on lui offrait vingt-cinq mille francs tout de suite payés et une pension de deux mille quatre cents francs. Pouvez-vous faire cela?

— Oui.

— Eh bien, il faut le lui proposer; c'est révoltant, mais c'est par là que cela a toutes les chances de réussir.

— Et s'il n'accepte pas?

— Il nous restera à nous défendre de notre mieux et à demander la séparation de corps, car on ne peut laisser une femme et des enfants à la discrétion d'un père de de famille de cette espèce.

— Comment, des enfants?

— Madame n'en a-t-elle pas deux?

— Oui, mais le plus jeune est mon fils.

— Légalement il est le fils de Berthauld.

— Allons donc, c'est impossible, n'est-ce pas? Il est mon fils, il est né quinze mois après la prétendue mort de Berthaud, il est inscrit comme mon fils à la mairie.

— Mon pauvre ami, il est le fils de Berthauld si celui-ci le réclame, car les enfants d'une femme mariée ont pour père le mari ; ceci est une règle de droit comme deux et deux font quatre est une règle d'arithmétique. Berthaud pourrait désavouer cet enfant comme né pendant son absence, personne ne peut contester qu'il est son fils.

— Alors nous sommes perdus ; il menace de nous l'enlever.

— Son fils, il sera son fils s'il le veut ; mais vous l'enlever, c'est une autre affaire ; c'est précisément pour que cela n'arrive pas que nous allons demander la séparation de corps. Cependant il ne faut pas nous flatter d'avance du succès ; il ne serait pas le premier enfant qui deviendrait, entre les mains du mari, un moyen de chantage. Si j'avais le temps je pourrais vous raconter là-dessus deux histoires aussi épouvantables l'une que l'autre. Aussi, tout cela réuni, doit-il nous décider de plus en plus à tenter la négociation dont je vous parlais tout à l'heure.

— Par qui la faire faire ?

— Moi, je ne puis m'en charger, malgré tout le désir que j'ai de vous servir ; vous, c'est impossible. Il nous faut un homme sûr, ferme et adroit, et je crois que nous le trouverons dans un de vos voisins, M. Têtevuide, qui habite Villeneuve. C'était peut-être le meilleur avoué du tribunal, il vit maintenant de ses rentes ; c'est mon ami, je crois qu'il voudra bien se charger de cette affaire qui, dans ses mains, aura toutes les chances. Je vais vous donner une lettre pour lui, en le priant de diriger la procédure s'il ne réussit pas auprès de Berthaud. Dites-lui bien tout, portez-lui les vingt-cinq mille francs et laissez-vous conduire.

Il écrivit cette lettre, et la lui remettant :

— Maintenant, un conseil encore ; de quoi se compose votre fortune.

— De ma ferme et de valeurs.

— Eh bien, vendez votre ferme et vos meubles, soit à

un fidéi-commis, soit à un acquéreur sérieux si vous en trouvez un. Moins vous aurez de surface financière, moins vous offrirez de prise. Nous serons plus forts pour arracher une transaction quand nous pourrons dire : « Ça ou rien. » Vendez donc, non pas demain, mais aujourd'hui. Que tout soit terminé avant le jugement.

## IV

Martel ne perdit pas une minute ; il revint de toute la vitesse de son cheval à Villeneuve chez M. Tètevuide. Il était en proie à cette trépidation de nerfs que ressentent les plus braves dans les batailles, mais plein d'énergie, résolu à tout pour protéger Armande et Julien. L'argent, il n'y pensait guère ; il était prêt à sacrifier sa fortune.

C'était une santé déplorable qui avait forcé M. Tètevuide à quitter les affaires; par vocation, par plaisir il fut resté avoué toute sa vie. Mais l'air vicié des études, les mauvaises conditions hygiéniques dans lesquelles sont placés les gens de loi, l'avaient obligé à vendre sa charge s'il voulait garder jusqu'à soixante ans le faible souffle que la nature avait mis dans son chétif individu. Retiré à Villeneuve, garçon sans enfants, comme il le disait de lui-même plaisamment, il passait les jours à cultiver son jardin, les soirées son violoncelle, et il se soutenait. A voir ce petit vieux, malingre, déjeté, voûté, vêtu de noir sali, cravaté de blanc roussi, ayant l'apparence d'un vieux moineau roulé par un orage, portant un nom ridicule, on ne se fût jamais douté qu'on avait devant soi une intelligence qui avait fait trembler toute une génération d'avocats, d'avoués, de gens de loi et d'affaire, une capacité reconnue et honorée. Tètevuide avait une qualité admirable chez un avoué, celle qui fait les bons chiens de chasse, les véritables agents de police, les grands capitaines, le flair, autrement dit la sûreté d'intuition : il faisait croire à la double vue; à la lecture d'une requête, il devinait sûrement les motifs vrais d'un plaideur : aussitôt son plan était bâti et sa défense organisée, non contre ce qu'on lui opposait aujourd'hui et qui souvent était une feinte ou une fausse attaque, mais contre ce qu'on lui opposerait demain, c'est-à-dire dans la lutte décisive. Dans cette bataille qu'on nomme un procès, l'avoué a un rôle auquel on ne rend pas assez justice, égaré qu'on est par le bruit que fait l'avocat; l'avocat se bat d'une façon telle quelle, c'est l'avoué qui organise la victoire. Pour ces organisations à longue échéance, Têtevuide avait un talent merveilleux. Avec trois lignes de l'écriture d'un homme, il ne le faisait pas pendre, mais il lui faisait perdre son procès.

— Monsieur, dit-il à Martel, je suis disposé à me mettre à votre disposition comme me le demande Favas; seulement, avant que j'écoute votre affaire, je vous prie de m'accorder une demi-heure. Dans une minute je vais me mettre à table; il m'est défendu de retarder et de troubler mon dîner. Si vous voulez me faire l'honneur d'assister à mon repas, nous causerons, après je serai à votre disposition.

Au même moment une sonnerie résonna dans la maison; avant qu'elle eût cessé, une servante vint annoncer que le dîner était servi.

— Vous voyez, continua Têtevuide, si ma vie est régulière; il y a des gens qui ont des réveils pour les réveiller, moi j'en ai un pour me faire manger à l'heure; pendant vingt ans j'ai eu les repas les plus fantastiques, heureux encore quand je mangeais, aujourd'hui je déjeune à dix heures et je dîne à six; le monde croulerait que je n'avancerais ou ne retarderais pas mon repas. Je suis maintenant l'esclave de ma bête. Il paraît que la santé est à ce prix; franchement, c'est un peu cher.

Il causa joyeusement pendant la demi-heure consacrée à son dîner, mangeant avec un soin religieux, comme un homme qui accomplit un devoir; puis, quand la demie sonna, il se leva de table :

— Maintenant aux affaires, dit-il avec entrain, et vivons un peu : passons dans mon cabinet.

Pour la seconde fois de la journée Martel recommença son récit, long, exact, circonstancié. De temps en temps Têtevuide faisait un signe, sans interrompre. Quand Martel eut fini :

— Bon, dit-il, je me charge volontiers de votre affaire, parce que vous êtes un homme droit, honnête dans son passé et ses intentions; quand on ne donne plus de conseils qu'en amateur, on a bien le droit de choisir ses clients; votre réputation m'était bien connue, mais vous, je ne vous connaissais pas. Désormais, usez de moi. Où demeure notre homme ?

— Rue Lamartine, n° 9.

— Je vais lui écrire, dit Têtevuide, en notant l'adresse sur son agenda, et lui donner rendez-vous ici pour après demain deux heures.

— S'il ne vient pas ?

— Il viendra si sa curiosité et son intérêt sont excités; j'espère trouver le moyen de les exciter. Mais pour cela je ne vous promets pas le succès; je ne crois pas aussi sûrement que Favas à une transaction. Nous avons contre nous deux choses terribles : vous avez été amis, quelque bas qu'il puisse être tombé, il n'aura pas avec vous la liberté de bassesse qu'il aurait avec un étranger; vous avez un enfant, et entre ses mains, ce peut-être une arme irrésistible; par votre ancienne amitié il est tenu, par votre enfant il vous tient dans votre fortune, dans votre bonheur. Aussi est-il à craindre qu'il veuille obtenir d'abord le jugement; après il pourra toujours transiger, sa position n'en sera que plus forte. Avez-vous les vingt-cinq mille francs?

— Les voici.

— Bon, toute notre espérance est là; on ne sait pas combien la vue de ces chiffons bleus trouble facilement une cervelle et affolle une raison; qu'ils allument sa convoitise, nous le tenons. Revenez, si vous le voulez bien, après demain cinq heures.

Têtevuide savait décidément exciter l'intérêt ou la curiosité de ceux à qui il écrivait; le surlendemain, à deux heures, Maurice se fit annoncer chez lui.

— Vous m'avez écrit, dit-il; comme j'avais précisément besoin aujourd'hui ici, j'ai fait d'une pierre deux coups.

Cette apparente indifférence était trop grossière pour l'ancien avoué.

— Monsieur, dit-il, je suis le conseil de M. Martel, et en voyant la façon dont vous procédez envers lui, j'ai pensé que vous étiez sans le sou...

Maurice n'était plus au temps où une pareille parole l'eût soulevé d'indignation; son épiderme n'était plus sensible à de pareils coups; cependant celui-là était appliqué si raide, qu'il se leva.

— Monsieur!

— Que vous étiez sans le sou, continua Têtevuide, qui parut ne pas entendre, et que vous ne seriez pas fâché de faire une bonne affaire. C'est pour vous proposer cette affaire que je vous ai écrit.

— Et vous avez cru?

— Que votre plainte en adultère était une spéculation, mon Dieu, oui: si je ne l'avais pas cru, vous auriez parfaitement pu me prendre pour un niais. Vous comprenez que dans les circonstances où cette plainte est déposée, après sept ou huit ans de silence, au moment où votre fille et votre femme font un héritage qui vous donne un intérêt à administrer la communauté, il n'y a pas besoin d'être un grand clerc pour deviner le motif qui l'a dictée.

— Vous avez cru que j'accepterais votre affaire ?

— Il est impatient de savoir ce qu'on lui offre, pensa Têtevuide, nous le tenons. — Et tout haut. — J'ai cru que vous ne feriez pas le difficile, si le prix payé pour votre désistement vous paraissait suffisant ; que s'il vous paraissait inférieur à vos besoins ou à votre douleur d'époux outragé, on pourrait le discuter et finalement s'entendre. Ma mission est toute de conciliation, vous le voyez.

— Le prix ?

— Vingt-cinq mille francs que voilà.

Il prit la liasse de billets de banque dans son tiroir ; et la froissant entre ses mains, il s'amusa à lui faire produire ce frou-frou qui trouble une conscience comme le frou-frou de la robe de soie que traîne la femme aimée, remue les sens d'un jeune homme de vingt ans.

— Vingt-cinq mille francs une fois payés, et en plus une pension de deux mille quatre cents francs par an.

Tout en parlant, Têtevuide regardait son adversaire ; à l'indifférence que celui-ci avait affectée jusqu'à ce moment, succéda une ardeur qui alluma ses yeux.

— Ce n'est pas assez ?

— Ainsi, monsieur, s'écria Maurice avec emportement, vous croyez que je peux vendre ma femme et mes enfants. — Puis changeant brusquement de ton : — Une femme qui n'a pas trente ans et qui fait des confitures dans la perfection, deux enfants superbes, solides et sains, pour vingt-cinq mille francs ; vous auriez le droit de me prendre pour un niais si je disais : tapez-là. Nous parlons affaire, n'est-ce pas ?

— Allons, se dit Têtevuide, le gaillard est bien ce que

je croyais; l'attaque des billets de banque a manqué, la bataille est perdue.

— Si je voulais faire une spéculation comme vous le croyez, continua Maurice, vous devez convenir que le prix que vous m'offrez est ridicule. Ma fille a vingt mille francs de rente, dont je jouirai.

— Jusqu'à son mariage ou jusqu'à sa majorité.

— Mais alors, mon fils Julien aura la pension que lui fera M. Martel.

— Ta, ta, ta, vous allez, vous allez comme un homme d'imagination; je croyais que nous parlions affaire. Vous nous faites condamner pour adultère, c'est bien. Nous, nous obtenons la séparation de corps et la garde de nos enfants; c'est mieux. Alors où prenez-vous les rentes de votre fille et la pension de votre fils. Où prenez-vous la dot de votre femme qu'il vous faut restituer.

— Oh! restituer?

— Parfaitement; on ne peigne pas un diable qui n'a pas de cheveux; vous ne restituez rien, nous nous en moquons; mais de votre côté, vous ne touchez rien; pour un homme qui est dans la position dont je parlais tout à l'heure, c'est assez désagréable. Nos vingt-cinq mille rancs ne sont donc pas si ridicules.

— Monsieur, dit Maurice en prenant son chapeau, j'ai jusqu'ici écouté vos honteuses propositions, parce qu'il me plaisait de savoir comment ma femme voulait se défendre. Ce sont là ses moyens, elle ne mérite aucune pitié. Elle ira en prison. Et puisque vous me menacez d'une séparation de corps, nous verrons s'il se trouvera un tribunal français pour laisser des enfants à une mère flétrie par une condamnation correctionnelle. Je suis sans le sou, c'est vrai; j'ai le désir de profiter d'un revenu donné à ma fille par un homme qui m'aimait, c'est vrai encore; mais entre ce revenu et l'argent que vous me proposez, il y a un abîme, un ruisseau, je ne m'y salirai pas.

Cela fut dit avec une dignité froide où l'on retrouvait un homme; malheureusement il ne sortit pas sur cette grande phrase qui avait presque surpris Têtevuide.

— Vous savez mon adresse, si vous avez d'autres propositions à me faire, vous voudrez bien prendre la peine de monter mes cinq étages.

## V

Quand Martel arriva à son tour chez Têtevuide, il comprit tout de suite que la négociation avait échoué.

— Ce que je craignais s'est réalisé, dit Têtevuide, il compte sur votre fils pour obtenir mieux, et en plus, je lui crois contre vous un sentiment de haine qui nous gênera terriblement.

— Voici qui prouve, quant aux enfants, que vous avez malheureusement raison, dit Martel en présentant un papier plié.

— Ah! une requête, il fallait nous attendre à ça, voyons un peu.

Il lut :

« A monsieur le président du tribunal, etc.

» M. Maurice Berthauld, etc., ayant Me Blanchard pour avoué.

» A l'honneur de vous exposer que pendant qu'il était absent de France, la dame de Keïrgomar, son épouse, a formé avec un sieur Martel, artiste peintre, demeurant au Plessis, une liaison coupable; que depuis plusieurs années elle vit avec lui en état de concubinage, état connu de tout le monde et tellement affiché, que ladite dame se fait appeler madame Martel, et que mondit sieur Martel la présente comme sa femme.

» Que de son mariage avec son épouse, l'exposant a eu

deux enfants, lesquels ont suivi leur mère auprès du sieur Martel.

» Que dans cette maison ils ont sans cesse sous les yeux des exemples pernicieux pour leur jeune âge, dont ils souffrent et dont souffre en même temps la morale publique. »

— Ta, ta, ta, la morale publique, dit Têtevuide en s'interrompant, il nous la donne bonne, Blanchard; mais continuons.

« Que pour faire accepter une pareille situation à des enfants, dont l'un est déjà assez grand pour raisonner, ladite dame n'a pas craint de se dire mariée en secondes noces; si bien que les enfants ont cru et dû croire leur père mort. A tel point que l'exposant ayant abordé il y a deux jours sa fille, et l'ayant interrogée sur son père, elle lui a répondu : que son père était mort et que c'était un grand bonheur, parce que sans cette mort ils seraient tous dans la misère. Que, malgré ces épouvantables paroles, ce père, ayant voulu embrasser son enfant, celle-ci s'y est refusée, en disant qu'elle n'embrassait pas les messieurs qu'elle ne connaissait pas.

» Depuis son retour en France, l'exposant a fait deux démarches auprès de la dame son épouse pour l'engager à rentrer au domicile conjugal; démarches qui ont été repoussées.

» Dans ces conditions, il a déposé entre les mains de M. le procureur impérial une plainte en adultère contre ladite dame, et contre son complice mondit sieur Martel.

» Aujourd'hui, en considération de l'urgence, il a l'honneur de requérir qu'il vous plaise, attendu la gravité des faits exposés, dire et ordonner que ses enfants lui seront remis dans le plus bref délai, et, à cet effet, commettre les agents de la force publique qu'il appartiendra, pour la dite ordonnance, être mise en exécution. »

— Hé bien, voilà qui est un peu fort, dit Têtevuide.

Il était tout joyeux; mais remarquant la figure bouleversée de Martel :

— Allons, mon cher monsieur, ne vous désolez pas; notre président est trop intelligent pour rendre une pareille ordonnance, qui n'est après tout qu'un épouvantail; nous allons introduire dès aujourd'hui notre demande en séparation, en requérant que les enfants soient laissés à notre garde. Quel âge a la fille?

— Bientôt dix ans.

— Il serait bon de la mettre dès demain dans un couvent ou une pension.

— C'était déjà notre intention.

— Alors c'est parfait; quant à votre fils je vous donne ma parole qu'il ne lui sera pas remis par mesure provisoire, peut-être ordonnera-t-on qu'il sera mis dans un collège.

— Nous l'enlever! s'écria-t-il avec une horrible angoisse.

— C'est là une mesure provisoire que la loi autorise.

— Mais il n'a pas six ans, il est malade, à peine convalescent d'une crise qui a failli le perdre; il a besoin des soins incessants de sa mère, il ne nous a jamais quittés.

— Ce sont là des considérations particulières très puissantes pour un homme, mais la loi n'a ni cœur ni entrailles; la loi est la loi, Dans l'espèce, un père...

Martel fit un mouvement.

— Persuadez-vous donc bien, continua Têtevuide, qu'aux yeux de la loi vous ne pouvez pas être le père de cet enfant; dans votre affaire, comme dans toutes les affaires du monde, il y a deux points, le fait et le droit; le fait, c'est que cet enfant est à vous, et qu'il ne peut être qu'à vous parce que le mari de sa mère était absen depuis plusieurs mois au moment de la conception; le droit, c'est que cet enfant ne peut pas être à vous parce que sa mère était mariée au moment où il est né, et parce que le mari de cette mère déclare qu'il est à lui. Or, si un mari peut, dans certaine circonstance, désavouer un enfant que sa femme lui donne; personne, entendez-vous bien, personne ne peut contredire ce mari, affirmant que l'enfant est à lui. Rien ne prévaut contre l'axiome : *Pater is est.*

C'était la seconde fois que Martel s'entendait affirmer la même chose ; cependant, malgré la confiance qu'il avait en ceux qui parlaient ainsi, malgré leur espérance et leur autorité, tout en lui se révoltait contre cette idée, que la loi pouvait lui arracher son fils pour le donner à un autre.

— Cela vous paraît monstrueux; si j'avais le temps de vous faire un cours de droit, je vous expliquerais par quelles raisons cela se légitime. Mais, peu vous importent les raisons, le fait seul vous touche; eh bien, le fait est ainsi : légalement votre fils est le fils de Berthauld. Or, que peut répondre la loi à un homme qui se présente et qui dit : « Ma femme vit en concubinage avec un amant, j'ai déposé contre elle une plainte en adultère, le flagrant délit a été constaté, je demande que mes enfants ne restent pas plus longtemps confiés à sa garde et me soient remis. » La réponse, bien simple, est en réalité très sage : « Votre femme est coupable, cela paraît certain, il serait donc dangereux de lui laisser des enfants, que son exemple corrompt; mais vous-même vous ne paraissez pas parfaitement digne d'être un modèle pour ces enfants, dont l'éducation vous préoccupe si vivement; c'est pourquoi je ne les laisserai point à votre femme, pas plus que je ne vous les donnerai. » Madame a-t-elle son père ou sa mère?

— Son père.

— Alors nous pouvons demander qu'il soit nommé *tuteur ad hoc*.

— Non, mille fois, j'aimerais autant Berthauld que M. de Keïrgomar.

— Qui est-ce?

— Un brigand qui vaut son gendre, s'il n'est pire.

— Ceci complique notre situation; le tribunal serait indisposé par une suspicion générale; si nous demandons un tuteur *ad hoc* il pensera tout naturellement à l'ascendant; il vaut donc mieux que nous ne parlions pas de tuteur, heureux si notre adversaire ne le propose pas lui-même, ou si le tribunal ne le nomme pas d'office. Le plus prudent dans cette conjoncture, c'est de faire envoyer l'enfant en pension. Sans doute, nous tâcherons qu'il reste près de sa mère; mais bien certainement vous aimerez encore mieux le voir confié à un proviseur quelconque qu'à celui qui se prétend son père; et c'est tout ce que nous pouvons espérer. Encore va-t-il falloir batailler et ne pas perdre de temps. N'oubliez pas que la règle est que les enfants doivent être confiés au père demandeur ou défendeur, et que c'est par exception qu'il en est autrement ordonné. Or, nous qui, par notre position d'épouse adultère, devons être mal vus par la loi, nous demandons la faveur de l'exception. Ah! le gaillard a bien combiné son affaire; en théorie c'est bien emmanché, maintenant il faut voir comment ça va aller dans l'application.

Il était tout rajeuni, cette remise en activité lui promettait des émotions; l'horloge eût sonné pour ordonner le dîner qu'il n'eût pas entendu.

— Nous aussi, nous allons présenter une requête, et j'ose espérer que nous parlerons de la morale publique un peu plus adroitement que ce criquet de Blanchard.

Martel était anéanti.

— Allons donc, est-ce que deux mois de prison en expectative doivent vous abattre ainsi. Vous n'avez pas assassiné, que diable; et pour le délit dont vous êtes coupable le monde est indulgent, la loi seule est dure; ce qui, soit dit en passant, est un malheur; la loi douce et la société justement sévère, cela ferait bien mieux le compte de la morale, la vraie, j'entends pas celle de notre adversaire.

— Ce n'est ni le monde ni la prison qui me préoccupent, c'est l'enfant.

— Hélas! je vous l'ai dit, là est notre côté vulnérable. Si nous n'avions pas l'enfant ce serait trop facile avec un pareil drôle, et je ne me chargerais pas de votre affaire.

Puis, changeant de sujet.

— Avez-vous fait ce que Favas vous avait conseillé relativement à votre fortune?

— Oui, le prince de Coye, toujours parfait d'obligeance, m'achète mes terres et ma maison, l'acte est signé d'hier.

— Maintenant vendez votre matériel de ferme; je ne veux pas que le jour de l'exécution venu on trouve à tondre sur nous plus que sur un œuf, j'oubliais vos billets.

Il les prit dans son bureau, et les agitant :

— Est-il possible que le maladroit ait résisté à ce bruit-là; je crois qu'il s'en mordra les doigts et qu'il n'est pas près d'entendre leur musique.

## VI

Le papier timbré commença à pleuvoir; ils restèrent d'abord à l'abri de cette mitraille, qui s'échangea d'avoué à avoué, mais ils durent bientôt donner de leur personne dans la bataille.

Il fallut comparaître devant le juge d'instruction.

Elle devait être entendue la première, qu'allait-elle dire? qu'allait-on lui demander?

— Dis les choses telles qu'elles se sont passées, telles qu'elles sont, lui conseilla Martel en la rassurant; nous n'avons rien à cacher.

— Madame Berthauld! appela le greffier.

Elle ne se leva pas.

— Madame Berthauld!

Depuis sept ans c'était la première fois qne ce nom résonnait à son oreille; mais, hélas! c'était bien le sien; elle ne serait plus madame Martel, elle ne l'avait jamais été.

Elle entra.

Un monsieur cravaté de bleu, vêtu de noir, souriant, affable, se leva pour la recevoir.

Elle resta quelques minutes sans pouvoir se remettre malgré ses efforts, regardant fixement le parquet ciré.

Ce n'était point un juge d'instruction de la vieille école que M. Desminières, mais un homme poli avec tout le monde, aimable avec les femmes; jeune encore, grand, bien fait, au mieux avec les mères, plaisantant avec les filles, dansant au bal, jouant aux soirées, invité partout, il pratiquait dans une mesure si égale sa double profession de juge d'instruction et d'homme aimable, que ses rivaux l'accusaient de ne savoir se défaire à propos de l'une ou de l'autre, dans le monde d'être trop juge, au palais d'être trop mondain.

Le matin, en pensant qu'il devait interroger une femme qu'on disait très jolie, qui avait été fort remarquée à la fête donnée par le prince de Coye, il avait changé trois fois de cravate : jeune, jolie, accusée d'adultère, hé, hé.

Il s'efforça de la rassurer.

— Mon Dieu, madame, remettez-vous, je vous en prie, nous ne sommes pas des monstres.

Elle ne le voyait que trop, elle eût mieux aimé un vieux paperassier, sévère ou bourru, que ce jeune homme gracieux, dont le regard la gênait.

Il fit un signe à son greffier; celui-ci sachant ce que cela voulait dire, s'éloigna.

— Maintenant, madame, nous sommes seuls.

Ce n'était guère propre à la rassurer; mais il fut parfait; il l'écouta sans l'interrompre, lui posa seulement quelques questions indispensables avec une réserve pleine de délicatesse.

Puis il appela son greffier, et lui dicta l'interrogatoire. Ce n'était point un réaliste; dans sa bouche, la périphrase s'épanouissait décente et ornée; on sentait l'homme qui plus tard traduirait Tibulle en vers.

Martel avait tant entendu parler depuis quelques jours de code pénal, de code de procédure, de code d'instruction criminelle, d'inculpation, de prévention, d'accusation, de prison, d'amende et de dommages-intérêts, qu'il fut presque surpris d'être reçu en homme du monde.

L'interrogatoire fut plus précis, et les choses comme les faits retrouvèrent presque leurs noms. Lorsqu'il fut signé, on causa. M. Desminières avait des opinions en peinture et en musique; il préférait Ingres à Delacroix; Meyerbeer à Rossini; la musique de Weber le faisait pleurer.

— Ah çà ! ce monsieur Berthauld est bien l'auteur, n'est-ce pas, d'un opéra tiré de Shakespeare, représenté, il y a huit ou dix ans, au milieu d'un feu d'artifice de réclame?

— C'est lui-même.

— J'en ai à cette époque beaucoup entendu parler; j'étais attaché au parquet; très lancé dans tous les mondes, je connaissais intimement une petite dame liée avec Lina Boirot, sa maîtresse. Il est bien sévère aujourd'hui, car, si alors sa femme eût demandé sa séparation, elle l'eût certainement obtenue. Il allait bien. Elle a fait un beau chemin depuis, cette Lina, elle a habité notre arrondissement.

Après avoir paru devant le juge d'instruction pour se défendre de l'accusation d'adultère, Armande dut paraître devant le président du tribunal pour demander sa séparation, la requête de Têtevuide ayant été répondue d'une ordonnance de comparution des parties, c'est-à-dire de la femme et du mari. Ce ne fut pas la côte la moins rude de son calvaire que cette entrevue.

Sa vieille amie, madame Aiguebelle, avait voulu l'accompagner pour qu'elle ne fût pas seule ; et elles étaient toutes les deux dans la salle d'attente qui précédait le cabinet du président, lorsqu'elles virent Maurice entrer.

Il était convenablement vêtu ; toute sa tenue disait qu'il voulait inspirer confiance. Il les salua sans embarras et sans que rien en lui trahît l'émotion.

C'était pourtant la première fois qu'il revoyait sa femme au grand jour. Pour elle, l'émotion la plus poignante la faisait trembler sur le banc où elle était assise, les battements de son cœur s'étaient arrêtés.

Madame Aiguebelle alla près de lui.

— Je suis heureux de vous rencontrer, lui dit-il, et d'apprendre que vous voyez toujours Armande.

— N'aurez-vous pas pitié d'elle ?

— Je ne demande que cela ; mes bras lui sont ouverts.

— Vous savez bien que c'est impossible.

— Il le faut.

— Ah ! Berthauld, ce que vous faites là est indigne ; vous seriez un monstre, si...

Il lui tourna le dos.

Le mari et la femme entrèrent ensemble dans le cabinet du président.

Le président était le contraste vivant du juge d'instruction. Tout à l'ambition, il n'y avait pour lui ni homme ni femme, mais seulement des plaideurs; il poursuivait un but et ne s'en laissait distraire par rien; ce but, c'était d'arriver à Paris; tous les matins il lisait le *Moniteur* spécialement pour les nominations; il connaissait les états de services et les protections de chacun, aussi bien que le chef du personnel à la chancellerie; la mort ou la mise à la retraite de l'un de ses confrères lui donnait la fièvre d'impatience, et il en voulait personnellement à ceux qu'on choisissait en dehors du ressort.

Sans se lever il indiqua deux fauteuils.

— La loi, dit-il d'une voix de tête, me donne la mission de tenter entre vous un rapprochement, car elle ne veut pas que deux époux puissent par une action irréfléchie et un accès de vivacité, s'engager dans une chose aussi grave, aussi terrible qu'une séparation de corps.

Et il continua cinq minutes sur ce ton, faisant les représentations qu'il croyait propres à opérer ce rapprochement comme le demande la loi :

— Ce rapprochement est impossible, dit-elle.

— Pourquoi?

Elle ne répondit pas.

Il insista.

Elle répéta : « Impossible » et n'en dit pas davantage.

Il était peut-être digne à elle de ne pas accuser, mais c'était une maladresse; elle indisposa le président; Maurice sut en profiter :

— Monsieur le président doit voir, dit-il, que madame n'a pas sa liberté, et quoique nous paraissions sans conseils, elle apporte ici une réponse concertée d'avance, et dont elle ne veut pas sortir de peur de s'engager. C'est pour l'arracher à l'influence qui l'enchaîne que j'ai dû déposer une plainte en adultère.

— S'il en est ainsi, dit le président, ma mission est inutile; il ne vous reste qu'à suivre sur votre demande.

Les journées étaient tristes au Plessis : on ne parlait, on ne s'occupait que des deux procès; quand ils n'avaient pas à comparaître eux-mêmes personnellement, c'étaient les domestiques qui étaient cités comme témoins et qui racontaient ce qu'on leur avait demandé, les réponses qu'ils avaient faites.

Mais au-dessus du procès, au delà de l'heure présente, planait une pensée terrible et menaçante : quels que fussent les résultats des procès, c'en était fini de leurs jours heureux; il faudrait se séparer, leur vie serait brisée : ces quelques journées anxieuses qui leur restaient, étaient encore les plus belles qu'ils auraient désormais.

Cependant on en pouvait peu profiter; depuis le matin jusqu'au soir, Martel était chez l'avoué, chez Têtevuide, chez Favas. Son temps se passait sur le grand chemin.

Il avait entrepris une négociation qu'il avait à cœur, mais qui lui donnait le plus grand mal : c'était que les journaux ne rendissent pas compte des deux procès. La notoriété des noms en cause, la célébrité des avocats qui devaient plaider, lui opposaient de sérieux obstacles, bien qu'il eût des amis dans le journalisme parisien. Pour deux ou trois qui promirent formellement le silence, presque tous lui firent la même réponse : « Si personne n'en parle, nous n'en parlerons pas; mais s'il y en a un qui commence, nous serons bien forcés de le suivre; tout ce que nous pouvons faire c'est de ne pas commencer. » A obtenir que chacun ne commençât pas, il employa tous les moyens.

Au milieu de cette vie tourmentée, ils eurent une éclaircie.

Le président rendit une ordonnance relative aux enfants Victorine demeurerait dans la pension des sœurs Hochemolle; Julien resterait à la garde de sa mère, vu son jeune âge et les soins dont il avait journellement besoin.

ainsi qu'il était constaté par le rapport des médecins commis à cet effet.

Têtevuide avait tenu parole; mais, comme s'il craignait qu'on se laissât aller à l'espérance : « Ce n'est qu'une mesure provisoire, écrivit-il; elle pourrait être rétractée et modifiée suivant les cas, elle ne préjuge en rien le jugement; elle n'est rendue que pour quelques semaines, le jugement, lui, sera définitif. »

## VII

Enfin arriva le jour du jugement.

L'audience devait ouvrir à dix heures; dès neuf heures et demie la salle était pleine à ne pas respirer. Les détails d'un procès en adultère qu'on disait plein de mystère et de romanesque, le nom d'un des accusés, celui de l'accusateur, la beauté de la femme, le talent des avocats, Favas pour les prévenus, Hacheray pour la partie civile, avaient mis la ville en révolution. Heureux d'avoir dans leurs murs ces deux célébrités du barreau parisien, les avocats, les avoués et les agréés avaient organisé un banquet qui leur serait offert à l'issue de l'audience. Aussi, depuis huit jours, n'était-il question que de l'affaire Martel. Le président avait été assiégé de demandes de places; la salle était vaste : on avait pu contenter presque toutes les demanderesses; jamais concert de la Société maternelle n'avait réuni une aussi nombreuse, une aussi belle assemblée; le concierge du palais avait loué des chaises à l'église pour pouvoir caser tout le monde; les hommes marquants étaient entassés sur l'estrade derrière les fauteuils des juges et du procureur impérial; les dames étaient alignées dans le prétoire..

A dix heures moins deux ou trois minutes Martel fit son

entrée. On ne vit pas paraître la prévenue. Auprès de Martel marchait un petit homme extrêmement blond : « Le prince de Coye », dit un jeune avocat ; derrière eux, Favas et Têtevuide. Son maintien était digne ; il promena sur l'assistance un regard assuré, et reconnut quelques personnes de sa connaissance : Lassave, le sous-préfet, sur l'estrade; Lataste, auprès de lui ; parmi les femmes, madame Lataste et madame Pigache, qui avait fait exprès vingt lieues ; il fut heureux de ne pas apercevoir Pigache auprès d'elle.

Il parut généralement fort convenable à l'assistance féminine, et l'on s'accorda à trouver que ce devait être un fort agréable complice.

A dix heures l'audience fut ouverte, et le tribunal commença par expédier rapidement deux affaires sans importance ; de pauvres diables qui, détenus, parurent sur le banc correctionnel encadrés des buffleteries jaunes des gendarmes.

Puis l'huissier appela la cause :

— Le ministère public contre : 1° Armande de Keïrgomar, épouse de Maurice Berthauld, et 2° Aristide Martel, artiste peintre, demeurant au Plessis. »

Martel répondit seul à l'appel de son nom ; au grand désappointement du public, il fut constaté que Armande faisait défaut. Ce fut inutilement aussi qu'on chercha des yeux le mari, son avoué et son avocat étaient seuls présents.

Les conclusions prises, Favas se leva ; ceux qui étaient au courant des formalités judiciaires eurent un moment d'inquiétude.

— Il va demander le huits clos, dit un avocat à sa voisine, jeune blonde des plus agréables.

— Vous me ferez rester tout de même.

— Mais...

— Je te dis que je le veux, ajouta-t-elle vivement en se penchant à son oreille.

Ce ne fut point le huis clos qu'il demanda, mais seulement, dans l'intérêt des enfants, que la faculté de reproduire les débats fût interdite aux journaux.

Le tribunal fit droit à ces conclusions et, ouï le ministère public qui ne s'y opposa pas, dit que : « Attendu qu'il était convenable qu'une trop grande publicité ne vînt pas aggraver cette affaire, vu l'article 17 de la loi des 17-23 février 1852, les journaux français ne pourraient pas en donner la reproduction. »

Martel avait pu gagner presque tous les journaux de Paris, mais le journal de la localité n'avait pas voulu se rendre, espérant être reproduit par tous les autres journaux de Paris et de la province, et c'était contre lui qu'était prise cette mesure.

On comptait sur l'interrogatoire, la curiosité fut trompée : en quelques mots Martel raconta comment, à Naples, on avait cru à la mort de Berthauld, et comment, y croyant eux-mêmes, ils s'étaient mariés en Sicile.

— Plus tard, vous avez su que vous étiez trompés; vous avez fait exprès le voyage de Londres pour constater de vos yeux que Berthauld n'était pas mort, et vous avez cependant continué de vivre comme si votre mariage eût été valable.

Il ne lui convenait pas de parler devant ce monde de son amour et de l'amour d'Armande : il ne répondit pas.

— Vous ne répondez pas, le tribunal appréciera.

La liste des témoins n'était pas longue; le procès-verbal de flagrant délit valant mieux que tous les témoignages du monde.

Hutin était au nombre des témoins; sa déposition était des plus graves : elle portait sur la lettre qui lui avait été remise par Maurice et sur les menaces qu'il avait faites à celui-ci.

Jusque-là les avocats avaient gardé le silence, Hacheray se leva et pria le tribunal de poser quelques questions au témoin :

— Le témoin est forçat libéré ?

— Oui.

— Le témoin a été condamné à dix ans de travaux forcés pour avoir assassiné un garde qui a poussé le courage du devoir jusqu'à la témérité ?

— Un garde qui voulait me passer son couteau de chasse au travers du corps parce que je lui avais appliqué un coup de poing, oui ; mais j'ai payé, faut-il payer encore ?

— C'est de son propre mouvement et sans sollicitation que le témoin a attendu M. Berthauld dans un chemin creux, la nuit, et l'a menacé de l'assassiner.

On n'a pas été au bagne sans apprendre le Code pénal ?

— C'est-il le chemin creux ou bien la nuit qui disent que j'ai menacé M. Berthauld ?

— Si c'est sans sollicitation que le témoin a fait ces menaces, qu'il nie ; combien croyait-il que lui serait payée la mort de M. Berthauld ?

Cette déposition produisit un effet déplorable ; pour beaucoup il fut prouvé que Martel avait voulu se débarrasser d'un mari gênant, et que n'ayant pas le courage de l'attaquer en face, il avait tâché de le faire assassiner par son berger.

Heureusement celle du prince de Coye vint faire une utile diversion.

Ce fut au tour de Favas de demander que quelques questions fussent posées :

— On nous reproche d'avoir trompé le monde, d'avoir insulté à la dignité du mariage, en prenant la qualité d'époux légitime, alors que nous savions parfaitement ne pas l'être. Est-ce en cette qualité que nous avons sollicité l'honneur d'être reçu au château de Villiers.

Le prince raconta les choses telles qu'elles s'étaient passées, comment c'était lui qui avait voulu donner à M. Martel un témoignage de satisfaction et de reconnaissance; et comment celui-ci avait refusé.

— J'aurais cru me faire le complice d'une injustice flagrante en ne persistant pas dans mon invitation, continua-t-il, j'ai persisté et insisté.

— Vous vous seriez fait le complice de la loi, interrompit le président d'un ton sentencieux, comme s'il eût adressé une mercuriale à un jeune avocat.

— M. et madame Martel formaient, forment pour moi le ménage le plus honnête que je connaisse, et je regarde comme un honneur de les avoir reçus chez moi. Je m'entends mal aux choses de la loi, mais nous savons ce que c'est que l'honneur, et c'est l'honneur qui m'a dirigé dans cette circonstance.

Il dit cela avec une dignité hautaine, en véritable fils des princes de Coye; puis il vint s'asseoir auprès de Martel.

C'était par les séparations de corps, les interdictions, les désaveux de paternité, les captations de testament que Hacheray s'était fait un nom et une réputation : c'était l'homme des guerres de famille; diffus dans l'exposition, embrouillé dans la discussion, il n'avait pas de rivaux dans l'injure; jamais un adversaire ne sortait de ses mains que ridicule ou déshonoré.

Pendant une heure Martel put se contenir, mais il y eut un moment où l'indignation le souleva; Hacheray faisait le portrait d'Armande, non pour l'avoir vue et entendue, « elle avait eu au moins la pudeur de ne pas se montrer » disait-il, mais tel qu'il ressortait des faits de la cause.

— C'est une infamie ! s'écria Martel.

— Martel, asseyez-vous, dit le président.

— Je ne peux permettre...

— Respectez le tribunal et la liberté de la parole ; c'est au tribunal seul qu'il appartient ici de savoir ce qu'on doit permettre ou ne pas permettre. Me Hacheray, veuillez continuer.

Le prince et Favas parvinrent à le faire asseoir; il lui semblait que s'il avait un pistolet entre les mains, il brûlerait la cervelle à cet homme.

— Vous répondrez, dit-il à Favas.

— Ah ! je savais bien que vous y viendriez.

— Oui, tout; tout ce que vous voudrez.

— Messieurs, reprit Hacheray, je voulais vous faire connaître M. Martel, mais je n'ai plus rien à dire, il a parlé; vous voyez quel est cet homme qui emploie à son service des forçats libérés. Un grand artiste, je suis le premier à le proclamer; j'ai dans mon salon une toile signée de son nom, que j'admire tous les jours. Mais je ne suis pas ici pour faire de la critique d'art, c'est l'homme qui doit nous occuper.

Après cette plaidoierie, l'audience fut suspendue et l'on ouvrit les fenêtres pour respirer; personne ne quitta sa place, on voulait entendre Favas. Ceux qui se prétendaient bien informés avaient dit avant l'audience que la plaidoirie de Favas serait très courte, très modérée de ton, et qu'elle se bornerait à présenter la mort simulée du mari et son absence, comme excuse à l'adultère. Mais après les violences de Hacheray, on ne croyait plus à cette modération, sa plaidoirie avait produit son effet ordinaire, la guerre allait prendre un caractère implacable, le drapeau noir était arboré; chacun sentait d'instinct qu'il fallait des représailles.

— Messieurs, dit Favas, ce n'est pas pour nous défendre que je me lève, c'est pour accuser, car mon honorable adversaire, avec son habileté merveilleuse, a étrangement déplacé la question ; je vous demande à la replacer sur son véritable terrain. On a fait des portraits, j'en veux un aussi ; et pour procéder comme les romanciers avant d'entrer dans l'action, poser mon personnage.

Martel croyait bien connaître Maurice, c'était lui qui avait donné les éléments de ce portrait ; sous la parole ardente et colorée de Favas, il le vit si étrangement grandi qu'il ne le retrouva plus tel qu'il était dans son esprit ; c'était bien lui cependant, mais combien plus vivant, plus vrai, plus misérable qu'il ne l'avait jamais vu : par l'exactitude du détail, Favas le faisait toucher du doigt, par un mot à côté, il le faisait juger.

C'était avec un âpre plaisir qu'il suivait cette parole vengeresse et il oubliait presque qu'il était lui-même en cause, mais c'étaient de courts moments de calme ; bientôt il était brusquement rappelé à la réalité, par les frémissements ou les rires de l'auditoire qui s'amusait maintenant de Maurice, comme quelques instants auparavant il s'était amusé de lui.

Et puis, il y avait un bruit qui sans cesse retentissait à son oreille, qui lui disait quelle était la valeur vraie de ses paroles. Dans la bibliothèque des avocats qui touchait à la salle d'audience, on dressait le couvert pour le banquet qui allait avoir lieu, et c'était un cliquetis de vaisselle et d'argenterie.

Le triomphe de Favas fut complet ; sa péroraison s'acheva au milieu des applaudissements, les huissiers ne purent les réprimer que parmi les avocats, ils persistèrent parmi les femmes. C'était de l'enthousiasme ; on eût acclamé Armande si elle eût été présente. Martel ne s'était jamais senti si honnête homme.

Le tribunal se retira pour délibérer.

On entoura Favas : Hacheray lui-même vint le féliciter.

— Ah ! mon cher, vous nous avez assez joliment roulé ; vous avez eu bien tort de faire interdire la reproduction des débats.

— C'est pour vous que je le regrette, jamais on n'a mieux tiré parti d'une mauvaise affaire.

— Tout cela n'empêche pas que le procès-verbal subsiste, dit Têtevuide.

Martel l'avait oublié, ce terrible procès-verbal.

Au bout d'un quart d'heure, la sonnette retentit.

Un brouillard passa devant les yeux de Martel; ce ne fut que confusément qu'il entendit les considérants.

— Nous sommes perdus, dit Favas.

— Vu les articles 336, 337 et 338 du Code pénal, continua le président, condamne par défaut la dame Berthault à deux mois d'emprisonnement, le sieur Martel à deux mois de la même peine et à cent francs d'amende; et statuant sur la demande de la partie civile, condamne mon dit sieur Martel à cinquante francs de dommages-intérêts envers mon dit sieur Berthauld.

# CHAPITRE XI

## ULTIMA RATIO

---

### I

Le procès en séparation de corps se passait entre avoués et avocats ; Armande n'eut pas à comparaître en personne, elle en eût d'ailleurs été incapable ; malgré son énergie, ses forces l'eussent trahie ; il arrive un degré d'inquiétude et d'anxiété où la volonté perd sa puissance. L'enfant malade, la mère trouve le courage de lutter contre la mort, et jour par jour, heure par heure, minute par minute, de combattre en ne reculant que pied à pied, le dernier souffle exhalé elle se colle sur la bouche du pauvre petit et veut encore faire passer en lui la vie qui est en elle. Mais là que pouvait-elle faire ? Quelle lutte entreprendre ? Il est des miracles contre la mort, mais contre la loi !

Cependant Martel s'efforçait de la rassurer. Il était impossible qu'on remît les enfants à Maurice tel que le tribunal le connaissait d'après la plaidoirie de Favas. L'ordonnance du président était un précédent en leur faveur. Le jugement lui-même, si terrible, devait leur donner de de l'espoir; c'était au minimum de la peine qu'ils avaient été condamnés ; les dommages-intérêts ridicules alloués à Maurice montraient que le tribunal voyait clair dans sa spéculation.

Mais comment l'eût-il persuadée, alors qu'il ne se persuadait pas lui-même.

Le jour du jugement, dans son impatience, il voulut venir au tribunal pour savoir plus tôt le résultat. Mais il n'y put pas rester.

— Je vais dans le jardin, dit-il à Têtevuide, aussitôt le jugement rendu voudrez-vous me prévenir?

Autour du palais-de-justice s'étendait le jardin de la ville, mal soigné, presque abandonné, toujours désert. Pendant une heure il tourna sur lui-même dans une petite allée en charmille, marchant vite, allant, venant, tâchant d'user sa fièvre par le mouvement ; puis, de guerre lasse, il s'assit sur un banc.

Il était là depuis quelques instants, lorsqu'il entendit un bruit de voix derrière lui, un homme et une jeune femme; par goût, il n'était ni curieux ni indiscret ; il ne prêta donc aucune attention à ce que disaient ses voisins. Cependant quelques mots le frappèrent malgré sa préoccupation. Se croyant seuls, ils parlaient librement.

— Avais-tu donc pensé que cela pouvait durer toujours, disait l'homme.

— Est-ce que je pensais, je t'aimais ; je me disais bien autrefois que tu m'abandonnerais peut-être un jour, mais quand le petit a été né, il me semblait...

— Je vais acheter une charge à Rambouillet, je ne peux pas t'emmener.

— Pourquoi, je ne te demande pas à être ta femme ; nous serions comme ici, je travaillerais, tu verrais le petit.

— Ce n'est pas possible ; je ne peux plus avoir une

maîtresse ; si on découvrait que j'ai un enfant, ça serait du propre, ça me donnerait joliment des affaires.

— Pourquoi ne me dis-tu pas franchement que tu veux te marier.

—Hé bien, quand ce serait vrai, crois-tu que je peux payer ma charge sans une femme ?

— Et le petit ?

— Je t'enverrai cinquante francs tous les mois.

— Est-ce que je te demande de l'argent.

— Qu'est-ce que tu veux que-je fasse ? Voyons, dis-le toi-même.

Ainsi, pensa Martel en écoutant ces paroles sèches chez l'homme, navrées et douces dans la bouche de la jeune fille, voilà un homme qui pourrait élever son fils et qui l'abandonne sans un mot de tendresse ou de regret.

Et il se leva : dans l'état où il était, cet entretien lui faisait mal.

Enfin, au bout de l'allée, il vit paraître Têtevuide.

Il courut au-devant de lui, mais à mesure qu'il avançait, l'attitude de celui-ci n'annonçait rien de bon.

— Hé bien ! dit-il, en parlant plutôt par un signe désespéré que par les lèvres.

La séparation est prononcée.

— Les enfants ?

— Victorine restera en pension jusqu'à dix-huit-ans.

— Julien, Julien.

— Il lui sera remis.

Dans sa longue carrière d'avoué, Têtevuide avait eu plus d'une fois de ses mauvaises nouvelles à annoncer à ses clients ; il fut cependant effrayé de l'horrible pâleur de Martel.

— Il faut aller en appel, dit-il pour le rassurer, nous gagnerons devant la cour.

Martel fit un geste découragé.

— Enfin l'appel est suspensif ; trois ou quatre mois

pour que l'affaire vienne, nous aurons le temps d'aviser ; et nous pouvons gagner.

Mais, ce dernier mot, il ne le dit pas avec conviction.

Et Armande qui à la maison attendait ; il fallait lui porter cette nouvelle.

Il partit aussi vite que son trotteur, excité par la bride et le fouet, pouvait aller ; dans des nuages de poussière les arbres de la route défilaient derrière lui. En traversant le Breuil, il faillit écraser un groupe d'enfants qui jouaient sur le pavé, et qui, surpris par l'allure de son cheval, n'eurent pas le temps de se ranger ; bien que prudent d'ordinaire, il ne ralentit pas ; vis-à-vis une auberge, deux charrettes étaient arrêtées et obstruaient la chaussée, il passa entre elles au risque d'accrocher et de tout briser.

Puis, cent mètres plus loin, il arrêta et mit au pas son cheval, blanc d'écume. Il fallait arriver, déjà on apercevait les premiers arbres du Plessis. Que dire ? Quoique depuis son départ il se posât cette question, il n'avait rien trouvé. Comment supporterait-elle ce coup ? Julien enlevé, Julien remis à Maurice ; si elle allait devenir folle.

Machinalement il arrêta tout à fait son cheval ; quelqu'un qui l'eût vu eût pu croire qu'il était fou lui-même ;

Tout à coup il battit son fouet, lâcha les rênes, et repartit : son parti était arrêté, cette course lui avait inspiré son projet.

Il n'eût rien à dire ; Armande vit dans ses yeux, dans son attitude accablée, dans ses lèvres frémissantes, que tout était perdu.

Il la reçut dans ses bras.

— Du courage, dit-il, il ne le prendra pas.

— C'est donc Victorine, dit-elle.

Il lui rapporta le jugement.

— Mais alors demain, tout de suite peut être, il peut venir nous l'enlever.

— Non, nous avons dix jours pour appeler, et pendant ces dix jours il ne peut rien entreprendre, puis trois mois encore s'écouleront avant que l'affaire soit décidée;

— Mais dans trois mois.

— Dans trois jours nous aurons quitté la France ; nous serons à l'abri de toutes ses tentatives.

— Et Victorine ?

— Victorine, ou Julien, il faut choisir.

Il parlait en père, n'ayant pour unique préoccupation que son fils ; mais elle, elle était la mère de Victorine aussi bien que de Julien.

— Que nous restions en France, dit-il en voyant qu'elle ne répondait pas, Victorine est toujours perdue pour toi, elle doit rester dans sa pension, tu ne peux que la visiter; dans trois mois, si nous ne réussissons pas, Julien nous sera enlevé. Et puis, rester en France, c'est vivre séparés. A l'étranger nous serons tous les trois ensemble.

— S'il nous poursuit, s'il nous rejoint, s'il recommence un nouveau procès ?

— Crois-tu, s'écria-t-il, que je m'exile volontairement et que c'est sans douleur que je quitte cette maison, mes amis, le pays où je m'étais fait un nom. Je m'y résigne parce que je crois que c'est la seule ressource qui nous reste, parce que je t'aime et préfère ton amour à tout, parce que je veux garder mon fils. Où irons-nous ? je n'en sais rien. Trouverons-nous un pays où nous serons à l'abri de ses poursuites ? je n'en sais rien non plus. Mais nous serons ensemble et nous verrons bien. S'il faut nous cacher, nous nous cacherons, le monde est grand.

Que pouvait-elle répondre. Elle ne sentait que trop la justesse de ces craintes; ils n'avaient bien qu'un seul moyen d'échapper aux dangers qui les menaçaient et qui d'un jour à l'autre pouvaient s'abattre sur eux, — fuir.

— Tu comprends, dit-il, que si nous nous résignons à partir, il ne faut pas attendre. Dans huit jours, dans quelques semaines, nous pouvons être séparés, emprisonnés, car enfin la prison est là. Il faut donc partir tout suite. Voilà ce que j'ai arrêté. Nous prendrons après demain le chemin de l'Est, et pour ne pas éveiller les soupçons, si par hasard on nous observait, nous nous séparerons; tu partiras par la ligne de Mulhouse avec Julien, je partirai par celle de Strasbourg; à huit heures du matin tu seras à Bâle, je passerai la frontière à Kehl, et te rejoindrai à l'hôtel des Trois-Mages dans la journée, en faisant le tour par la Forêt-Noire. De Bâle, nous verrons où aller pour être en sûreté. Avec Julien, tu n'auras pas peur, n'est-ce pas?

Elle dit non, mais ce voyage l'épouvantait; si elle allait être arrêtée à la frontière; si on l'arrêtait lui-même ; s'il ne la rejoignait pas.

Il la rassura; il avait un moyen, à Saint-Louis, de la faire passer pour la femme d'un employé de la Compagnie.

— Pour que personne ici ne soupçonne notre projet, nous ferons nos malles cette nuit; demain soir Hutin les chargera, j'ai confiance en lui; il partira vers deux heures du matin et les portera à la gare où nous les trouverons.

Tout cela était arrangé, bien disposé, sans doute; mais il y avait une idée qui la tourmentait autrement que tous ces détails matériels : Victorine. Partirait-elle sans l'embrasser.

Il prévint lui-même la demande qu'elle ne savait comment lui faire.

— Il est peut-être dangereux que tu voies Victorine, dit-il, mais quoi qu'il en puisse advenir, je ne veux pas que tu partes sans l'avoir embrassée. J'irai demain à Villeneuve; pendant que je serai chez M. Têtevuide tu pourras aller à la pension.

## II

Elle n'était pas sortie du Plessis depuis sa condamnation; lorsqu'elle traversa les rues de Villeneuve, il lui sembla qu'on se mettait sur les portes pour la regarder.

En entrant dans le parloir de la pension, elle y trouva madame Lataste, qui était venue voir sa fille. Elle la salua, mais sans oser aller lui tendre la main comme à l'ordinaire. Madame Lataste lui rendit à peine son salut d'un petit mouvement de tête, et comme sa fille, habituée à embrasser Armande, se disposait à courir au-devant de celle-ci, elle la retint.

Et se levant aussitôt.

— Viens, Jeanne, dit-elle.

Puis elle passa devant Armande, comme devant une étrangère qui ne lui aurait jamais été présentée.

La pension des sœurs Hochemolle était l'ancien château du financier Bonnet, bâti luxueusement sous la régence; un parc superbe l'entourait par derrière et s'étendait jusqu'aux bois, devant était une vaste cour; les grandes récréations se prenaient dans le parc, les petites dans la cour.

Lorsque Armande arriva, c'était le moment de la petite récréation; les élèves jouaient dans la cour; deux pavillons flanquaient la porte d'entrée et se trouvaient ainsi prendre jour sur cette cour; l'un servait de loge de concierge, l'autre de parloir.

En regardant par une de ces fenêtres, Armande put voir Victorine, qu'on avait été chercher, se diriger vers le parloir; elle qui d'ordinaire courait follement lorsqu'on lui annonçait sa mère, s'avançait à petits pas sans se presser, comme à regret.

Elle lui avait apporté des gâteaux et toutes sortes de friandises, Victorine les reçut froidement.

— Ah! merci, dit-elle.

Puis, sans y toucher, elle posa le tout sur une table.

— Tu n'aimes donc plus les gâteaux?

— Je ne sais pas, on n'en mange pas ici.

— Il y a une galette de sarrasin que Marie-Ange a faite exprès pour toi, et Julien t'envoie les deux abricots de son abricotier.

— Ah! il est content, Julien, il ne s'ennuie pas de moi.

— Il parle de toi tous les jours.

Armande était surprise de la fixité du regard de Victorine, qui au lieu de l'écouter ne quittait pas les fenêtres des yeux: en dehors de ce fenêtres se collaient continuellement des têtes des jeunes filles qui regardaient dans le parloir et s'en allaient ensuite.

Tout à coup Victorine quitta sa mère, défit les embrasses, laissa tomber les rideaux et les ferma.

— Pourquoi plisses-tu donc ces rideaux?

— Pour qu'on ne vienne pas nous regarder comme ça.

— Hé bien, qu'est-ce que ça fait?

Au lieu de répondre à cette question, Victorine se jeta dans les bras de sa mère et l'embrassant à pleine lèvre :

— Oh! je t'en prie, dit-elle en pleurant, emmène-moi, maman, emmène-moi d'ici.

Armande était stupéfaite de ce brusque changement, de cette inexplicable tendresse après cette inexplicable froideur

Elle lui rendit ses caresses, mais tout en croyant un peu que c'était là une de ces scènes apprêtées, comme elle en avait déjà tant joué.

— Tu t'ennuies? dit-elle.

— Emmène-moi, emmène-moi tout de suite, recommença Victorine en sanglotant plus fort, je t'en prie, maman, emmène-moi.

Pendant plusieurs minutes elle ne fit que répéter ce même mot au milieu de sanglots et de soupirs.

Qu'avait-elle donc ?

Hélas ! que ne pouvait-elle l'emmener, car quoiqu'elle eût, que ce fût sérieux ou puéril, cette douleur était sincère, ces cris, ces sanglots n'étaient pas une comédie d'enfant.

Par de douces paroles, l'embrassant, la caressant, elle tâcha de la calmer.

— Voyons pourquoi veux-tu que je t'emmène ?

— Parce qu'on se moque de moi, parce qu'on a honte de moi, parce que tu vas aller en prison et que les enfants des gens qui vont en prison, on les méprise.

Armande avait été bien éprouvée, bien frappée ; ce coup fut le plus atroce qu'elle eût encore reçu. Sa fille ! C'était pour cela qu'elle était venue si lentement. C'était parce qu'elle rougissait d'elle, qu'elle avait fermé les rideaux. La pauvre enfant, elle-même était bafouée, méprisée par ses camarades. Et elle ne pouvait pas l'emmener.

— Marie Blanchard, continua Victorine, sans sentir ce qui se passait dans le cœur de sa mère, a eu la rougeole, et elle a été chez son père. Le premier jour qu'elle est revenue, on devait jouer à la dame, c'était moi qui faisait la dame et je recevais des visites. Mais voilà que Marie Blanchard qui dit qu'elle ne veut pas que je fasse la dame, que je l'ennuie avec mes manières, et que quand on a une mère qui va en prison, on ne fait pas sa fière. Là-dessus, moi, je lui flanque une gifle et lui dis que ce n'est pas vrai et que maman ne va pas en prison. Elle n'est pas brave, Marie Blanchard, elle a trois ans de plus que moi, elle ne m'a pas rendu ma claque ; mais elle a expliqué que ce qu'elle avait dit c'était vrai, qu'elle le savait bien, parce que c'était son père qui était l'avoué de mon papa Berthauld, et que c'était lui qui avait fait condamner maman à la prison. J'ai répondu que ce n'était pas vrai, parce que mon papa Berthauld était mort. — Ah ! oui, mort ! qu'elle a dit, on t'a fait croire ça, petite gosse, parce que ta maman avait pris un autre mari qui n'était pas son mari. — Alors moi, comme je savais bien que ça c'était vrai, je n'ai pas répondu et j'ai pleuré. Et depuis ça, on ne veut plus jouer avec moi.

Armande avait écouté ce récit presque sans l'entendre, quoique chaque mot, lui retentît dans le cœur ; blessée dans sa dignité de mère, humiliée dans sa pudeur de femme, *courbée sous ses coups répétés*, anéantie.

— Vrai, dit-elle en relevant la tête, tu savais... Quoi ?

— Que papa Martel n'était pas ton mari ; que tu n'étais pas mariée, quand papa Martel me grondait et me punissait, je savais bien qu'il n'avait pas le droit de me punir,

Dans l'horrible douleur d'Armande surgit un mouvement d'indignation.

— Qui t'a dit cela ? s'écria-t-elle.

— Oh ! maman, tu me fais peur.

— Non, mon enfant, n'aie pas peur, parle, qui t'a dit ce que tu répétais là tout à l'heure ; parle, je t'en prie.

— Hé bien, c'est madame Pigache ; un jour que j'étais dans son jardin, elle se querellait avec mon cousin Pigache, et elle lui disait en faisant des grands bras : « Je suis sûre qu'elle n'est pas mariée, et leur Julien n'est qu'un bâtard » ; j'ai bien compris que c'était de toi qu'elle parlait, parce que mon cousin a dit en se donnant un coup de poing sur la tête : « Malédiction, si tu n'avais pas fait » de moi une poule mouillée, j'irais tout de suite m'expli- » quer avec Martel pour te clore la bouche. » Alors elle a dit « Toutes les explications que tu aurais la bêtise d'a- » valer n'empêcheront pas que j'aie entendu ce que j'ai » entendu.

Ainsi c'était là la cause du changement qui s'était fait en Vicotrine. Maintenant elle comprenait tout, ses questions étranges, ses silences mornes, sa jalousie, toute cette vie inexplicable. La pauvre enfant, comme elle avait souffert.

Elle la saisit vivement, et longtemps elle la serra dans ses bras.

— Ah ! tu m'aimes bien, dit Victorine, emmène-moi.

Après tout, pourquoi ne l'emmènerait-elle pas, comme elle le demandait. Qu'allait-elle devenir, la chère petite, dans cette pension où chacun en faisait son jouet et sa risée, où elle n'avait pas une amie pour la défendre ; où elle était méprisée, où elle serait pour toujours honnie. C'était pour que son caractère se modifiât qu'elle avait été mise en pension. Mais maintenant que la vérité était connue, ne devait-on pas lui être indulgent ? Martel le comprendrait assurément.

L'emmener à l'étranger, être tous les quatre réunis ; si c'était possible !

Elle réfléchit durant quelques instants. Est-ce que l'enlever à son père, c'était une faute ? à ce père qui l'avait abandonnée, qui depuis son retour n'était pas venu la voir, qui ne la réclamait que pour profiter de sa fortune.

— Hé bien, oui, dit-elle, je vais t'emmener ; va t'habiller ; pendant ce temps-là, je demanderai à mademoiselle Hochemolle la permission de te faire sortir.

Ce fut mademoiselle Hochemolle l'aînée, une vieille fille, grande, sèche, à lunettes, qui la reçut. Quand Armande était venue la première fois avec Martel, elle l'avait trouvée la plus aimable des vieilles filles, elle la trouva roide et réservée.

Elle lui exposa sa demande ; elle désirerait emmener Victorine pour deux jours ; elle la ramènerait le surlendemain.

— Madame, répondit mademoiselle Hochemolle, vous êtes la mère de l'enfant, cela est bien certain, c'est vous qui me l'avez confiée, mais au-dessus de votre autorité, il y en a une plus puissante, celle de la loi ; c'est devant la loi maintenant que nous répondons de mademoiselle

Berthauld, nous ne pouvons vous la confier. Il m'est pénible de vous faire cette réponse; mais vous devez la comprendre.

Observations, prières, tout fut inutile, mademoiselle Hochemolle s'enferma dans son devoir.

Victorine, habillée, attendait sa mère dans la cour.

— Mademoiselle Hochemolle ne veut pas te laisser sortir.

— Tu es ma maman, tu es la maîtresse; emmène-moi.

Elle se cramponna à la main de sa mère.

Mademoiselle Hochemolle, qui avait accompagné Armande, voulut faire intervenir son autorité.

— Vous, vous êtes très méchante, dit Victorine, c'est maman qui est maîtresse.

Armande essaya de lui faire comprendre qu'elle ne pouvait rien sans le consentement de mademoiselle Hochemolle, mais l'enfant ne comprit rien.

— C'est parce que tu aimes mieux Julien! cria-t-elle; maman, je t'en prie, je t'en prie!

La colère de Victorine était terrible; elle trépignait et ne lâchait pas la main de sa mère.

Mademoiselle Hochemolle fut obligée de lui faire ouvrir les doigts de force.

— Partez, madame, partez, dit-elle à Armande.

Armande avait la tête perdue, le cœur déchiré.

Mademoiselle Hochemolle, qui avait mis Victorine dans les bras d'une sous-maîtresse taillée en gendarme, la poussait vers la porte.

— Vous reviendrez dans quelques jours, disait-elle, l'enfant sera plus calme.

Dans quelques jours; et le lendemain elle partait sans savoir si elle la reverrait jamais.

Insensiblement elle se trouva dans la rue; la porte se referma sur ses talons.

Par-dessus le mur elle entendit encore la voix de Victorine :

— Maman! maman! criait l'enfant.

Elle se sauva en courant; les gens qui la virent passer disaient : « Voilà une folle! »

## III

De tous les gens employés à la ferme, Hutin était celui qui inspirait le plus de confiance à Martel, pour emporter à Paris les bagages sans provoquer la curiosité et les soupçons ; il était intelligent et adroit dans ces sortes de commissions; d'ailleurs il avait donné d'assez grandes preuves de son dévouement, pour qu'on pût se fier à lui. Puisqu'il fallait s'ouvrir à quelqu'un, mieux valait lui qu'un autre.

Martel lui expliqua ce qu'il fallait faire; charger les malles à minuit dans la carriole, les porter à Paris à la gare du chemin de l'Est, les déposer à la consigne au nom de M. Grandin.

Hutin écouta attentivement, puis quand Martel eut fini de parler, il secoua la tête.

— Vous ne voulez pas aller à Paris?

— Ah! notre maître.

— Hé bien, pourquoi secouez-vous la tête?

— Parce que je vais vous dire. M'est avis, si je peux me permettre ça, que vous voulez filer avec madame et M. Julien. Ça se comprend bien. Il y a longtemps que je me dis dans moi, comment que le maître ne s'en va pas, et reste là à les attendre. Quand on a le sac, on est bien partout, aussi bien là qu'ici; pour sûr mieux en liberté dans le plus chien des pays, que dans la plus belle des prisons. Pour lors vous ne voulez pas qu'on voie emporter les malles, rapport aux gens qui pourraient jaser. Mais si je les charge à minuit, les charretiers se lèveront, les bonnes voudront savoir ce que la carriole fait dans la cour.

— Comment faire autrement?

— Ah! voilà; si vous vouliez je partirais avec la carriole après souper pour aller à Villeneuve, j'y resterais à flâner, j'en repartirais sur le coup de onze heures, je reviendrais tout doucement, arrivé aux quatre chemins, j'attacherais la jument à un arbre, et je viendrais par la porte du jardin chercher les malles; je ferais autant de voyages qu'il faudrait; je les chargerais là-bas; vous savez bien qu'on a les reins bons; en retirant mes bottes je ne ferais pas de bruit. Comme ça, dans la maison personne ne se douterait de rien.

Cette combinaison était certainement préférable; elle n'était dangereuse que si Hutin profitait de son séjour à Villeneuve pour donner avis de cette fuite ou pour en parler imprudemment; mais Martel n'eut pas cette crainte.

— Soit, dit-il, faites ainsi.

Cependant Hutin ne bougea pas; il tournait et retournait son vieux chapeau de paille entre ses mains avec embarras.

— Il y a encore quelque chose qui vous tourmente? demanda Martel.

— Oui et rudement. Voulez-vous m'emmener avec vous. N'importe où vous serez vous aurez besoin d'un homme pour bêcher votre jardin. Prenez-moi. J'ai peur de rester ici tout seul. Vous étiez pour moi comme le père, quoi! et il n'y avait pas de danger. Mais quand vous ne serez plus là, avec les autres qui me regarderont de travers.

Martel fut ému de ce cri que sa brutalité ne rendait que plus sincère; mais ce que Hutin demandait était impossible; il le lui fit comprendre.

— Bien que les terres et les récoltes soient vendues au prince de Coye, j'ai encore des intérêts ici ; vous les surveillerez.

— Moi ?

— Oui. J'ai confiance en vous.

— Oh ! notre maître.

— Vous en rendrez compte au notaire de Villeneuve ; dans quelques mois, si cela se peut, je vous écrirai de nous rejoindre. Je n'oublierai jamais que vous avez risqué votre vie pour nous.

Hutin n'avait pas le cœur précisément très tendre, cependant deux grosses larmes lui coulèrent sur les joues. Des intérêts d'argent à lui ! Il était donc redevenu un homme.

## IV

La nécessité d'emballer elle-même tout ce qu'elle vous lait emporter avait heureusement usé, dans un travail matériel, la fièvre et l'excitation nerveuse d'Armande.

Mais lorsque les malles eurent été enlevées par Hutin, il restait toute une journée entière avant de quitter le Plessis: elle fut mortelle à passer.

Ils n'avaient rien à faire, l'inquiétude les crispait, l'effroi toujours terrible de l'inconnu leur étreignait le cœur; et il fallait attendre dans cette maison qu'ils ne reverraient peut-être jamais. C'était la dernière journée qu'ils passaient dans cette maison où depuis sept années ils avaient passé tant d'heureux jours, où chaque meuble gardait un souvenir ; maintenant il fallait la quitter, sans savoir où ils s'arrêteraient.

Autour d'eux, par un contraste cruel, tout était dans la ferme mouvement et gaîté : on rentrait les premiers foins ; les faneurs allaient et venaient en chantant.

Le déjeuner fut rapide, seul, Julien, avec l'insouciance de son âge, mangea de bon appétit.

— Es-tu gourmande, dit-il à sa mère, tu ne manges pas pour mieux dîner à Paris ; moi aussi j'y mangerai bien à Paris , parce que les restaurants c'est amusant.

La cuisinière vint demander ce qu'il fallait préparer pour le lendemain.

— Rien, dit Armande.

Mais sur un regard que Martel lui lança, elle ordonna cette journée du lendemain qui ne devait pas la voir au Plessis.

Ils voulurent se promener dans le jardin, lui dire un dernier adieu.

Il était dans tout l'éclat de la beauté de l'été commençant ; les gazons, qui n'avaient pas encore été desséchés par les grandes chaleurs, étaient d'un vert velouté ; dans les corbeilles s'épanouissaient toutes les fleurs de la saison ; l'air était embaumé du parfum des roses et des œillets ; et la brise détachait des grands arbres, des marronniers, des acacias, des cytises, un tourbillon de pétales qui voltigeaient en tournoyant ; sur les pelouses, les plantes tropicales, les bananiers, les cannes de l'Inde, les papyrus, balançaient agitées par le vent leurs grandes feuilles pittoresques.

Il fallait quitter tout cela ; c'était le mot qui à chaque pas leur venait sur les lèvres, mais qu'ils ne disaient ni l'un ni l'autre.

Lorsqu'ils passèrent devant la serre, le jardinier les appela :

— Si Madame voulait voir le raisin, dans huit jours j'espère en servir ; l'année sera précoce.

Dans huit jours !

Ils devaient partir du Plessis à trois heures, dîner à Paris, et prendre le train express de huit heures du soir.

Armande voulut aller voir deux femmes à qui elle donnait des secours, et qu'elle faisait vivre. Que deviendraient-elles quand elle ne serait plus là?

Il la laissa aller ; ce serait toujours du temps de passé; par ce qu'il ressentait en lui, il comprenait combien le temps était lourd pour elle.

— Donne-leur peu, lui dit-il, dans quelques jours nous ferons parvenir à l'abbé Blavier, la pension que tu leur sers toutes les semaines. Si tu leur donnais trop, elles iraient bavarder, et l'on pourrait se demander ce que signifie cette générosité insolite. Tâchons de n'éveiller les soupçons en rien, quoique maintenant nous n'ayons plus rien à craindre, soyons prudents jusqu'à la fin.

## V

Il était depuis une heure occupé à brûler des lettres et des papiers dont il ne voulait pas laisser de traces, lorsque Marie-Ange se précipita dans l'atelier.

— Monsieur, voilà M. Berthauld, il me suit.

Berthauld dans cette maison ! venait-il accomplir les menaces qu'il avait faites ? Ou venait-il proposer une transaction ?

Il n'eut que le temps de se poser ces questions, sans les examiner ; Maurice entra.

Il s'était levé ; Maurice s'arrêta à la porte, et tous deux se regardèrent durant quelques secondes sans parler.

Ce fut Maurice qui le premier rompit le silence ; Martel était trop ému, trop affolé de colère pour trouver un mot à la vue de l'homme qui voulait lui prendre celle qu'il aimait, qui voulait lui enlever son fils, ce n'étaient pas des paroles qui lui venaient aux lèvres, c'étaient des tressaillements qui le poussaient vers lui et lui contractaient les poings.

— Je connais les habitudes de Marie-Ange, dit Maurice, vous permettez.

En même temps il ouvrit la porte par laquelle il était entré : Marie-Ange était collée contre : prise en flagrant délit, elle recula.

— Plus loin, dit Maurice, reculez jusqu'à la cuisine.

Martel trouva le temps de se remettre, mais il était loin du calme que montrait Maurice.

— Maintenant, dit celui-ci en refermant la porte, causons. Il est donc vrai que vous voulez partir.

Martel fit un geste bien plus de surprise que de négation.

— Vous ne voudriez pas dire non ; d'ailleurs ce serait inutile je ne vous croirais pas ; vos bagages ont été enlevés cette nuit ; je prévoyais si bien cette conclusion à toutes nos affaires que j'avais pris mes précautions ; si je n'étais pas ici, on veillait pour moi ; et on n'embarque pas tout un chargement de malles à minuit sans avoir des intentions de voyage. Hé bien, il ne me convient pas que vous partiez.

— Vous pouvez nous dénoncer à la police, cela vous complètera.

— Hé bien non, il ne me convient pas de vous dénoncer ; ce serait cependant ce que je devrais faire ; mais je suis las à la fin de cette guerre de procédure ; vidons nos affaires ensemble, face à face.

— Il est bien tard.

— Oui, n'est-ce pas? cela vous eût bien mieux arrangé tous les deux si en rentrant en France j'étais venu ici vous dire : « Tu m'a pris ma femme, battons-nous.. » Non, car, lors même que je vous aurais tué, ma vengeance eût été trop bête. Aujourd'hui si je vous tue, vous mourrez en sachant que votre fils est entre mes mains. Si vous me tuez, vous serez séparés par la prison et votre fils portera mon nom. J'aime mieux çà.

— Vous parlez de vengeance.

— Je n'en ai pas le droit peut-être. Je ne dis pas pour ces dernières années, vous m'avez cru mort, c'est bien. Mais qui a profité de l'amitié pour m'enlever le cœur de celle qui m'aimait ; je la trompais, c'est possible, j'avais une maîtresse ; eh bien, après. C'était la jeunesse qui m'emportait. Quand la raison m'a tombé sur la tête, si j'avais retrouvé ma femme, mon enfant, qui peut dire si je ne me serais pas retrouvé moi-même. Vous m'accusez d'avoir fait le mort, d'être resté à l'étranger ; que serais-je venu faire en France? Pour qu'on me montre au doigt. pour qu'on dise dans mon dos, c'est le mari de la femme de Martel.

— Je connais ces discours, dit Martel dédaigneusement, je les ai entendus il y a huit ans ; si c'est pour les répéter que vous venez ici, vous pouvez vous épargner ce voyage.

— Non, je viens pour du nouveau. En me voyant vous traduire en police correctionnelle, vous vous êtes dit : c'est bien, si nous sommes condamnés, nous nous sauverons à l'étranger, et comme par les chicanes de la séparation de corps, par les restitutions de dot et autres comptes, nous le tiendrons en notre pouvoir, pendant que nous nous promènerons en Italie, nous le ferons coffrer en France à Clichy. Ce n'était pas mal imaginé pour des gens qui n'entendent rien aux affaires ; mais vous vous étiez trompés en croyant que la police correctionnelle serait toute ma vengeance ; c'était tout simplement le premier acte ; nous sommes au second, et je viens vous demander si vous êtes prêt à vous battre. Si vous me tuez ce sera le dernier, si je vous tue, il y en aura un troisième puisque je tiens votre fils.

Martel s'avança vers lui, il était blême, ces menaces contre Julien, cette vengeance si cruellement calculée faisaient à la fin éclater sa fureur.

— Si je veux me battre ? s'écria-t-il, oui, et je veux vous tuer. N'attendez pas de ma part générosité ou merci. Je vous jure, si le sort me favorise, de tirer sur vous comme sur une bête dangereuse.

— Hé bien cette franchise me met à l'aise, dit Maurice sans se déconcerter, je vous promets de vous rendre la pareille ; aussi bien un de nous deux est de trop en ce monde, le sort dira lequel.

A ce moment la porte s'ouvrit violemment poussée, et Armande entra ; d'un bond elle fut auprès de Martel.

— Oh ! non, jamais ! s'écria-t-elle, jamais !

Maurice fit un mouvement, mais presque aussitôt avec une ironie affectée.

— Avez-vous donc envoyé chercher madame, dit-il, nous aurons bien du mal à nous entendre alors.

Il y eut un long moment de silence, terrible pour Armande.

— Ce n'est pas Armande, dit enfin Martel en la prenant par la main, qui me conseillera une lâcheté.

Elle le regarda durant quelques secondes et ne dit rien, mais sa main tremblait horriblement.

— Vous pouvez continuer, reprit Martel.

— Je n'ai plus rien à dire, c'est à nos témoins de régler le reste : que les vôtres s'entendent donc avec Liénard ; il demeure maintenant rue Lord Byron.

Il se dirigea vers la porte.

Martel sentit qu'Armande voulait s'élancer après lui, il la retint de la main et du regard.

— Ah ! un mot encore, dit Maurice, je suis payé pour n'avoir pas confiance. Votre parole d'honneur que vous ne fuirez pas.

— Mettez un espion à ma porte si vous avez cette crainte.

Il sortit.

— Ah ! je t'en conjure ! s'écria-t-elle en serrant Martel dans ses bras.

— Ne veux-tu pas me soutenir.

— Mais si tu es tué, si tu le tues.

— Malgré toute l'envie que j'en avais, je n'ai pas été le provoquer, que puis-je maintenant. Veux-tu donc que je me déshonore ?

Elle tomba affaissée ; son cœur, sa tête éclataient.

## VI

Le prince avait voulu être un des témoins de Martel, Gayot était l'autre ; les témoins de Maurice étaient Liénard et un officier de cavalerie.

Ces messieurs avaient arrêté les conditions du duel. Il avait été décidé que la rencontre aurait lieu dans le bois de Vaubuisson. C'était le prince qui avait fait choisir ce bois, il lui appartenait, ce qui promettait qu'on ne serait pas dérangé par les gardes, et il avait l'avantage d'être à une courte distance du Plessis. Maurice et ses témoins devaient s'y rendre de Paris directement le samedi à dix heures; le carrefour de la Table avait été indiqué comme rendez-vous.

Pour ne pas laisser Armande dans les transes de l'attente, on lui avait dit que le duel n'aurait lieu que le lundi; Martel devait donc partir de chez lui le matin comme pour une course insignifiante, et retrouver le prince avec Gayot à l'entrée du bois dans le chemin du Plessis.

Mais cette combinaison était difficile à exécuter, car Armande, comme si elle eût eu de sinistres pressentiments, ne le laissait jamais seul : lorsqu'il sortait dans la plaine, elle sortait avec lui.

Le samedi, lorsqu'elle le vit disposé à partir, elle voulut savoir où il allait.

— A Villeneuve pour m'entendre avec Têtevuide sur le règlement de la communauté.

— Tu ne m'en avais point parlé hier.

— L'idée m'est venue cette nuit.

— Je vais aller avec toi jusqu'à l'entrée du pays, je garderai la voiture.

— Je vais à pied; la ponette est boiteuse et File-au-Vent n'en peut plus de ses voyages à Paris; dans deux heures je serai de retour.

Il disait cela si simplement et avec tant de calme qu'elle fut trompée.

Elle tint à l'accompagner un peu avec Julien.

Ah! comme il eût voulu les embrasser tous les deux au moment de les quitter. Les reverrait-il? Il n'osa pas; il eut peur de se trahir.

— Tu n'embrasses pas Julien? dit-elle.

Il prit l'enfant dans ses bras, et l'embrassa froidement des lèvres, mais comme il le serra sur son cœur.

Elle lui tendit la main, il la pressa à peine.

— A bientôt, dit-il en détournant la tête.

Et il s'éloigna à grands pas.

C'était le matin d'un beau jour, un de ces matins où l'on se sent heureux de vivre.

Il arriva le premier à l'entrée du bois. Bientôt il fut rejoint par le docteur Boucherot qui avait été appelé; et quelques minutes après, le prince et Gayot parurent en voiture.

Comme le prince, après avoir serré la main de Martel, le regardait des pieds à la tête et laissait voir une certaine surprise.

— Mon costume vous étonne, dit-il.

— Je l'avoue.

Il portait un pantalon de toile blanche, un gilet pareil au pantalon et une redingote noire.

— Ce n'est guère une tenue de duel, mais il fallait tromper la pauvre femme; si je m'étais habillé, ses soupçons seraient devenus des certitudes.

— Enfin en boutonnant bien la redingote nous cacherons les points de mire.

— Messieurs, dit Martel à Gayot et au docteur, voulez-vous me permettre de rester un peu en arrière avec le prince : j'ai quelques mots à lui dire.

— Que voulez-vous, mon ami, demanda M. de Coye.

— Un dernier service; si je suis tué...

— Est-ce qu'on marche à un duel avec de pareilles idées? vous avez la bonne cause, la fortune est avec vous.

— Enfin, comme je peux être tué, il faut tout prévoir. Si je suis tué, voici mon testament.

Il lui donna une feuille de papier pliée tout simplement en quatre.

— Vous ne l'avez pas cacheté?

— Ce n'est pas la peine; vous pouvez d'autant mieux le lire que je vous fais mon légataire universel.

— Vous n'y pensez pas; votre femme, votre fils.

— C'est précisément à ma femme et à mon fils que je pense : comment leur laisser ce que je possède, n'est-elle pas la femme, n'est-il pas le fils de Berthauld? D'ailleurs, lors même que je le pourrais, Armande, menacée par cet homme, lui donnerait morceau par morceau ma petite fortune, pour sauver Julien. C'est donc à vous que je la laisse, pour que vous la leur rendiez un jour, que Berthauld ne puisse pas en voler un sou, c'est la seule recommandation que je vous adresse. Pour les moyens vous voudrez bien vous entendre avec Tête-vuide.

Maurice et ses témoins venaient d'arriver au carrefour de la Table.

— Messieurs, dit le prince après les salutations, si vous voulez me suivre, je vous servirai de guide.

On prit un chemin de vide coupé d'ornières et de trous; après cinq minutes de marche sous bois, on arriva à une clairière qui semblait faite exprès pour un duel. Les charbonniers y avaient brûlé le bois d'une vente abattue l'hiver précédent : l'herbe seulement commençait à sortir de la terre noire de cendre: sur un espace de quinze cents à deux mille mètres il n'y avait pas un seul arbre, ni une seule cépée.

On choisit les pistolets apportés par le prince, et l'officier les chargea.

Les deux adversaires étaient extrêmement pâles, mais ils paraissaient l'un et l'autre également résolus. L'approche du combat n'avait point amolli le cœur de Martel, il était toujours, ainsi qu'il l'avait dit, décidé à tirer sur Maurice comme sur une bête malfaisante.

Maurice avait apporté une gourde d'eau, il se la versa sur les mains pour les rafraîchir et enlever toutes traces de transpiration ; par là on pouvait voir que lui aussi était décidé.

Les témoins étaient graves et émus; ils savaient que ce n'était point une lutte qui se terminerait par un déjeuner.

Le sort avait favorisé Martel, il devait tirer le premier.

Lorsqu'ils furent en face l'un de l'autre, il abaissa lentement son arme, et en même temps qu'on entendit le coup, on vit le pistolet de Maurice lui sauter des mains ; il avait été atteint à la crosse par la balle.

On prit un de ceux apportés par Liénard.

Et l'on replaça les combattants.

Maurice tira, Martel chancela et porta la main à son côté.

— Blessé ! s'écria le prince.

— Non, ou si je le suis, ce n'est rien.

En effet il se tenait droit, et il refusa de se laisser visiter par Boucherot.

On rechargea les armes,

Le prince était auprès de Martel, il le vit pâlir.

— Hâtons-nous, lui dit Martel, je crois que je suis blessé.

Au même moment on lui apportait son pistolet, il le prit, mais il ne put se mettre en ligne; il s'appuya sur le prince, un flot de sang couvrit son pantalon.

Boucherot accourut,

La balle avait pénétré entre la hanche et la dernière côte.

## VII

Armande avait été surprise des façons contraintes de Martel, ce n'était pas ainsi que d'ordinaire il la quittait. Pourquoi cette gêne? Pourquoi cette hâte à la quitter?

Dans une âme tourmentée comme la sienne, les soupçons grandissent rapidement.

Elle revint à la ferme.

— Est-ce que File-au-Vent est fatigué? demanda-t-elle au charretier.

— Fatigué! il irait à Paris et reviendrait en trois heures, faut-il l'atteler?

— La ponette ne boite pas?

— Comme moi.

Il l'avait trompée.

Elle n'hésita pas une seconde; il se battait; c'était pour ne pas se trahir qu'il n'avait pas osé l'embrasser.

Où se battait-il? Où courir, où le chercher?

Elle resta livrée à toutes les tortures de l'attente, avec

l'horrible certitude qu'à cette heure même le duel avait lieu.

Elle allait et venait par la maison ne sachant à quoi s'arrêter.

Il avait parlé de deux heures d'absence, il allait donc bientôt revenir ; elle sortit; dans la plaine elle verrait au loin.

Elle reprit le chemin qu'elle avait parcouru avec lui quelques instants plus tôt. C'était par là sans doute qu'il reviendrait.

Mais s'il ne revenait pas ?

A cette pensée les forces lui manquèrent ; elle fut obligée de s'asseoir sur le bord du chemin.

Autour d'elle s'étalait une grande pièce de colza sur laquelle s'abattaient des troupes de corneilles.

Elle se dit que si les corneilles passant entre deux arbres qu'elle se fixa étaient en nombre pair, il reviendrait; que si elles étaient en nombre impair, il ne reviendrait pas.

Mais elle était tellement troublée qu'elle comptait mal; les corneilles volaient en bande, elle ne s'y reconnaissait pas.

Cependant dans son anxiété elle tenait à ce moyen de savoir. Une, deux, trois, quatre ; elle en compta dix-huit; il reviendrait; mais une volait lourdement derrière, était-elle de la troupe; alors c'était dix-neuf.

C'était à perdre la raison.

Il lui sembla entendre une voiture; mais à quoi bon ? il était à pied.

Cependant une voiture avançait lentement ; on entendait aussi un bruit de voix.

Les moissons déjà hautes qui l'entouraient l'empêchaient de voir au loin.

Elle marcha en avant.

Au détour du chemin, elle reconnut les chevaux du

prince. Auprès de la voiture marchait le prince lui-même ; de l'autre côté, le docteur Boucherot.

Elle s'élança avec une rapidité vertigineuse.

Il était étendu sur les coussins, la tête légèrement soulevée, les yeux fermés.

On arrêta les chevaux : elle escalada la voiture et le prit dans ses bras.

Il poussa un soupir de douleur, et ouvrant les yeux :

— Oh ! ma chère Armande ! dit-il.

Elle colla ses lèvres sur les siennes.

Sa face, pâle comme le linge qui l'enveloppait, se colora un peu.

— Je savais bien que je vivrais jusque-là.

Il attacha sur elle des yeux hagards.

— Julien, dit-il.

Elle n'osait pas parler ; elle le regardait.

Elle sentit sa main crispée se détendre et peser inerte dans la sienne.

Elle se pencha sur lui ; son regard était immobile ; sa bouche ouverte ne respirait plus.

Elle poussa un grand cri et s'évanouit.

# CHAPITRE XII

## JULIEN

---

### I

*A madame Armande.*

A LA BONNEVILLE (ORNE)

Paris, 15 mars.

« Ma chère Armande, j'ai enfin des nouvelles de Julien, et je veux tout de suite vous les donner; elles ne sont pas telles que vous puissiez vous en réjouir, mais enfin elles vous sortiront néanmoins de votre incertitude.

» C'est par le plus grand des hasards que je les ai obtenues. Vous savez que je vais peu au théâtre; ce genre de plaisir n'a pour moi aucun attrait, et bien qu'il plaise aux esprits blasés qui demandent aux nerfs l'émotion factice que le cœur ne peut plus leur donner, je crois qu'on ne sort pas de là amélioré et que c'est aux dépens de la morale et de l'intelligence qu'on s'est amusé; pour moi l'intérêt ne survit pas à cette curiosité vaine que produit l'intrigue et que dissipe le dénouement.

» Cependant pour faire plaisir à une de mes amies, je l'avais menée hier à la Porte-Saint-Martin; on y joue en ce moment une féerie, les *Contes de Perrault*, qui, depuis trois ou quatre mois, attire tout Paris, autant par le luxe des décorations que par le talent extraordinaire d'un enfant qui joue le rôle du Petit-Poucet.

» Je savais par tous les journaux, que cet enfant est une merveille d'intelligence et de gentillesse.

» Quelle ne fut pas ma surprise en voyant sortir de son lit, et se glisser sous l'escabelle de son père le bûcheron un Petit-Poucet qui ressemblait d'une façon frappante à Julien : cheveux blonds comme les vôtres, yeux bleus, et ces fossettes aux joues qui le marquent à votre image.

» Nous étions dans une loge d'avant-scène, presque sur le théâtre, et je le voyais parfaitement.

» La ressemblance avec Julien était tellement frappante que je restai stupéfaite; j'attendais qu'il parlât pour juger de la voix, mais il regagna son lit sans rien dire. Ce fut seulement au tableau suivant, dans la forêt épaisse, qu'il prononça les premiers mots de son rôle : « Ne craignez « point, mes frères, je vous ramènerai bien au logis, sui- « vez-moi seulement. »

» C'était bien sa voix. Je fus tellement étonnée, que je ne savais que penser : c'était lui, bien certainement c'était lui; cependant le programme l'appelait Paul Cléry.

» A l'entr'acte, n'y pouvant plus tenir, je fis le tour par les derrières, et m'adressai au concierge du théâtre pour savoir où demeurait cet enfant. Il me dit qu'il ne savait pas son adresse, qu'il venait au théâtre tous les jours avec son père, que si j'avais besoin de voir celui-ci, je n'avais qu'à laisser un mot et revenir chercher la réponse.

» Je rentrai dans la salle pour réfléchir un peu, car écrire à un homme qu'on ne connaît pas pour lui demander si son fils est bien son fils, c'est assez insensé.

» Devant moi, j'aperçus à l'orchestre un des anciens

collaborateurs à mon journal qui, maintenant, fait les théâtres dans une grande feuille quotidienne.

» Je lui fis signe que j'avais quelque chose à lui demander ; il vint dans notre loge, et voulut commencer par me railler d'être au théâtre et d'avoir donné un démenti à mes principes ; mais j'étais bien trop impatiente pour l'écouter. Je l'interrogeai sur ce petit Cléry. Il me dit que c'était un enfant charmant qui, pour la première fois, avait paru dans les *Contes de Perrault*, qu'il était doué des qualités les plus heureuses, et qu'il serait un jour un vrai comédien, si son père avait la sagesse de ne pas l'étioler. Je lui demandai quel homme c'était que ce père.

» — Comment, dit-il, vous ne le savez pas ? Mais c'est un de vos anciens amis, c'est Berthauld.

» — Où demeure-t-il ?

» — Vous aurez son adresse au théâtre.

» — On me l'a refusée tout à l'heure.

» — Voulez-vous que je vous l'obtienne, on ne me la refusera pas, d'ailleurs je l'aurais toujours auprès de la direction.

» A l'acte suivant, il m'apporta cette adresse : Berthauld demeurait rue des Marais-Saint-Martin, n° 97, sous le nom de Cléry.

» Le lendemain matin, vers dix heures, j'étais devant ce numéro 97 : une maison à allée, de chétive apparence.

» J'appris du concierge que M. Cléry n'était pas chez lui, mais qu'il y avait quelqu'un et que je pouvais monter, au quatrième, au fond du corridor ; ne pas avoir peur de l'obscurité, il n'y avait pas de casse-cou.

» Je frappai, je sonnai assez longtemps sans qu'on me répondît, et cependant j'entendais du bruit de l'autre côté de la porte. Je recommençai à frapper. Enfin une voix cria :

» — Il n'y a personne, je suis tout seul.

» C'était bien la voix de Julien.

» — Ouvre donc, mon petit Julien, c'est moi, madame Aiguebelle.

» Les verrous furent promptement tirés et il me sauta dans les bras :

» — Ah ! c'est maman qui vous envoie, n'est-ce pas ; où est-elle maman ?

» Oui, ma chère Armande, le premier mot du pauvre mignon a été pour vous.

» Je lui expliquai comment je l'avais découvert, et lui dis que je venais pour le voir.

» — Je croyais que vous veniez me chercher pour rejoindre maman, dit-il avec tristesse ; elle ne peut donc pas venir à Paris. Il dit, lui, qu'elle ne veut pas.

» — Qui lui, ton père ?

» — Oh ! il n'est pas mon père, je le sais bien ; mon pauvre papa est mort ; c'était lui mon père, il m'aimait et je l'aimais bien. N'est-ce pas que ce n'est point vrai que maman n'est pas riche pendant que nous sommes pauvres et qu'elle ne vient pas parce qu'elle ne veut point partager son argent avec nous. Je lui ai dit moi, pourquoi elle ne venait pas, c'est parce qu'elle a peur. Et elle a joliment raison allez. Dites-moi où elle est, je me sauverai pour la rejoindre.

» Je tâchai de lui expliquer que c'était impossible, mais il ne comprit rien à mes explications : comment faire accepter la loi, le Code et tout le reste à un enfant. Je détournai la conversation de mon mieux, en lui demandant s'il restait souvent seul à la maison.

» Très souvent ; dans le commencement j'avais peur, surtout la nuit, maintenant je suis content, je fais ce que je veux.

» — Combien de temps vas-tu rester seul ?

» — Je ne sais pas, je crois bien jusqu'à ce soir, parce qu'il m'a donné hier de l'argent pour déjeuner.

» En effet, lorsque j'étais entrée j'avais vu dans la cheminée un petit fourneau avec du lait qui chauffait dans un poêlon en terre jaune.

» — C'est donc du lait que tu vas manger pour déjeuner ?

» — Du café au lait, dit-il avec une satisfaction superbe, il y a longtemps que j'en avais envie ; tous les jours deux sous de pain et deux sous de pâté d'Italie, c'est ennuyeux ça ; alors hier et avant-hier, je n'ai mangé que du pain, ça m'a fait quatre sous d'économie, et avec les quatre sous qu'il m'a donnés hier soir, ça m'a fait huit sous ; je voulais me payer du café au lait comme au Plessis ; j'ai eu deux sous de lait, pour un sou de café, pour un sou de sucre, deux sous de pain, mais je n'ai pas pu avoir de beurre parce que la fruitière n'en donne que pour cinq sous, et je n'en avais que deux. Mais tant pis, dit-il résolument, ça sera bon tout de même.

— Tu vas venir déjeuner avec moi.

— Oh ! non, s'il rentrait.

» Et je vis combien cette idée l'effrayait. Cependant je le décidai à s'habiller, en promettant de tout prendre sur moi. J'entrai chez la crémière qui lui avait vendu son lait ; c'était une brave femme ; je lui remis dix francs en lui recommandant de donner tous les matins à Julien un café au lait complet ; j'y retournerai dans huit jours, et il aura ainsi assuré le déjeuner qu'il aime tant.

» Au restaurant où je le conduisis, il ne voulut pas manger autre chose que du café au lait ; il refusa tout ce que je lui proposai ; cependant quand il eut fini, il me sembla qu'il avait envie de quelque chose ; des petits pots de fraises exposés sur le dressoir. Combien je fus heureuse de lui en voir croquer une pleine assiettée !

» Il a beaucoup grandi ; il paraît fort et bien portant, le changement le plus sensible qu'on puisse remarquer, c'est dans ses yeux ; ils n'ont point la charmante bêtise des enfants de son âge, mais quelque chose de réfléchi et de résolu qui montre qu'il a souffert. Au reste, pendant que je l'avais, j'ai eu la bonne idée de le conduire chez un photographe; vous recevrez son portrait demain ou après demain au plus tard.

» Il ne se plaint pas, mais il dit que les premiers mois ont été bien longs, qu'il s'ennuyait terriblement, et qu'il eût bien voulu avoir quelqu'un à qui parler dans la petite chambre où il demeurait et où il ne venait jamais personne.

» Maintenant il est content ; le théâtre l'amuse, il y a toujours des comédiennes, des danseuses, qui jouent avec lui, l'embrassent ; et ça lui fait plaisir. Il va changer de théâtre quand la féerie aura épuisé son succès, et entrer au Palais-Royal pour jouer les *Enfants terribles*, une pièce faite exprès pour lui.

» Je l'ai reconduit : Berthauld n'était pas encore rentré. Alors il a voulu vous écrire; au milieu de ses récits, il avait sans cesse parlé de vous, et comme je lui avais dit que j'allais vous répéter ce que j'avais appris, il a voulu joindre sa lettre à la mienne. Vous la trouverez ci-incluse ; elle ne contient que quelques mots, car il sait encore à peine tenir sa plume, mais ces quelques mots sont de lui.

» J'ai hésité un moment si je vous ferais part de tout cela, effrayée d'avoir à vous apprendre que ce cher petit que vous aimez tant, et que vous avez si tendrement élevé, était maintenant un pauvre enfant exploité par ce misérable qui s'en fait, m'a-t-on dit, un revenu assez considérable. Mais en réfléchissant que vous seriez au moins tirée de la cruelle incertitude qui vous désole, en pensant que vous me croiriez si je vous disais que malgré les fatigues qu'on lui impose et le métier qu'on lui fait faire, il est resté sain et fort, je me suis décidé à vous envoyer cette lettre.

» D'ailleurs j'ai une bonne parole à y joindre qui vous

rendra, j'en suis certaine, l'espérance. En quittant Julien j'ai pris immédiatement le chemin de fer et me suis rendue chez M. Têtevuide, à qui j'ai fait part de ma découverte. Il s'en est montré très satisfait. Il m'a bien recommandé de ne pas vous tromper par un espoir qui, malgré tout peut ne pas se réaliser ; mais il se flatte, maintenant qu'il sait où Berthauld se cache, de lui tendre un hameçon auquel il se laissera prendre et qui vous rendra vos deux enfants. Je manque à la recommandation et me hâte de vous répéter ses paroles, qui, dans une bouche comme la sienne, ont une valeur sérieuse.

» Il a vu le prince tout dernièrement. Celui-ci est dans l'enthousiasme de votre dévouement ; il ne parle que des services que vous avez rendus à La Bonneville, et qui vous y font révérer par tout le monde. Ce m'est une grande joie d'apprendre que vous avez trouvé dans le bien à faire une consolation à vos épreuves, et j'espère que Dieu permettra, qu'elles touchent à leur fin.

» Je n'ai pas besoin de vous dire que maintenant vous saurez régulièrement comment se porte Julien ; je le verrai tous les huit jours, et ne manquerai pas de vous écrire.

» Vous pouvez là-dessus vous fier au dévouement de votre vieille amie.

FLORE AIGUEBELLE

## II

Pendant six mois après le duel, Armande avait été entre la vie et la mort ; vingt fois Boucherot avait désespéré d'elle, l'avait condamnée pour le lendemain, et déclaré que si, malgré tout, le corps résistait, la raison périrait, que si elle se relevait, elle serait idiote ou folle.

Cette crise avait eu cependant cela de bon que la prostration et la faiblesse physique l'avaient empêchée de sentir d'autres douleurs. Elle délirait pendant l'enterrement de Martel. Et ce n'avait été que trois jours après l'enlèvement de Julien, qu'elle avait commencé à en avoir conscience.

Pour que cet enlèvement n'eût pas lieu, Têtevuide et le prince de Coye, qui se regardait désormais comme le tuteur de Julien, avaient tout mis en œuvre. Ils avaient échoué. — Par sa séparation, avait dit Maurice, ma femme m'enlève une fortune à laquelle je tenais beaucoup, je lui enlève, moi, de mon côté, ce qu'elle a de plus cher au monde, cet enfant. — Les vingt-cinq mille francs sont toujours là, avait dit Têtevuide. — Ce n'est pas vos vingt-cinq mille francs déjà refusés, ce n'est pas l'usufruit de la fortune de ma fille qui me suffisent maintenant, il faut que ce petit monstre paye sa libération. — Pour cela jamais. — Vous y viendrez, j'ai letemps d'attendre.

Malgré l'arrêt de Boucherot, Armande n'avait point succombé ; elle s'était relevée faible de corps, faible de raison, mais cependant ni folle ni idiote.

Aussitôt que les forces lui étaient revenues, elle avait voulu faire ses deux mois de prison et c'avait été malgré elle qu'on avait obtenu qu'elle les ferait dans une maison de santé.

— C'est une pauvre femme, avait dit Têtevuide, qui a besoin de souffrir ; si elle ne trouve pas à user sa douleur dans une œuvre de dévouement et de sacrifice, elle n'a pas deux ans à vivre.

Le prince avait été frappé de la portée de cette observation. Il possédait dans le département de l'Orne à La Bonneville, un vaste établissement industriel, filature de lin et tissage mécanique, où étaient employés douze cents ouvriers. Il avait reçu dans un héritage cet établissement, organisé comme beaucoup d'autres exclusivement en vue du produit, et il projetait d'apporter au sort des ouvriers quelques-unes de ces améliorations matérielles et morales qui, en ces dernières années, ont été si heureusement réalisés à Mulhouse. C'etait même ce qui l'avait décidé à ne pas vendre cet établissement, lui qui n'était nullement industriel et qui ne désirait pas augmenter sa fortune. En venant quelquefois à La Bonneville, il avait été surpris du grand nombre d'enfants qu'on rencontrait le matin et le soir vagabondant dans les chemins. Il en avait demandé la raison, on lui avait répondu que les ateliers ouvraient à six heures et que l'école ouvrait à huit, que les ateliers ne fermaient qu'à huit heures le soir et que l'école fermait à quatre. C'était donc pendant deux heures le matin et pendant quatre heures le soir que les enfants restaient livrés à eux-mêmes sans parents pour les recevoir ou les surveiller. Il avait pensé à commencer par là ses améliorations, et à ouvrir dans les dépendances mêmes de l'établissement une sorte d'asile où les parents amèneraient les enfants le matin en entrant à l'atelier, et où ils les reprendraient le soir à la sortie ; on les conduirait à l'école et on irait les y chercher. Comme complément à cet asile, on établirait une crèche, où les mères pourraient allaiter les enfants aux heures de repas, et un hôpital pour les enfants malades

Il fallait à la tête de ces diverses fondations une femme intelligente et dévouée ; il avait proposé à Armande de s'en charger ; elle avait accepté avec empressement, et en sortant de la maison de santé, elle était partie pour La Bonneville. Au bout d'un an, la mortalité des enfants qui, à son arrivée, était de 45 sur 100, était descendu à 16 ; l'amélioration morale, quoiqu'elle ne pût pas être constatée statistiquement, était plus grande encore.

## III

Ce fut à La Bonneville qu'elle reçut la lettre de madame Aiguebelle ; depuis trois ans elle était sans nouvelles certaines de Julien. Têtevuide avait bien eu plusieurs fois des entrevues avec Maurice, mais sans avoir pu jamais apprendre où il demeurait et si Julien était vivant.

Elle résolut de partir pour Paris; puisque madame Aiguebelle avait bien pu voir l'enfant, ce n'étaient pas des nouvelles tous les jours, ce n'étaient pas des lettres qui pouvaient satisfaire sa maternité.

Cependant, malgré sa hâte et son ardent désir, elle ne partit pas. Des ouvriers irlandais, nouvellement arrivés à La Bonneville, avaient apporté avec eux une épidémie de petite vérole confluente, et l'hôpital des enfants avait déjà dix malades. Les phénomènes d'invasion se manifestaient avec une effrayante intensité, et bien qu'il y eût, formés par elle, des aides pour la suppléer et même la remplacer, elle voulut rester au milieu de ceux qui avaient besoin de secours.

Pendant deux mois, la maladie fit ses ravages, non seulement parmi les enfants, mais aussi parmi tous les ouvriers de l'usine et les habitants du village ; la panique devint générale, tous ceux qui pouvaient se sauver se sauvèrent ; des cinq femmes qu'elle avait sous ses ordres, deux moururent et trois s'enfuirent ; on ne trouvait plus de gardes, et l'on fut obligé de demander des sœurs de Saint-Vincent-de-Paul.

Pendant ces deux mois, elle ne quitta l'hôpital, où elle restait jour et nuit dans une atmosphère infecte, que pour courir dans les maisons où il y avait des secours à porter, des soins à organiser. C'était un miracle pour tout le monde, qu'avec sa constitution affaiblie, ses fatigues, ses chagrins, elle résistât au fléau ; elle-même, dans ses heures de veille auprès des malades, avait d'horribles angoisses ; si elle allait mourir sans avoir revu Julien ! En vingt-quatre heures, elle pouvait aller à Paris, le voir et revenir ; mais pendant ces vingt-quatre heures, combien pouvaient être attaqués et mourir. Elle resta.

Enfin la maladie entra dans une période de décroissance, mais comme cela arrive trop souvent, Armande après l'avoir affrontée dans sa plus grande intensité, fut atteinte au moment où chacun commençait à espérer ; le jour où elle put se reposer, la fièvre la prit avec des vomissements et du délire, presque aussitôt l'éruption se déclara.

Ce fut une désolation générale, et le directeur de l'usine prit une mesure qui montra combien étaient vives les sympathies qu'elle s'était gagnées dans cette population peu tendre ; trois fois par jour on afficha à la porte des ateliers le bulletin de sa santé. Malgré ses épreuves et ses douleurs elle n'avait pas perdu sa beauté ; le médecin qui l'avait aidée dans cette épidémie et qui mieux que personne avait pu l'apprécier, ne voulut pas que, s'il parvenait à la guérir, elle fût défigurée ; et il pratiqua sur elle l'excellente méthode de Bretonneau qui au moyen de la cautérisation de chaque pustule prévient les cicatrices apparentes.

Sa faiblesse même la sauva ; et son impatience de courir à Paris hâta sa convalescence.

## IV

La veille de son départ, elle vit entrer chez elle le directeur de l'usine qui était en même temps maire, le curé de

La Bonneville et les deux contre maîtres de l'établissement.

— Madame, dit le maire, le conseil municipal et le bureau de bienfaisance ont pris ce matin chacun séparément une délibération que je suis chargé de vous faire connaître; elle a pour but de vous voter des remerciements et de vous témoigner la reconnaissance du village tout entier.

Madame Aiguebelle, prévenue, l'attendait à la descente du wagon.

Armande espérait tout de suite courir rue des Marais-Saint-Martin; mais madame Aiguebelle s'y opposa en expliquant qu'il y avait danger.

— Aujourd'hui, dit-elle, pour vous faire prendre le temps en patience, j'ai une proposition à vous faire que je regarde comme très importante. Jusqu'à présent quand vous êtes venue voir Victorine, vous n'avez pas voulu aller au Plessis, mais le moment est arrivé d'affronter ce que les souvenirs ont de terrible pour vous; cette propriété reviendra un jour à Julien, plus vous attendrez pour y retourner, plus vous aurez à souffrir. Allons y aujourd'hui.

Armande réfléchit un moment.

— Hé bien oui, allons-y, dit-elle, je verrai Victorine à Villeneuve.

— Nous irons exprès du Plessis, la correspondance du chemin de fer ne se fait plus maintenant par Villeneuve, mais par Noisy.

Ce fut avec un cruel serrement de cœur qu'elle approcha du Plessis, et traversa ces plaines qu'elle n'avait pas revues depuis si longtemps.

Elle descendit de voiture au milieu du village, et l'on se mit sur les portes pour la voir passer; elle marchait les yeux baissés, cependant elle sentait qu'on la saluait affectueusement.

Les cheminées fumaient et rien ne paraissait changé à la ferme.

Elle fut forcée de s'appuyer sur le bras de madame Aiguebelle.

De loin sous la grande porte elle reconnut Hutin; il accourut à leur rencontre; c'était bien lui, mais rajeuni, redressé, libre et à son aise. Elle lui en fit la remarque.

— Ah! notre maîtresse, Méduline veut bien de moi pour son homme, et ça éclaircit les yeux.

Comme autrefois la cour était pleine de volailles qui se sauvèrent en piaillant.

Marie-Ange, dans ses beaux atours de Plaurach, se tenait à la porte du vestibule, Armande l'embrassa et voulut se diriger vers la cuisine; mais Marie-Ange ouvrit la porte du salon.

— M. Têtevuide vous attend, dit-elle.

C'était non seulement Têtevuide qui l'attendait, mais auprès de lui Victorine et Julien.

Avant qu'elle pût pousser un cri, les enfants étaient dans ses bras.

Longtemps elle ne put que les embrasser en pleurant; ses lèvres ne pouvaient pas former les mots pressés qui lui montaient du cœur.

Enfin elle se remit un peu, et remarqua que Victorine était en grand deuil de laine.

— Oui, dit Têtevuide répondant à sa muette interrogation, je crois que j'allais arriver à vous rendre vos enfants, mais la Providence a bien heureusement simplifié mes combinaisons.

Et comme Victorine embrassait madame Aiguebelle.

— Sa mort a été digne de sa vie, dit-il à mi-voix, quand l'enfant ne sera pas là, je vous conterai tout.

Elle ne pouvait se lasser de les regarder et de les embrasser, comme ils étaient grandis.

La porte du salon s'ouvrit de nouveau, et le prince de Coye entra.

— Madame dit-il à Armande en lui tendant la main, je viens vous demander à dîner ; voulez-vous me faire l'honneur et l'amitié de me recevoir?

— Ah! prince, dit Têtevuide, vous arrivez bien, il est six heures une minute, on peut se mettre à table sans attendre davantage.

## V

Lorsqu'après le dîner les enfants se furent retirés, Têtevuide s'adossa à la cheminée une main dans la poche de son gilet, l'autre étendue devant lui dans la pose d'un homme qui va faire un discours.

Armande comprit que le moment était venu d'entendre le récit de cette mort que Têtevuide n'avait pu lui faire devant les enfants et que d'elle-même elle n'eût jamais osé demander.

Têtevuide vit son émotion.

— Je comprends, dit-il, le sentiment qui vous fait craindre d'entendre ce que j'ai à vous apprendre; mais je crois qu'il vaut mieux nous débarrasser tout de suite de ce sujet douloureux pour n'y plus revenir.

— Je le pense aussi, dit M. de Coye; le bonheur vous a fait aujourd'hui une cuirasse qui peut supporter tous les coups.

Sans intervenir directement, madame Aiguebelle leva les mains au ciel en signe d'approbation.

— Il y a quinze jours, continua Têtevuide, je reçus de notre homme la singulière lettre que voici :

« Je suis las de la guerre que nous nous faisons. Et vous? voulez-vous la paix?

» S'il vous plaît que nous en discutions les conditions, je vous prie de venir jusqu'à Andilly, dans la vallée de Montmorency, station d'Ermont, chez madame Boireau; tout le monde vous indiquera son chalet. Je vous demande pardon de ne pas me rendre moi-même chez vous, mais je suis assez sérieusement malade.

» Ne comptez pas pour cela qu'en attendant un peu vous seriez débarrassé de moi; je n'en suis pas là, et je crois que votre visite pourra être utile à ceux que vous protégez.

» Vous voudrez bien ne parler de moi à personne jusqu'au moment où nous nous serons vus, sans quoi toute négociation serait d'avance rompue. Vous saurez pourquoi je réclame ce silence absolu.

» Votre carte remise pour M. Yvoré, vous fera immédiatement recevoir par...

Votre bien dévoué,

» M. B... »

J'ai pour habitude de ne me présenter jamais chez les gens que je ne connais pas, sans prendre auparavant quelques renseignements sur eux. Quelle était cette madame Boireau?

Pour aller d'Ermont à Andilly, je pris l'omnibus du chemin de fer, et quoique peu ingambe je montai à côté du cocher pour le faire causer. Un bon pourboire le disposa en ma faveur, et quand je lui demandai où je devais descendre pour aller chez madame Boireau, il me donna tous les renseignements désirables, mais seulement sur la position de la maison qui était adossée à la forêt et fort luxueuse à en croire son enthousiasme local; sur la maîtresse de la maison elle-même, il fut plus réservé, et cela avec les réticences d'un paysan qui ne veut pas se compromettre. Ce semblant de mystère rendait mon enquête de plus en plus nécessaire; et puisque je ne pouvais rien apprendre par là, il fallait me tourner ailleurs.

La vie parisienne a si fort changé en ces dernières années, que les gens les moins bucoliques du monde ont été atteints de l'épidémie de la campagne; c'était bien le diable si à Andilly, Margency ou les environs, il n'y avait pas un avoué ou un avocat en villégiature; par lui j'aurais assurément sur madame Boireau tous les renseignements désirables. Il fallait donc tout d'abord trouver un de mes anciens confrères.

Précisément Tardenois, un de mes vieux camarades de Palais, habitait Andilly. Je me fis descendre à sa porte.

Armande écoutait ces détails avec une impatience douloureuse; par un sentiment de délicatesse et de dignité, elle eût voulu que le nom de Maurice ne fût point accouplé à celui de cette femme; et, bien que tous deux eussent vu sur sa vie une si fatale influence, elle souffrait et rougissait de ce rapprochement pour celui qui, malgré tout, était le père de Victorine; mais Têtevuide n'était pas homme à se presser et, de plus, il avait l'habitude prise dans vingt ans de pratique d'être d'une rigoureuse exactitude pour toutes les circonstances qui peuvent préciser une affaire.

— Par Tardenois, reprit-il, je vis tout de suite quelle était cette dame Boireau.

— Nous la connaissons, interrompit madame Aiguebelle, qui sentait ce qui se passait dans le cœur d'Armande.

— Je le sais parbleu bien maintenant, continua Têtevuide, sans comprendre l'interruption; mais alors je ne savais pas. Présentement, me dit Tardenois, madame Boireau est propriétaire de la plus belle villa de la vallée; lorsqu'elle va au chemin de fer, ses chevaux et ses voitures font sensation; elle reçoit toutes les semaines, non ses voisins, mais une société parisienne fort tapageuse; elle est la bienfaitrice du pays, elle adopte les enfants et soulage bruyamment les infortunes apparentes; elle paye toutes choses un quart ou moitié au-dessus de la valeur; les paysans l'adorent et la méprisent; nos femmes en sont jalouses, nos filles copient ses manières, nos fils tâchent de monter dans son compartiment où souvent ils se rencontrent avec leurs pères. Ce qu'elle était autrefois ? comédienne; mais ce n'est pas dans cette profession qu'elle a amassé sa fortune; c'est autrement. Les femmes de cette espèce, lorsqu'elles sont le plus favorisées, font ordinairement le tour du monde parisien; et tout est fini pour elles, bien heureuses si dans ce voyage elles ont su faire leurs provisions pour la vieillesse; madame Boireau a recommencé ce voyage trois fois, ce qui, paraît-il, est la preuve la plus éclatante d'une supériorité et d'une solidité merveilleuses. Voilà, mon cher, ce qu'est et ce qu'a été ma voisine.

Ainsi parla Tardenois en me laissant à la porte de madame Boireau.

Je demandai M. Yvoré et remis ma carte comme la lettre me le prescrivait; un quart d'heure après, je le vis entrer dans le salon où j'attendais.

Les précautions qu'il avait prises, en me disant qu'il n'était pas mourant, m'avaient disposé à le trouver dans un état déplorable. Je fus épouvanté par la réalité.

Maigre comme un squelette, la barbe grise, les cheveux presque tous blancs, voûté, le cou enfoncé dans ses épaules osseuses, les bras tremblants, les jambes vacillantes, tel il m'apparut : il n'y avait de vivant en lui que sa face décharnée, éclairée d'une rougeur singulière et ses yeux ardents qui lançaient des lueurs fiévreuses.

Il avait évidemment fait une toilette soignée pour me cacher autant que possible son état désespéré, qui devait me rendre exigeant dans nos conditions à traiter.

C'était lui qui demandait la paix, je n'avais rien à dire; à lui de s'expliquer, à moi de les voir venir.

— Eh bien! dit-il, vous triomphez, mais avouez que j'ai fait une belle défense; n'est-ce pas que vous comptiez me réduire plus facilement et plus tôt?

Il avait une sorte d'hésitation, de l'embarras dans la langue, quelque chose comme du bégaiement.

— Enfin, continua-t-il, je vous rends aujourd'hui le service de me déclarer vaincu, et j'espère que vous me saurez gré de mes bons procédés.

Il ne me convenait point d'accepter la discussion dans ces termes.

— Mon cher monsieur, lui dis-je, vous avez perdu vos canons, votre armée, votre réserve, vous êtes acculé dans une impasse, si vous ne vous étiez pas rendu aujourd'hui, je vous écrasais demain; ainsi ne nous trompons pas sur la situation.

— Oui, je sais, dit-il, et j'avoue que vous m'auriez bientôt tenu, non pas demain, comme vous le croyez, mais un jour où l'autre; seulement, c'est Julien, que vous voulez, et vous ne l'auriez jamais eu.

Je fis un geste d'assurance.

— Jamais, continua-t-il; vous allez voir tout à l'heure pourquoi. Hé bien! c'est Julien que je viens vous proposer. J'offre beaucoup, je demande peu, l'affaire, il me semble, doit s'arranger.

— Que demandez-vous? Voilà d'abord ce qu'il faut savoir.

— Non, il faut, si vous voulez bien le permettre, il faut d'abord savoir quelle est ma situation, puis ensuite quelle est celle de Julien; vous verrez alors par où je suis fort et par où je suis faible. Privé de la fortune de ma fille par le jugement de séparation de corps, de celle de Julien par ce maudit testament en faveur du prince, j'ai engagé la lutte sans armes et sans provisions. Il a fallu m'en procurer. Pour vous amener à une transaction, j'ai employé tous les moyens. Je n'ai pas réussi; la fortune est dure aux malheureux, ce refrain est connu. Aujourd'hui je suis sous le coup d'une plainte pour usure et abus de confiance à la suite d'une fâcheuse spéculation, et si l'on savait que M. Yvoré n'est autre que Maurice Berthauld, cette chère madame Boireau qui me donne l'hospitalité aurait le désagrément de voir son perron sali par les bottes de messieur les gendarmes. De plus, je suis assez sérieusement malade, si malade même, que, pour vous expliquer ma situation comme je le fais, je ne dis pas clairement, mais d'une façon à peu près intelligible, il faut que je l'aie tournée et retournée dix fois; ce serait une affaire nouvelle; vous n'y pourriez rien comprendre. Voilà mon faible; vous voyez que je suis franc.

— Cynique, eus-je envie d'interrompre, mais je me retins.

— Mon fort, continua-t-il, est beaucoup plus simple à exposer. J'ai Julien en mon pouvoir, je l'ai placé en lieu sûr; je ne vous le rendrai que si vous acceptez mes propositions; sinon vous ne le retrouverez jamais, même quand je viendrais à mourir; un enfant de son âge n'est pas difficile à escamoter, surtout avec les relations que j'ai à l'étranger, en Angleterre, en Italie, en Allemagne. Il est mon fils, et j'ai le droit, vous le savez, de lui faire donner son éducation où bon me semble, surtout lorsque j'agis pour le soustraire à l'influence d'une mère flétrie par la justice.

— Ah! monsieur Têtevuide? s'écria madame Aiguebelle.

— Ma chère dame, ce n'est pas moi qui parle, c'est lui, et par précaution contre des regrets superflus, il faut bien que je le montre tel que je l'ai vu; j'ai assez de mal à faire ce récit, croyez-le. Moi aussi, j'étais indigné lorsqu'il s'exprimait ainsi, mais je n'en laissai rien paraître.

— Voilà votre situation, lui dis-je, maintenant quelles sont vos conditions?

— Bien simples : moyennant quatre mille francs, on peut désintéresser celui qui me poursuit. Donc, premièrement, vous payerez ces quatre mille francs, vous ferez retirer la plainte, et si des démarches sont nécessaires, vous vous en chargerez pour arrêter l'affaire; puisque vous êtes le conseil de ma femme, n'est-il pas juste que vous soyez le mien? Secondement, en échange de Julien que je vous livrerai, vous me donnerez quarante mille francs; je connais l'enfant, et je vous affirme que s'il avait âge de raison, il donnerait cette somme avec plaisir pour rompre nos relations.

Je me levai.

— Hé bien! vous ne répondez rien à ma proposition?

— Je l'examinerai.

— C'est que la chose presse.

— Pour vous, pas pour nous. Quand il y avait urgence pour nous, vous preniez votre temps; chacun son tour. D'ailleurs, je ne peux rien vous dire avant d'avoir vu sur quoi repose cette plainte en abus de confiance.

Il me donna toutes les indications et quelques pièces qui pouvaient me guider et il insista vivement pour me revoir bientôt. Je promis de revenir sans préciser l'époque.

Comme je sortais du salon, un domestique vint me proposer de la part de madame Boireau une place dans sa voiture pour retourner à la station. Il me plaisait peu de me montrer aux côtés de cette petite dame; cependant, comme je pouvais obtenir d'elle quelques renseignements utiles, j'acceptai.

Ce fut ainsi que j'appris que la maladie qui avait réduit Berthauld à ce triste état, était le *delirium tremens*. Il était arrivé un soir à Andilly, venant de Paris à pied sans souliers, dégoûtant de saleté et de misère; en souvenir d'anciennes relations, plus encore par pitié et charité, elle l'avait reçu et l'avait fait soigner; on était obligé de prendre les plus grandes précautions et de le surveiller comme un enfant pour l'empêcher de boire, car une nouvelle attaque pouvait le tuer. Soit qu'elle ne voulût pas parler, soit qu'elle ne fût pas renseignée, je ne pus rien obtenir d'elle relativement à Julien ; en échange, elle ne put, malgré ses instances assez adroites, rien obtenir de moi relativement à ce que nous ferions.

En arrivant à Paris, j'allais chez mon médecin lui demander une consultation sur le *delirium tremens* ; ce que je lui dis de l'état du malade le fit conclure à la folie chronique et peut-être même à la mort comme terminaison fatale et prochaine.

Je m'occupai ensuite de l'abus de confiance ; mais là-dessus si vous le voulez bien, je passerai rapidement; il s'agissait de vins qu'on livrait aux emprunteurs, lesquels vins revenaient aux prêteurs, dans un étrange mouvement de rotation qui rapportait à ceux-ci 3 pour 100; je me suis mis en mesure d'arrêter l'affaire quand je voudrais, afin de tenir notre homme, puis, huit jours après notre premier entretien, je retournai à Andilly.

C'était le matin; on ne me fit pas entrer comme la première fois dans le salon, mais dans un fumoir; j'insiste sur ce détail, parce que, vous le verrez tout à l'heure, il a son importance.

Ce fumoir était dans un désordre qui disait que la veille il y avait eu réception chez madame Boireau : des meubles renversés, des verres çà et là, des journaux chiffonnés sur le tapis et, malgré les fenêtres ouvertes, l'odeur écœurante des lendemains de fête, un mélange de fumée de tabac et d'alcool.

— Croiriez-vous, me dit-il, en arrivant, que mon hôtesse ne m'a pas admis à la fête qu'elle donnait cette nuit! là-bas, de mon pavillon, j'entendais les voix de ses convives et j'apercevais la lueur des cigares, mais voilà tout. L'hospitalité est dure; vous m'apportez, nest-ce pas, ce qu'il faut pour m'en affranchir?

Ces huit jours avaient augmenté encore son tremblement; ses membres étaient agités par des secousses convulsives.

— Voici ce que je vous apporte, lui dis-je. D'abord vous nous livrez Julien.

— Non, non; à vous de livrer le premier.

— Permettez; de votre parole ou de la mienne, laquelle est la meilleure?

— La mienne ne vaut rien; cela est vrai. Mais je ne sais pas ce que vaut la vôtre.

— Enfin, il en sera ainsi, ou rien de fait. Vous nous remettez Julien, j'arrête votre affaire, et vous partez pour Londres, où tous les premiers de chaque mois, vous touchez une pension de trois cents francs, chez un banquier que je vous indiquerai.

Il était assis; il se leva presque ferme et droit.

— Une rente, dit-il, quand je vous demande quarante mille francs: non. Si je n'ai plus que quelques mois à vivre, je les veux bons; j'en ai assez, à la fin, de toutes mes privations et de mes misères.

Il s'était avancé vers moi, les poings tendus, les yeux flamboyants; entre nous se trouvait un guéridon sur lequel était posée une cave à liqueurs. Il saisit un flacon, en versa le contenu dans un grand verre, et, avant que j'eusse pu me demander si je devais l'arrêter ou non et prendre ainsi le rôle de la Providence, en trois gorgées il le vida. Ce fut quelque chose de bestial.

— Ah ça? dit-il en reposant le flacon, vous ne me connaissez donc pas encore, que vous me marchandez; vous ne comprenez donc pas que j'ai l'enfant entre les mains et que je peux en faire ce que je veux, vous le rendre tel que je suis moi-même. Et je ne suis pas beau, hein. Quarante mille francs, allons, quarante mille francs. Il y en a beaucoup de flacons comme ça dans quarante mille francs ; et du kirsh et du rhum, et du schiedam, et de l'eau-de-vie, et du whisky ; des femmes aussi, vous croyez peut-être, non, j'en ai assez.

Son tremblement lui revenait de plus en plus violent, ses yeux étaient hagards ; évidemment il allait avoir une nouvelle attaque. Je sonnai.

— Vous sonnez ; bonne idée. Nous allons faire venir Lina et la remercier, brave fille !

Le médecin m'avait prévenu que les attaques pouvaient être foudroyantes ; cependant, je n'avais pas cru à une pareille rapidité dans la perte de la raison.

Heureusement un domestique ouvrit la porte ; je l'avoue, j'étais peu rassuré.

Celui-ci vit tout de suite ce qui s'était passé ; je le prévins que je restais chez M. Tardenois et que je reviendrais dans la journée.

Les nouvelles que je fis prendre furent mauvaises ; son délire était furieux, le médecin était inquiet.

Le soir madame Boireau me fit prier de passer chez elle ; j'y allai, car j'étais fort tourmenté ; s'il allait mourir sans nous renseigner sur Julien !

Je trouvai une femme dans une colère furieuse ; elle me signifia que j'eusse à faire enlever M. Berthauld immédiatement. Je voulus lui représenter que c'était impossible dans l'état où il était, tout fut inutile. Je m'engageai à le faire transporter le lendemain à Paris dans une maison de santé.

Le lendemain il était mort, sans avoir retrouvé sa raison. Heureusement il y avait dans son portefeuille des lettres qui nous apprirent que Julien était chez un marchand de vin de Belleville. Le pauvre petit vous dira ce qu'il y faisait, comme il y était traité.

FIN

# NOTICE SUR « LES ENFANTS »

## UN ROMAN D'ANALYSE

Le romancier analyste, par exemple M. Hector Malot, un fils indépendant de Balzac, passe le tablier blanc de l'anatomiste et dissèque fibre par fibre la bête humaine étendue toute nue sur la dalle de l'amphithéâtre. Et ici la bête humaine est vivante ; ce ne sont pas les organes morts qu'interroge le savant, c'est la vie elle-même, ce sont l'âme et la chair dans leur activité. Sur la dalle, au lieu du cadavre troué par le scalpel, est couché un homme chaud et palpitant de passion, livrant les secrets de son être par chacun de ses gestes et chacune de ses paroles.

Le romancier analyste, debout et attentif, note les plus minces détails. Il se produit sous ses yeux une suite de faits qu'il enregistre avec soin, dans l'ordre où ces faits se présentent ; à tel moment, la bête humaine a poussé tel cri, éprouvé telle secousse ; et, peu à peu, l'observateur réunit un ensemble considérable de petites remarques qui toutes sont dépendantes les unes des autres ; cet ensemble est le procès-verbal même de la vie, il contient tout un traité de psychologie et de physiologie expérimentales.

Pour qui a tenté cette analyse patiente de l'âme et de la chair, la science de l'homme se simplifie bientôt. L'étude d'un sujet devient l'étude d'un certain organisme, d'une certaine personnalité, placée dans de certaines circonstances.

On a dès lors une méthode d'observation basée sur l'expérience même. On prend une bête humaine, n'importe laquelle, on l'étudie dans ses instincts et dans la liberté d'action que lui laisse son milieu ; on place, par exemple, comme M. Hector Malot, un être faible et passionné, lâche et aimant, au beau milieu de la société contemporaine, et l'on dresse en toute conscience le procès-verbal exact des faits qui vont se produire dans cet être et autour de cet être.

*
* *

Notre âge, — je parle surtout de notre monde parisien, — est secoué par un frisson nerveux qui a exalté et détraqué les facultés aimantes. La passion, chez nous, est une crise bête et folle. Nous n'avons plus l'amour tranquille et épais du sang ; ce sont nos nerfs qui aiment et qui se brisent par la tension énorme que leur donnent nos fièvres chaudes. Nous vivons trop vite, et pas assez en brutes, quoi qu'on dise. Pour retrouver un pareil état d'esprit, il faut rétrograder jusqu'aux temps les plus fiévreux du mysticisme. Par une logique étrange, la science nous trouble comme la foi a troublé nos pères.

Mettez dans un homme cette passion, faites-lui subir la crise nerveuse dont je viens de parler, changez-le en une exquise machine à sensations, donnez-lui un cœur faible, avide de joie, lâche devant la souffrance, et vous aurez la bête humaine que M. Hector Malot a choisie.

Ce n'est pas tout. Donnez, au début de la vie, une maîtresse blasée à cet homme, et étudiez-le comme amant.

Puis, au sortir des bras de cette femme, encore tout chaud d'un amour malsain, jetez-le dans les bras d'une jeune fille simple et douce, et alors étudiez-le comme époux.

Enfin, lorsque, n'ayant plus de sang ni de cœur, il aura pesé sur les êtres qui l'entourent, du poids de son égoïsme et de sa lâcheté, regardez-le avili et infâme en face de ses enfants, et terminez l'analyse navrante en l'étudiant comme père.

Vous aurez dans son entier le sombre drame qu'a écrit l'auteur des *Victimes d'amour*. Il y a trois actes, trois volumes. C'est une sorte de traité complet de la passion moderne, avec ses fièvres voluptueuses et ses effroyables chutes, et ce n'est pas ici une simple crise, c'est une succession de secousses qui détraquent un être à chaque heure de sa vie. L'observateur a soumis cet être à une analyse minutieuse, dès les premières folies de son cœur, et il l'a suivi ensuite pas à pas, montrant que l'ébranlement a persisté et que l'existence entière n'a plus été qu'une lutte et qu'une maladie éternelles.

L'œuvre est ainsi devenue le procès-verbal d'une leçon d'anatomie morale que je résume scientifiquement en ces termes : Etudier les effets de la passion dans l'organisme d'un homme de nos jours, et constater quels vont être les faits qui se produiront en lui et autour de lui, en le considérant successivement comme amant, comme mari et comme père.

*
* *

Je ne puis malheureusement examiner l'œuvre page par page et faire toucher du doigt les personnages. Dans ce procès-verbal, composé d'une foule de petits faits, chaque fait a son importance, sa nécessité. Il me faudrait dix colonnes, si je voulais démonter pièce à pièce une machine si compliquée et si finement forgée. J'essaye tout au plus de donner une idée générale de l'ensemble.

Maurice Berthauld est un de ces artistes que notre civilisation a gâtés, et qui sont poussés fatalement à mettre dans leur vie les passions violentes, les caprices et le désordre luxueux qu'ils devraient garder pour leurs œuvres. A vingt ans, c'est une âme exquise, pleine de tendresse et de générosité. Il est musicien, et il vient à Paris pour échanger contre de l'argent et de la renommée les mélodies qu'il entend chanter au fond de lui.

Mais il rencontre Marguerite, et voilà que l'amour de cette femme déjà vieillie dans la volupté s'empare de tout son être et détermine en lui une crise nerveuse et sensuelle.

Puis, Marguerite le laisse anéanti, brisé, avant d'avoir rassasié son cœur et sa chair. Et c'est alors qu'il se repose dans les tendresses adoucies d'Armande. Son être, brûlé de passion, se rafraîchit au contact de cette enfant. Il l'épouse, calme, confiant, ne sentant pas que la brûlure de son cœur est inguérissable. Tel est le premier acte, *les Amants*, où est étudiée la passion libre. Maurice y est frappé d'éternelle impuissance et d'éternelle misère.

Le second acte, *les Epoux*, nous montre le misérable s'abandonnant peu à peu et se laissant de nouveau envahir par la passion. La lune de miel des deux jeunes époux est d'une douceur ineffable. Mais c'est là de la tendresse, presque de l'amitié; ce n'est point cette volupté cuisante qu'il faut aux nerfs surexcités de Maurice. Il délaisse sa femme, la lâcheté et l'infamie s'en mêlent. La bête s'est réveillée, et maintenant elle emplit tout son être. Il est pris à la gorge, entraîné par ses propres instincts, et il roule, il tombe, il écrase Armande dans sa chute. Ce n'est plus déjà le poète du début, c'est un pauvre diable qui a traîné dans nos cafés et qui s'étourdit pour ne pas révolter lui-même le peu de bonté et de tendresse qui reste en lui. Un jour, il vole à sa femme l'argent qu'elle a gagné par son travail, et il disparaît, il va en Italie chercher des amours plus chaudes.

A côté de cet ignoble esclave du luxe et de la chair, l'auteur a mis un autre artiste, un peintre, Martel, âme loyale, tendre et forte.

Au troisième acte, — *les Enfants*, — lorsque le bruit se répand que Maurice s'est noyé à Naples, Martel épouse la veuve de son ami, et, comme il n'a pu se procurer l'acte de décès du mari, il l'épouse à Palerme, avec les seules cérémonies de l'Eglise.

Armande, qui a déjà une petite fille, devient mère d'un garçon ; elle goûte enfin les joies du foyer, elle serait heureuse si sa fille n'était secouée par les fièvres de son père.

Au milieu de ce bonheur, un spectre se lève, Maurice reparaît ; il avait feint un suicide à la suite d'une aventure amoureuse. Il a roulé dans tous les ruisseaux, il a bu toute honte et toute infamie, il est mûr pour le scandale et les calculs crapuleux. La passion, l'exaltation maladive des facultés aimantes ont, de secousse en secousse, conduit cet homme, ce poète délicat et sensible, à spéculer sur la femme dont il a déjà brisé le cœur.

Ne pouvant attaquer Armande en bigamie, il l'attaque en adultère, il fait du chantage ; pour voler un héritage placé sur la tête de sa fille, il ne se contente pas de réclamer son enfant, il s'empare judiciairement de l'enfant de Martel. Puis, il tue Martel en duel, il achève son œuvre de désolation, et, consumé par l'ivresse, brisé par les émotions violentes de sa vie, il meurt au milieu d'une atroce crise nerveuse.

*
* *

Telle est, en gros, la charpente de l'œuvre. Je laisse de côté les nombreux personnages secondaires, pris dans le milieu contemporain et étudiés avec une exacte minutie. Ces personnages complètent le drame, ils content dans son entier la vie moderne, avec ses hâtes et son pêle-mêle.

On peut remarquer que, dans les deux premiers volumes, l'affabulation est presque nulle. Le romancier analyste ne s'est point inquiété d'inventer des événements plus ou moins singuliers et piquants.

Il a mis ses héros dans des situations ordinaires qui se sont déroulées naturellement ; ces quelques situations lui ont suffi, car il n'avait pas charge d'étonner ses lecteurs par des coups de théâtre invraisemblables et bêtes, il voulait uniquement étudier l'homme aux prises avec la passion. Son œuvre, je le répète, est un simple procès-verbal écrit au jour le jour, détail par détail ; le puissant intérêt de l'ouvrage est de nous donner la vie dans sa réalité, de nous montrer comment fonctionne la machine humaine dans des circonstances déterminées.

Et voyez ce qu'il arrive, lorsque le romancier analyste s'égare. Il croit avoir besoin, en écrivant *les Enfants*, de situations particulières et dramatiques, difficiles à obtenir dans la vie de tous les jours, et le voilà cherchant et trouvant une fable presque invraisemblable qui le force à exagérer ses effets et à sortir de la vérité. Combien est préférable l'étude patiente du cours naturel des choses ! Jusque-là, il me semblait que je lisais la vie du premier venu, de vous ou de moi, et cette vie me touchait d'autant plus qu'elle me paraissait plus vraie et plus ordinaire.

Je croyais feuilleter l'intéressant mémoire d'un anatomiste qui m'expliquait ce qu'est ma passion et de quelle manière se comportent ma chair et mon cœur. Et, brusquement, en continuant l'histoire, je trouve un dramaturge, un homme qui doit mentir, et qui me conte des choses dont je ne puis croire un mot.

Ah ! pourquoi avez-vous gâté votre beau travail de savant, en consentant à devenir un romancier dramatique ? Il ne fallait pas permettre à Maurice de simuler un suicide, ni faire marier à Palerme Armande et Marcel. Je sais bien que ces mensonges banals étaient nécessaires, si vous vouliez charpenter dramatiquement votre récit. Mais je vous assure que je n'avais pas besoin de cette intrigue embrouillée pour être intéressé et pour admirer votre talent.

Ce qui m'attache en vous, c'est la fidélité de votre analyse, ce sont les mille renseignements que vous me donnez sur la vie, c'est le spectacle réel de ce qui est et de ce qui agit.

En somme, j'ose dire que les *Victimes d'amour* sont une des œuvres les plus remarquables de ces dernières années.

L'ouvrage, comme dit M. Taine en parlant des romans de Balzac, « est un grand magasin de documents sur la nature humaine ».

***

Rien ne m'écœure comme la sottise de ces amuseurs publics qui font métier d'invraisemblance. Ils trafiquent de l'erreur et de la duperie. Ils inventent des histoires à dormir debout, et leurs personnages sont des pantins grotesques dont ils tirent maladroitement les ficelles. Ils entassent les inepties, ils font parler les hommes comme des marionnettes, ils s'imaginent que plus ils s'éloigneront de la vie de tous les jours, plus ils monteront dans la curiosité et l'intérêt de la foule. Il leur faut des fables absurdes, des événements monstrueux, et ils ne se doutent même pas que le premier homme venu qui les coudoie dans la rue est mille fois plus intéressant à étudier que leurs pantins de convention.

Peignez la vie toute nue, la vie banale, telle qu'elle est; analysez-la avec conscience, et vous verrez le public intelligent se pencher sur votre œuvre, pris d'un intérêt poignant. Il nous faut des œuvres de vérité, en cet âge de science. Les conteurs meurent à la peine ; les analystes seront à coup sûr les romanciers de demain.

Et c'est pour cela que je me suis plu, au début de cet article, à montrer M. Hector Malot portant le tablier de l'anatomiste et fouillant la chair vivante de la bête humaine.

EMILE ZOLA.

(*Figaro*, 18 décembre 1866.)

# TABLE DES MATIÈRES





ÉMILE COLIN — IMPRIMERIE DE LAGNY

www.ingramcontent.com/pod-product-compliance
Lightning Source LLC
LaVergne TN
LVHW020536230826
846091LV00002B/297

* 9 7 8 2 0 1 9 1 3 6 2 3 9 *